Zeit für Indien

31 Traumziele zum Wohlfühlen

Edda und Michael Neumann-Adrian
Olaf Krüger

Inhalt

1 Ein Elefant hilft aufschließen: Schlüssel in Jaipurs «Rajvilas». **2** Türrelief in Jaipurs Stadtpalast: der flötenspielende Gott Krishna hat den badenden Milchmädchen die Kleider weggenommen. **3** Bei der Chili-Ernte bei Shivpuri in Madhya Pradesh. **4** Bad mit Rosenblüten und Gartenblick im Oberoi-Hotel «Rajvilas» in Jaipur. **5** Glückssymbol des «Shambala»-Hotels in Rumtek (Sikkim): die «Bird of Paradise»-Blüte. **6** «Your breakfast!» – im Palasthotel «Shiv Niwas» in Udaipur. **7** Im Zeichen der neuen Festlichkeit: nächtlicher Feuerzauber im Empfangshof des «Amarvilas»-Hotels beim Taj Mahal in Agra. **8** Eines der schönsten indischen Tanzfestivals: Odissi-Tänzerin und Filmschauspielerin Ellora Patnaik am Surya-Tempel von Konark (Orissa). **9** Bade- und Sonnen-Terrassen auf der Insel des «Lake Palace» in Udaipur, eines der weltweit begehrtesten Hotels. **10** Die Schaukel gehört zur Einrichtung: Suite im «Lake-Palace». **11** Rajasthans Turbanträger sind die stolzesten. **12** Keralas Kunstschmiede-Tradition im «Coconut Lagoon»-Hotel des Sechs-Brüder-Unternehmens «Casino Group» in Kumarakom. **13** Träumen unter der Zeltdach-Pyramide: in Jaipurs «Rajvilas».

Aufzug zur Elefanten-Parade beim Pooram-Fest in Thrissur, Kerala.

Willkommen in Indien –
und erleben Sie Indien ohne Stress!

Dieses Buch ist eine Einladung. Und zugleich eine Gebrauchsanleitung: für das Entdecken eines Landes, das wunderschön und gleichzeitig oft auch erschreckend ist – und auf jeden Fall unvorstellbar größer, viel widersprüchlicher, viel reicher an Sprachen und Kulturen, als dass man es in einem einzigen Leben ganz kennenlernen könnte.

Wie kann man ein Land wie Indien bereisen, ohne von einer Stresssituation in die nächste zu stürzen? Es ist eine Frage der Auswahl, eine Frage des Reiseziels und ein wenig auch der Reisekasse. Und natürlich auch abhängig von der persönlichen Einstellung.

Doch selbst für Indienkenner ist es nicht leicht, aus der Fülle der verlockenden Ziele auszusuchen und die Reise so zu gestalten, dass sie zu einem unvergesslichen Erlebnis wird. Wir haben darum das nächstliegende getan: Wir haben ausgewählt. Dreißig Destinationen, die wir in dreißig Kapiteln vorstellen. Mit diesem Buch wenden wir uns an die Lebensgenießer, an diejenigen, die Stress vermeiden wollen und zugleich Erholung und Erfrischung für Körper und Seele suchen. Um Missverständnisse auszuschließen: Kreative Anstrengungen, also auch das Reisen als beobachtendes, wahrnehmendes Unterwegssein, gleich ob in einem indischen Eisenbahnabteil der besseren Klasse, in einem Hausboot in Kerala oder auf Indiens Straßen, doch immer mit offenen Sinnen, zählen wir eher zu den Reisefreuden als zum Stress, auch wenn es manchmal ein wenig Kraft kostet.

Traumhaftes bietet sich in Indien überall – von den Palmenküsten Keralas im tiefen Süden bis zu den Waldgebirgen Sikkims im Norden. Dort kann man zum Beispiel den Tag mit einem Blick auf Indiens höchsten Gipfel beginnen, den Kanchenjunga. Oder man wandert durch Sikkims herrliche Bergwälder und lernt die bunten Klöster der gastfreundlichen tibetischen Buddhisten kennen.

Die Fülle der Eindrücke ist, gerade dann, wenn die Ziele sorgfältig ausgewählt sind, überwältigend. Zur Erholung empfehlen wir geruhsame Aufenthalte in verwöhnenden Hotelquartieren. Denn je fremdartiger das Land, desto mehr braucht man ein Hotel, in dem man sich wirklich wohlfühlt.

Unser allerwichtigster Rat für Indienbesucher: Nehmen Sie sich Zeit! Zeit für den einzelnen Ort und seine Landschaft, Zeit dafür, auch zu Fuß statt nur mit Bus oder Wagen unterwegs zu sein, und Zeit dafür, die Begegnung mit Menschen zu suchen – es wird einem in Indien leicht gemacht. Und darum kann dieses Buch keinen besseren Titel haben als eben diesen: Zeit für Indien.

Freilich, es gibt Vorbehalte, Unsicherheiten. Wie kann man in ein Land reisen, in dem es so viele Arme, so viele Krankheiten gibt? Vorurteile bauen Mauern auf, und die Medien sind nicht unbeteiligt am Wachstum dieser Mauern. Denn jahrelang sind die Nachrichten, die von Zeitungen und Fernsehen über Indien verbreitet wurden, fast ausnahmslos schwarze Nachrichten gewesen. Vom Zugunglück mit Hunderten von Toten bis zur Überschwemmung mit möglicherweise Zehntausenden Opfern, von der Dürrekatastrophe bis zur Witwenverbrennung (die seit 1829 verboten ist und außerhalb extrem traditionalistischer Kreise mit Empörung kommentiert wird, wenn es doch noch wieder dazu kommt). Sehr tief hat sich die Vorstellung «Katastrophe Indien» in das Bewusstsein zahlloser Menschen gegraben. So tief, dass auch positive Erfahrungen von Indienreisenden, begeisterte Urlaubsgrüße von nahen Freunden am Gesamtbild nichts ändern.

Nur muss gesagt werden: Dieses katastrophenbestimmte Gesamtbild ist kein Gesamtbild. Es zeigt Indien nicht in seiner immensen Vielfalt. Und unsere europäischen Worte und Begriffe haben in Indien nicht immer die gleiche Bedeutung.

Zum Beispiel Armut. Nach seinem auf Dollarbasis umgerechneten Einkommen beurteilt, lebt rund ein Drittel der indischen Menschen-Milliarde unter dem Existenzminimum. Doch nicht überall ist Armut mit Elend identisch, einfache Lebensbedingungen auf dem Land können bei gleichem Nominaleinkommen erträglicher sein als Slum-Existenzen in Megastädten.

Auch die viel beschworene Rückständigkeit der indischen Gesellschaft muss man differenzierter sehen. Tatsächlich gibt es hier schmerzliche Entwicklungsdefizite. Das betrifft so wichtige Lebens-

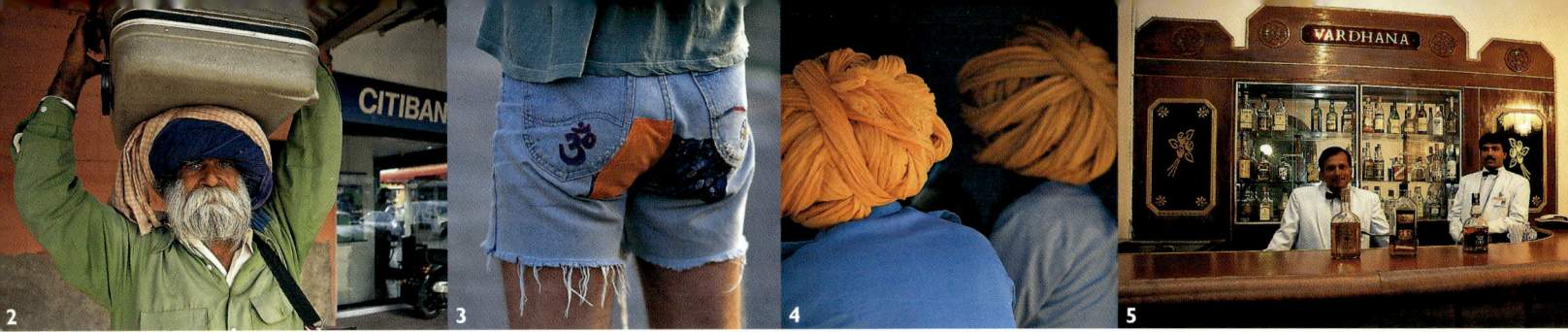

bereiche wie die Schulbildung, vor allem die Grundschulen auf dem Land; die Fähigkeit, zu schreiben und zu lesen, haben erst 52 Prozent der indischen Bevölkerung. Aber vor 15 Jahren waren es erst 40 Prozent.

Indien tritt nicht auf der Stelle. Eine neue Ära hat begonnen. Zu einem Schlüsseldatum wurde der 21. Juni 1991. Dies war der Tag, an dem die Regierung in New Delhi die Wirtschaft liberalisierte. Damit wurde ausländischem Kapital die Möglichkeit zu Anlagen in Indien eröffnet, und indische Staatsunternehmen wurden privatisiert. Das alles geschah mit Vorsicht, nur Schritt für Schritt und sehr zum Wohl der Nation – so blieben Indien in den späteren neunziger Jahren Finanzturbulenzen wie in den Staaten Ost- und Südostasiens erspart. Nein, wer Indien zur permanenten Katastrophe erklärt, liegt ebenso falsch wie jeder, der es zum Traum- und Wunderland verklärt.

Heute werden vom Luftverkehr bis zum Straßenbau, von der Informationstechnologie bis zur Pharmazeutik und Biotechnologie neue Projekte ins Werk gesetzt. Das Wachstum des Bruttosozialprodukts wird für 2003 mit 7 Prozent angegeben. Die Inflation ist etwa so gering wie in Europa, und die Auslandsverschuldung ist in den letzten zehn Jahren drastisch gesunken, im Vergleich mit dem indischen Bruttosozialprodukt. Von alledem ist auch der Tourismus berührt, deutlich zu sehen beispielsweise am gegenwärtigen Boom im Hotelbau der oberen Preisklasse.

Mit den Palasthotels der Maharajas lockt Indien schon seit bald einem Jahrhundert. Heute öffnet eine neue Generation von Luxushotels ihre Empfangshallen, und zwar im Zeichen von Aktivurlaub,

Wellness und Gesundheit, alles in edlem Ambiente. Ayurveda? Gewiss! Es wird heute auch schon an vielen Orten als «holistische Medizin» angeboten, also mit therapeutischen Konzepten, die westliche und östliche Medizin zusammenführen. Im übrigen wollen die Hoteliers keine Kliniken eröffnen, sie bieten Ayurveda-Zentren vor allem zur Auffrischung der Lebenskräfte und damit auch zur Verjüngung an.

In den folgenden Kapiteln der ausgewählten einunddreißig Wohlfühl-Ziele stellen wir etliche der schönsten Hotels Indiens vor, nennen aber auch immer eine preisgünstige Adresse, wenn der Luxus, zumal bei einem mehrtägigen Aufenthalt, doch für viele unbezahlbar wird. Ein Wohlfühl-Urlaub in Indien muss kein Vermögen kosten.

Wichtig für jeden Indienreisenden ist es, sich nicht gleich zu Beginn vom Chaos und Lärm der gigantischen Metropolen abschrecken zu lassen, in denen die meisten Gäste aus Europa ankommen – oft mitten in der Nacht. Unser Rat lautet: Fahren Sie nach einer erholsamen Hotelübernachtung am nächsten Tage weiter. Die aufregenden Großstadtrundgänge können Sie sich für das Ende der Reise oder für die nächste aufsparen – bis dahin werden Sie gelernt haben, dem Stress mit indischer Gelassenheit zu begegnen.

1 Der «Door man», fotografiert vor dem einstigen Sommerpalast der Maharajas von Mysore, dem jüngst renovierten «Lalitha Mahal Palace». 2 Kofferträger in New Delhi. 3 «West meets East»: Ein Tourist in Rishikesh hat seine Jeans mit Om-Zeichen dekoriert. 4 Rajasthans Turbane, manchmal wie Wollstränge anzusehen. 5 Hüter des Hochprozentigen in Hassan nahe den Tempelstätten von Belur und Halebid. 6 Suite mit Ausblick – im neuen «Amarvilas»-Hotel in Agra. 7 Marmorbad im «Rajvilas» in Jaipur. 8 In der «Viceroy Suite» im «Ananda» in Rishikesh.

Das «Taj Mahal» in Mumbai, eines der schönsten Heritage-Hotels Asiens und das «Gateway of India».

Mumbai – eine Metropole boomt

Die «Gute Bucht» der erstaunlichen Gegensätze

Das alte Bombay war Tor der Briten zum Subkontinent – das neue Mumbai ist mit globalem Unternehmergeist Indiens Tor zur westlichen Welt.

Nicht zu unterschätzen ist der Kulturschock, den man als Westeuropäer in Mumbai erleben kann. Die Kluft zwischen Arm und Reich ist hier riesig. Das Gerücht, die Multimillionäre seien am Malabar Hill dichter gesät als im Umkreis der Fifth Avenue, klingt glaubwürdig. Gern wird in Mumbai auch eine Zahl genannt, die zwar schwer nachprüfbar, aber eindrucksvoll ist: Ein Drittel der Steuereinnahmen Indiens werde in Mumbai aufgebracht. Die schwärzlichen Slums, die noch vor wenigen Jahren vom Flughafen bis nahe zum Stadtzentrum die Straßen säumten, sind verschwunden. Die Armut wohnt heute ein Stück weiter stadtauswärts, für Besucher vor allem sichtbar an den Bettlern an Straßenkreuzungen und an den Auffahrten zu den Fünf-Sterne-Hotels. Doch wer arm nach Mumbai kommt, ist entschlossen, aus der Armut auszusteigen. In den Bretter-Blech-Plastik-Notsiedlungen kann man beobachten, wie junge Männer morgens um sieben im frischgebügelten weißen Hemd aus den Gassen der Armut heraustreten, auf dem Weg zur Bushaltestelle, die Aktentasche unterm Arm – bald werden sie in eine richtige Wohnung umziehen können.

Der Name Bombay, den die britischen Kolonialherren der Stadt aufsetzten, ist eine Anglisierung des portugiesischen «Bombaim» (gute Bucht). Portugal besaß die Inseln seit 1534, dann fielen sie 1661 bei der Hochzeit der Katharina von Braganza mit Charles II. an die britische Krone und wurden der East India Company verpachtet - für zehn Pfund jährlich. Heute trägt die Stadt wieder den vorkolonialen Namen Mumbai. Viele indische Städte, vor allem im Süden, haben es Mumbai gleich getan und ihre alten Namen angenommen, um sich ihre eigene Vergangenheit bewußt zu machen. Mumbai ist der Name einer Göttin, zu der die Fischer noch vor vier Jahrhunderten auf sonst menschenleeren Inseln beteten – den gleichen Inseln, auf denen heute mehr Bank- und Büro-Türme in den Himmel ragen als irgendwo sonst auf dem Subkontinent, mit dem Stolz der Reichgewordenen und den Hoffnungen der Hunderttausenden von Zuwanderern. Mumbai dehnt sich enorm in die

1 Volkssport Cricket am «Oval Maidan». **2** Crawford Market – vielleicht der bunteste im Land farbenprächtiger Märkte. **3** Mumbais Busse sind meist überladen unterwegs. **4** Indosarazenische Fassaden um die «Victoria Station», fern im Hintergrund Hochhäuser der Moderne.

Höhe wie in die Breite aus, zählt fast 16 Millionen Einwohner. Die Fischerinseln wuchsen mit immer neuen Aufschüttungen zur Halbinsel zusammen und ans Festland heran. Längst breiten sich die Neusiedlungen weit ins Hinterland aus.

Davon nimmt fast kein Tourist etwas wahr. Oder nur indirekt am skurrilsten Beispiel viktorianischer Gotik in Mumbai, dem «Chhatrapati Shivaji Terminus», bisher als «Victoria Terminus» (VT) bekannt. Dort kann man beobachten, wie Tag um Tag mehr als eine halbe Million Menschen in extrem überfüllten Zügen aus den Vororten

und dem Umland ins Stadtzentrum drängen. – Kein Disneyland, sondern schon denkmalswürdig ist der romanisch-gotisch-indosarazenische Architekturverschnitt von Museen, Bahnhöfen, Postämtern und Regierungsgebäuden zwischen «Gateway of India» und der Kathedrale des heiligen Thomas, des Apostels, der das Christentum nach Indien gebracht haben soll.

Wer heute auf Mumbais Sahar International Airport landet, oft gegen Mitternacht, sollte sich für den Rest der Nacht ein gutes Hotel gönnen und am nächsten Tag nicht vorm Frühstück an sein Ziel reisen. Das Pre-paid-Taxi-System macht es leicht, ohne mühsame Preisverhandlungen zum Hotel zu kommen. Schon für umgerechnet weniger als 70 Euro gibt es akzeptable Doppelzimmer und freundlichen Service, zum Beispiel im günstig gelegenen, unlängst renovierten «Godwin» im Colaba-Viertel.

Wer die erste Indien-Nacht in einem der berühmtesten Hotels schlafen will, reserviert im «Taj Mahal» gleich beim «Gateway of India». Dessen Gründer hat indische Hotelgeschichte geschrieben. Als «unerwünschter Inländer» wurde der Industrielle Jamsetji Tata vor hundert Jahren in einem guten Restaurant Bombays abgewiesen, als er einen Geschäftsfreund zum Dinner einladen wollte: «Europeans only!». Jamsetji Tata, Ahnherr des heutigen Tata-Konzerns, baute daraufhin selbst ein Hotel, «um Fremde nach Indien zu locken», und es sollte das beste der Stadt werden. Im Jahr 1903 eröffnete er das «Taj Mahal», und nach dem Urteil der Londoner

«Times» war es tatsächlich die «schönste Karawanserei Asiens» Zum «Taj Mahal» sind über 50 andere Taj-Hotels in Indien und noch einmal etwa ein Dutzend im Ausland gekommen. Die Taj Group (ein goldener Zweig im Tata-Konzern) sortiert ihr Edelbetten-Imperium säuberlich nach Luxury-, Business- und Leisure-Hotels. Selbstverständlich sind die Business-Centres mit aller Telekommunikationstechnik und Konferenzzubehör dort am perfektesten,

1 Mumbai nostalgisch, vor den Geschäftstürmen im Süden der Stadt. 2 Vor gepflegten Altbau-Fassaden: morgendlicher Yoga-Unterricht im Park der Senioren. 3 Im Jahr 2003 rundete sich ein Jahrhundert exklusiver Hotelgeschichte: das «Taj Mahal», Indiens Traditionshotel Nummer eins. 4 Blick aus einem «Taj-Mahal»-Zimmer auf das Colaba-Viertel und den exklusiven Swimmingpool. 5 Mumbais Architekturkontraste. 6 Door man: adrett und traditionstreu ausstaffiert zum Service.

5

6

wo «Business» draufsteht. Nach unserer Erfahrung lassen sich jedoch in jedem Taj-Hotel sowohl Ferien wie Geschäfte machen. Und in jedem Fall genießt man eine angenehme Portion Taj-Luxus. – im «Taj-Club» zum Beispiel. «Taj Club» sind in Mumbais «Taj Mahal» die beiden obersten Etagen des historischen Altbaus, samt elitärem Frühstückssalon mit Blick aufs Gateway of India, speziellem Check-in-Empfang, Gratiscocktails und Internet-Zugang. Nicht zu vergessen die Mercedes-Limousine, die Sie am Flughafen begrüßt und wieder pünktlich zum Abflug bringt. Mindestens gleichwertige Alternativen zum «Taj Mahal» sind übrigens die luxuriösen Fünf-Sterne-Zwillingshotels «The Oberoi» und «Hilton Towers» auf der Westseite der Mumbai-Halbinsel, mit Ausblick auf den Malabar Hill und auf die Arabische See.

Mumbai: Spezialtipps der Autoren

Anreise und Reisezeit
Flug: Mumbais internationaler Chhatrapati Airport (bekannter unter dem Namen Sahar Airport) ist per Shuttle-Bus (gratis) mit dem nationalen Santa Cruz Airport verbunden. Hotelreservierung und Prepaid Taxi Schalter. Über 30 indische Städte werden von Mumbai angeflogen.
Bahn: Die Züge der «Central Railways» fahren nach Süden und Osten und starten zumeist vom Chhatrapati Shivaji Terminus (früher: Victoria Terminus), Reservierungsschalter an der Rückseite des Bahnhofs bei den Taxiständen. Die Züge der «Western Railways» fahren nach Westen (Rajasthan, Gujarat) und nach Norden, Abfahrt von «Mumbai Central», Reservierungen gegenüber der «Churchgate Station».
Beste Reisezeit: Oktober bis März.

Unterkunft
****/*****The Taj Mahal Palace and Tower*, Apollo Bunder, Tel. 022-22023366, Fax 22872711, mahal.mumbai@tajhotels.com, Buchung von Deutschland aus auch über 0800-282698.
*****The Oberoi*, Nariman Point, Tel. 022-22025757, Fax 22041505, www.oberoihotels.com
**Godwin Hotel*, 41, Garden Road, nahe Colaba Causeway, Tel. 022-22872050, Fax 22871592. Reservieren!

Sehen und Erleben
Ums Gateway of India, auf den Märkten (der bunteste: Mahatma Jyotiba Phule Market, früher Crawford Market) und abends an der Chowpatty Beach ins brausende Stadtleben eintauchen! Über den langen Damm zum Inselheiligtum des Haji Ali pilgern, mit Hunderten anderen die frische Seeluft und den pittoresken Kontrast der Moschee zur Hochhaus-Architektur genießen. Um den Maidan und Flora Fountain den euroindischen Kolonialstil von alter Universität, St.Thomas-Kathedrale und High Court bestaunen. Die Schätze der Juweliere (besonders Zaveri Basar) und der Museen erkunden – allen voran im Prince of Wales Museum und im Victoria und Albert Museum (heute: Dr.Bhau Daji Lad Museum). Überfahrt zur Insel Elephanta, möglichst nicht auf einem der touristischen Luxury Launchs, sondern mit indischen Ausflüglern auf einem der langsameren Boote.

Ziele in der Umgebung
Escapes, Zufluchten, nennen die Megastädter ihre schönsten Ziele fürs Wochenende und Kurzurlaub. Mumbai bietet Strände, zwei Stunden nördlich bei den Dörfern Gorai und Manori auf Dharavi Island, mit einfachen Unterkünften. Viel weiter entfernt und attraktiver sind südlich an der Konkan-Küste der Strandort Guahage bei Chiplun (etwa 250 km) mit der ***Gateway Riverview Lodge (Taj-Hotel, Tel. 0800-282699, gateway.chiplun@tajhotels.com, www.tajhotels.com) und Ganpatipule (375 km), mit neuem MTDC-Resort. Mumbais beste Hill Station ist das waldgrüne Mahabaleshwar (etwa 180 km, in 1370 m Höhe).

Auskunft
Government of India Tourist Office, 123, M.Karve Road, gegenüber der Churchgate Station, Tel. 022-22033144, Fax 22014496, www.india-tourism.com
Maharashtra Tourism Development Corporation (MTDC), Madame Cama Road, www.mumbai-central.com und www.mumbainet.com

Delhi – die Hochdramatische
Macht und Nationalstolz auf uralten Wurzeln

Die Hauptstadt eines Landes mit über einer Milliarde Menschen hat 13 Millionen Einwohner (doppelt soviel wie vor 20 Jahren), – doch sie fasziniert mit weitaus mehr als nur mit großen Zahlen.

Mumbai und Kolkata waren vor wenigen Jahrhunderten noch Dörfer, von deren Existenz nur wenige wussten. Delhi ist anders, ist eine Weltstadt so alt wie Rom und war die Hauptstadt vieler Reiche.

Ist New Delhi die siebte oder achte Delhi-Stadtgründung? Wann immer in Indien wieder ein Umsturz stattfand, Raubzüge der Muslim-Heerführer und die Dramen der Mongolenstürme die Hindu-Welt erschütterten, Delhi stand meistens im Brennpunkt. Archäologen fanden bei Delhi eine Inschrift Kaiser Ashokas aus dem 3. Jahrhundert v. Chr., und noch weiter, ins 6. Jahrhundert zurück, reichen die Siedlungsspuren von Purana Qila aus der Ära der Mahabharata-Heroen. Letztere liegt südlich des heutigen «Old Delhi», das also nicht das älteste Delhi ist.

Die Mogulkaiser Delhis entfalteten im «Roten Fort» und in palastähnlichen Grabbauten ihren Glanz, den Gesandte aus aller Welt bestaunten. Delhi war ein Zentrum des Aufstands gegen britische Kolonialherrschaft, während der sogenannten «Mutiny» von 1857. Delhi wählten sich die Briten 1911 statt Calcutta als Hauptstadt und ließen die breiten Alleen von New Delhi pflanzen, die der smoggeplagten Stadt bis heute Atemluft und Atemfreiheit geben. In Delhi fand der wohl größte Inder des 20. Jahrhunderts seinen Tod, Mahatma Gandhi, der Lehrer der Gewaltlosigkeit («ahimsa»), den ein fanatischer Hindu am 30. Januar 1947 auf dem Weg zum Gebet erschoss. Gandhis Nachfolger – von ihm selbst dazu bestimmt – wurde Jawaharlal Nehru, kein frommer Hindu wie Gandhi, sondern Agnostiker, kein Mann des Dorfes, sondern der Industrialisierung. Vom «Center» Delhi aus führte Nehru als langjähriger Ministerpräsident (1947 bis 1964) den jungen Staat in die Moderne, wurde zum Vater des unabhängigen Indiens. Nahe am Yamuna-Fluss findet man am «Raj Ghat» ihre Gedenkstätten.

Delhi ist also eine Stadt der vielen Schichten, ein Spiegel ganz Indiens. Alle Weltreligionen haben hier ihre Tempel und Kirchen. Zu den jüngsten und schönsten zählt der Marmortempel der Bahai in

1 Paraden und Promenaden: beim «India Gate», dem Memorial für 85 000 indische Soldaten, die in Kriegen für Großbritannien starben. **2** Die schön geschwungenen Kuppeln der «Jami Masjid», der Großen Moschee. **3** Haarkünstler. **4** Imperiales Delhi: Blick aufs «Red Fort».

Gestalt einer Lotusblüte, den jährlich drei Millionen Menschen aller Konfessionen besuchen. Auch viele indische Sprachen hört man in Delhi neben der Amtssprache Englisch. Sie ist die wichtigste Erbschaft der Kolonialherren und bildet die Brücke über die Verständigungsschranken von 22 anerkannten Hauptsprachen und mehr als 1600 kleineren Sprachen und Dialekten. Muttersprache der meisten Delhi-Bewohner (12,8 Millionen) ist Hindi.

Was für eine Vielfalt erwartet den Gast in Delhi! Als erste Orientierung kann ein Bild dienen, das in Delhi geläufig ist und die Stadt mit ihrem Herz, Hirn und Bauch so erklärt: Das *Herz* ist der weiße, immer belebte Arkadenkreis des Connaught Place mit den Außenringen und Speichen des Connaught Circus, das vielbesuchte Ladenviertel, von einer modernen Skyline überragt. Das *Hirn* ist die imperiale Achse zwischen dem «India Gate» und dem Rashtrapati Bhawan, dem Sitz des Staatspräsidenten. Auf dem Platz mitsamt seinen umliegenden Parlaments- und Regierungsbauten finden Paraden und das Fest des «Republic Day» am 26. Januar statt. Der riesige, von Leben fast berstende *Bauch* ist Old Delhi, die von dichten Menschenmengen bevölkerte Altstadt zwischen Rotem Fort

1 Hohe Mauern um Safdarjangs Grab, 1753-54 erbaut für einen Gouverneur von Oudh (siehe Seite 185). 2 Fahrrad-Rikschas. 3 Safdarjangs Mausoleum. 4 Qutb Minar, Indiens höchster Steinturm aus dem Mittelalter, errichtet von Qutb-ud-din-Aibak, dem Heerführer des Sultans Muhammad Ghuri, der um 1200 die Gangesebene eroberte. Die Moschee neben dem Siegeszeichen ist die älteste erhaltene in Indien. 5 Warenpalast nach westlichem Vorbild 6 – und ein traditionelles Gegenstück.

und der New Delhi Railway Station mit ihren Basaren und dem mächtigen Bau der Jami Masjid, die Kaiser Akbars Enkel Shah Jahan um 1650 mit zwei Minaretten erbauen ließ. Auf dem Stadtplan findet man rasch das Grundmuster! – Wer sich etwas Zeit nehmen kann, wird im ummauerten Old Delhi, der «walled city», einiges

entdecken: Es lohnt, diesen Stadtorganismus zu Fuß zu erkunden, mit einem gedruckten Führer in der Hand oder von einem lebendigen Guide unterhaltsam geleitet. Denn nicht überall tost der Verkehr. Es finden sich beschauliche Wege, die Einblicke ins gegenwärtige und vergangene Leben der Stadt eröffnen: ob zwischen Tempeln und Moscheen, um die buntesten Basare oder auch in den Vierteln, wo einst die Familien der britischen Kolonialherren residierten.

Wenn Sie ruhig wohnen wollen, nahe am Zentrum, und doch für die Übernachtung nicht viel ausgeben, sind beispielsweise folgende Guest House-Adressen zu empfehlen: die gut geführten «La Sagrita Inn» im Stadtteil Sunder Nagar, zwischen Golfplatz und dem «National Zoological Garden», und «Major`s Den», westlich der «New Delhi Train Station».

Geradezu riesig ist in Delhi die Auswahl unter den Hotels. Für höchste Ansprüche haben die großen Hotelketten ihre Palasthotels mit Edelrestaurants und Swimmingpools in das Viertel der Diplomatenresidenzen platziert: «The Oberoi» liegt gleich bei Delhis Golfplatz, die Welcomgroup hat ihr «Maurya Sheraton» um das «Dum Pukht»-Restaurant für Spezialitäten der «North West Frontier»-Küche bereichert, die Taj-Gruppe macht das «Taj Mahal»

mit seiner imposanten Lounge zu einem der beliebtesten Treffpunkte Delhis. Es gibt noch ein zweites teures Hotel dieser namhaften Hotelkette, das «Taj Palace», und ein drittes, preisgünstiger, das angenehme, zentrumsnahe «Ambassador», das dem Khan

1 Schönheit der Materialien, Eleganz der Formen: «The Oberoi» - eine immer zu empfehlende Traditionsadresse der Delhi-Hotelszene. 2 Zwei der Taj-Hotels in New Delhi: in der Empfangshalle des «Taj Palace» ... 3 ... und eine Festdekoration im Taj Mahal Hotel. 4 Im Machtzentrum Delhis: breite Parade-Boulevards, sandsteinrote Kuppeln und Pavillons, hier die Auffahrt zum Rashtaprati-Bhavan, dem Sitz des Staatspräsidenten, und zu den beiden «Secretariat»-Bauten. 5 Opulente Hotelarchitektur des «Taj Palace». 6 Junge Muslime. 7 Was verspricht das Nummernschild mit Kussmund? 8 Mittenmang in Delhis Alltag: Millionen von Rikscha- und Taxifahrern.

Market mit seinen attraktiven Läden benachbart ist und von den Lodi Gärten gar nicht weit entfernt ist. Das zweite Oberoi-Hotel, das «Oberoi Maidens», liegt nicht so zentral. Wir kehren trotzdem immer gern in diesem Relikt aus der Kolonialzeit ein, lieben die hohen Räume und die hohen Bäume im ausgedehnten Garten sowie den exquisit angelegten Swimmingpool, aber vor allem auch die großartige Küche. Das «Maidens» ist ja nicht so teuer, seinen Namen aber, so erzählt eine Anekdote, hat es aus viktorianischer Zeit von zwei jungen Indien-Touristinnen, die mit ihrem Geld nicht auskamen. Sie telegrafierten ihren Eltern: «Send money or maidens no longer.» Die Wahrheit ist indes, dass der Architekt um 1900 ein gewisser Mr. Maiden war.

Delhi: Spezialtipps der Autoren

Anreise und Reisezeit
Flug: Der International Indira Gandhi Airport und seine Domestic Terminals liegen etwa 8 km voneinander entfernt, südwestlich vom Stadtzentrum, mit kostenloser Busverbindung. Im Dezember/Januar oft erhebliche Verspätungen wegen Nebel.
Bahn: Die New Delhi Train Station hat Zugänge von der Chelmsford Road wie auch von Bhavbhuti Marg, bei letzterer verkehren auch Busse. Außerdem verkehren Züge auch von der Old Delhi Train Station und von der Nizamuddin Station. Information: www.indianrail.gov.in
Bus: Die zentrale Bus-Station ist der Interstate Terminal nördlich der Old Delhi Train Station. Von hier aus auch viele städtische Busverbindungen.
Beste Reisezeit: Oktober bis März.

Unterkunft
*****The Oberoi**, Dr.Zakir Hussain Marg (gegenüber dem Golfplatz), Tel. 011-24363030, Fax 24360484, www.oberoihotels.com
*****The Taj Mahal Hotel**, 1, Mansingh Road, Tel. 011-23026162, Fax 23026070, www.tajhotels.com
***The Ambassador Hotel**, Subramaniam Bharti Road, nahe beim Khan Market, Tel. 011-2462600, Fax 24632252, www.tajhotels.com
***Oberoi Maidens**, 7, Sham Nath Marg, Tel. 011-23975464, Fax 23890595, www.oberoihotels.com
*La Sagrita Tourist Home**, 14, Sunder Nagar, Tel. 011-24359541, Fax 24356956, www.lasagrita.com.
*Major`s Den**, 2314, Lakshmi Narain Street, Tel. 011-23629599 und 23514163, majorsden@hotmail.com.

Sehen und Erleben
Zum touristischen Pflichtpogramm zählen das Red Fort der Moguln («Lal Qila») und das Humayun-Grabmal mit hoher Kuppel – beide in der Liste des Weltkulturerbes –, die hinreißend schönen Skulpturen im Nationalmuseum sowie die Jama Masjid, Delhis größte Moschee, mit der Aussicht von ihrem 40 m hohen Minarett.
Manchen locken jedoch viel heftiger das Gassengewimmel von «Chandni Chowk», dem größten Basar Old Delhis, die Reihe der Emporien am Janpath und am Baba Kharak Singh Marg, wo die indischen Bundesstaaten ihr schönstes Kunsthandwerk offerieren, oder eine Einkaufsrunde um den Connaught Circle.
Informationen für den Abend, über Kinos, Theater, Kulturzentren, die vielen Museen, Gedenkstätten und Galerien finden sich u.a. im «Delhi City Guide» und im «Delhi Diary» (beide vierzehntäglich).

Auskunft/Rented Car
Government of India Tourist Office, 88, Janpath, und im International Airport , Tel. 011-23320003 und 23320005, Fax 23320109, www.india-tourism.com oder www.tourism-of-india.com/new-delhi.html

Metropole Tourist Service
Bewährt: Mietwagen mit zuverlässigen Fahrern für ganz Nordindien, auch Tourenplanung. 244, Defence Colony Flyover Market, Tel. 011-24310313 und 24312212, Fax 24311819, metropole@vsnl.com

1

2

4

Kolkata – die Königin Bengalens
Bürger erneuern ihre Stadt

Vor Kolkata werden Reisende noch immer gewarnt. Lange galt sie als «Metropole des indischen Elends». Aber es lohnt, sich vor Ort umzusehen: die Stadt wandelt sich, gewinnt neue Lebensqualität.

Ein anderer Anflughafen ist Kolkata, englisch Calcutta und erste Hauptstadt des ehemaligen britischen Kronjuwels und Kaiserreichs Indien. Wer von Delhi kommt und in Orissa Urlaub machen will, gönnt sich vielleicht eine Erholungspause in einem Stadthotel. *Very British* (reichliches Frühstück mit *jam, ham* and *eggs*) und auch bezahlbar empfängt das schon legendäre *«Fairlawn»* noch immer seine Gäste. Teuer wird's im modernen *«Taj Bengal»* südlich vom Maidan, dem großen *«Central Park»* Kolkatas, und in der Traditionsherberge *«Oberoi Grand»* mitten im Stadtzentrum. Mit der luxuriösen Erneuerung der damals ziemlich ramponierten *«Grand Duchess of Chowringhee»* (so nannte man das Haus respektvoll) signalisierte Mohan Singh Oberoi 1938, dass fortan das Feinste für die Gäste von Oberoi-Hotels gerade gut genug sein sollte.

Mit dem jüngsten *«refurbishing»* des *«Oberoi Grand»* zu Anfang der 90er Jahre nahmen die Oberois vorweg, was jetzt in Kolkata voll im Gange ist: das Aufpolieren der Stadt, wenn nicht sogar deren Wiederauferstehung. Diese ist großenteils mit außerordentlichen Anstrengungen von den Bürgern selbst in Gang gebracht worden. Lange war Kolkata weltweit bekannt als unfreiwillige Sammelstelle der Flüchtlingsmillionen aus Bangladesh, als Indiens Armenhaus und als Stadt der Sterbehelferin Mutter Teresa. Dominique Lapierre, der mit seinem Freund Larry Collins einige der bewegendsten Buchreportagen über Wendepunkte des 20. Jahrhunderts schrieb, verblüffte seine Leser, als er seinem Buch über die Slums von Kolkata den Titel «Stadt der Freude» gab. «In den Slums von Kolkata leben mehr Helden als irgendwo sonst», erklärte Lapierre, «Die Menschen dort bewahren ihre Würde, sie verstehen zu feiern, sie lieben, sie teilen sich den Nächsten mit, sie leben ihren Glauben. Für mich sind sie Vorbilder der Humanität. Diese Menschen haben mich den wahren Wert des Lebens gelehrt.»

Auch anderes überrascht heute die Besucher Kolkatas: die Straßen sind jeden Morgen gekehrt, und der Maidan strahlt in frischem Rasen- und Baumgrün. An den nostalgischen Fassaden aus der

1 Betender Hindu im «Dakshineshwar Kali Tempel». 2 Blühende Pyramide auf dem berühmten Blumenmarkt 3 Die Göttin Kali («Die Schwarze»), Patronin der Stadt, begleitet auch Taxis. 4 So trumpfte Britannia auf – Kolkata nimmt das «Victoria Memorial» gelassen hin.

kolonialen Vergangenheit - «Writer`s Building», «High Court», «Raj Bhawan» - sind Maler tätig geworden, Kolkatas Metro – die erste Indiens – wird erweitert. Zumindest im Stadtzentrum schickt sich Kolkata an, wieder als die «Königin Bengalens» aufzutreten. Sie zieht Investoren an und füllt zugleich – die Stadt des Literatur-Nobelpreisträgers Rabindranath Tagore und des Hinduismus-Erneuerers Ramakrishna – ihre traditionelle Rolle als geistige und kulturelle Kapitale aus. Dutzende von Theater- und Tanzdarbietungen, Lesungen, Autorenfilme und Kunstausstellungen verleihen der Stadt Glanz. Im neuen Stadtmuseum «Kolkata Panorama» erlebt der Besucher die Geschichte der Freiheitskämpfe, religiösen Bewegungen und kulturellen Highlights mit modernsten Mitteln. Künstlerisch weitaus bedeutender ist das «Indian Museum», das für Bewunderer indischer Skulpturen allein schon Grund genug für einen Kolkata-Besuch ist. Mit seinen opulenten Säulenportalen und imposanten Treppenhallen zählt der 1875 eröffnete Bau zu den

1 Die meistbenutzte Brücke Indiens spannt sich über den Fluss Hooghly. **2** Handel mit Textilien spielte in Kolkata schon zu Robert Clives Zeiten eine Hauptrolle, der 1757 den Handelsstützpunkt für die Britisch-Ostindische Kompanie zurückgewann. **3** Hundert Jahre später wurde Calcutta Sitz des Vizekönigs und der britischen Kolonialregierung, auch daran erinnert das Denkmal der Queen Victoria. **4–5** Das «Oberoi Grand» – klassisches Beispiel indischen Hotelkomforts schon in den 1930er Jahren.

musealen Bastionen, die Europäer im 19.Jahrhundert von Wien bis Moskau, von Madrid bis Stockholm wie für die Ewigkeit errichteten. Bereits 1989 feierte das «Indian Museum» sein 175jähriges Jubiläum, rechtens, denn seine Geburtsstunde 1814 hatte mit der Museumsstiftung der «Asiatic Society of Bengal» geschlagen. Schon damals begannen die Direktoren zu sammeln und erwarben Werke von so exquisiter Schönheit wie die buddhistischen Skulpturen des 1. und 2. Jahrhunderts n. Chr. am Steinzaun von Bharhut sowie herrliche Darstellungen der Hindu-Gottheiten aus der Zeit des 11. und 12. Jahrhunderts, Europas hohem Mittelalter.

Ein neueres, für die Stadt bedeutungsvolles Ereignis ist die päpstliche Seligsprechung Mutter Teresas im Jahre 2003. Die Ordensgründerin der «Missionaries of Charity» war 1997 in Kolkata 87jährig verstorben, nach sechs Jahrzehnten der karitativen Arbeit für die Armen und Ärmsten. Viele Verehrer Mutter Teresas erwarten ihre Heiligsprechung. Ihre Ordensschwestern sind weltweit tätig. Freiwillige Helfer können im Nirmal Hriday (Sterbehaus), im Prem Dan (für Kranke und Geistesgestörte) und im Shishu Bhawan (Waisenhaus) arbeiten (Kontakt: Motherhouse, Tel. 033-22497115). Wer mindestens ein halbes Jahr Zeit aufbringt, kann auch bei Dr. Jack Pregers «Calcutta Rescue» helfen (P.O.Box 9253, Middleton Row PO, Kolkata 700071).

Kolkata: Spezialtipps der Autoren

Anreise und Reisezeit
Flug: Der Internationale Flughafen liegt etwa 20 km vom Stadtzentrum entfernt, nahe dem Stadtteil Dum-Dum. Prepaid Taxi Service, Airport Rest Rooms.
Bahn und Bus: Haora Station (Howrah) und Sealdah Station sind die beiden Bahnhöfe Kolkatas, wie für die Bahn gibt es auch für Busverbindungen computerisierte Buchungsbüros. Expressverbindungen mit Delhi, Mumbai, Chennai.
Schiff: Zu den Andaman Islands etwa zweimal monatlich.
Beste Reisezeit: November bis Februar.

Unterkunft
****/*****Oberoi Grand*, 15, Jawaharlal Nehru Road, Tel. 033- 22492323, Fax 22491217, www.oberoihotels.com
****/*****Taj Bengal*, 34B, Belvedere Road, Alipore, Tel. 033-22233939, Fax 22231766/8805, www.tajhotels.com
****The Park*, nicht in Parkgrün, aber zentral, mit allem Komfort und originell-elegantem Design. 17, Park Street, Tel. 033-22499000, Fax 22494000, www.theparkhotels.com
***Fairlawn*, 13A Sudder Street, Tel. 033-22521510, Fax 22521835, fairlawn@cal.vsnl.net.in

Sehen und Erleben
Bester Blick auf Kolkatas Wahrzeichen, die 97 m hohe, 1943 erbaute Howrah-Bridge, vom neuen Millenium-Park am Flussufer. Außer dem großartigen «Indian Museum» auch das «Victoria Memorial Museum» aus der Kolonialära, das hochmoderne «Kolkata Panorama» zur Stadtgeschichte, moderne Kunst in der «Birla Academy of Art and Culture» und in der «Academy of Fine Arts» (dort auch Vorführung indischer Filme). Dazu das «Nehru Children Museum», das Rabindranath Tagores Haus («Rabindranath Barathi Museum») in der Chitpur Road und das «Gurusaday Museum» für die Kunst der «Tribals», der Stammesbevölkerung, und das sind noch nicht alle Kolkata-Museen. – Nirgends sahen wir einen so großen Banyan-Baum (400 Meter Umfang) wie in Kolkatas Botanischem Garten. Kolkata ist eine Stadt vieler Religionen, man kann den Kalighat-Kali-Tempel im Süden der Stadt besuchen, der Kolkatas mächtiger, zorniger Schutzgöttin Kali geweiht ist, oder den spiegelglitzernden Jain-Tempel des Shree Sheetalnathji, oder die neogotische St.Paul's Cathedral von 1847 mit Freskos und einem Fenster des «Präraffaeliten» Edward Burne-Jones, oder die Nakhoda-Moschee, für 10 000 Gläubige erbaut 1926. Stilelemente von Tempeln, Kirchen und Moscheen vereint das Heiligtum der Ramakrishna-Mission von Belur Math am rechten Ufer des Hooghly, beim Dakshineshwar-Kali-Tempel.

Ziele in der Umgebung
Am interessantesten für Naturfreunde: das Ganges-Delta der Sunderbans, das größte der Erde, mit einem fast 2600 qkm großen «Tiger Reserve», das teils zu Bangladesh gehört. Zahlreiche Bus/Boot-Exkursionen von Oktober bis März, auch mit Übernachtung auf dem Schiff oder im «Sunderbans Tiger Camp» (Zelte oder Cottage).
Zum Baden im Golf von Bengalen: nach Digha, 185 km südwestlich an der Grenze zu Orissa, mit langem, auch von Autos befahrenem Strand und einfachen Hotels.

Auskunft
India Tourism Kolkata, 4, Shakespeare Sarani, Kolkata-700071, Tel. 033-22821475, Fax 22823521, E-mail: indtour@cal2.vsnl.net.in,
Faltblatt «Kolkata – This Fortnight», www.calcuttaweb.com.

Chennai – Künste, Kinos, Küsten
Im Herzen der tamilischen Kultur

*Frühestes Christentum Indiens, erster britischer Stützpunkt
in Südindien, heute Industriemetropole – Chennai,
das die Briten Madras nannten, zeigt viele Gesichter.*

Aus dem Flugzeug nimmt man am eindrucksstärksten wahr, wie enorm weit die Stadt sich ihres Hinterlands bemächtigt hat. Chennai, war noch zur Jahrtausendwende offiziell «nur» eine 5,5-Millionen-Stadt, zählte aber vier Jahre später schon 6,5 Millionen Einwohner. Das rapide Wachstum bemerken Chennais touristische Gäste kaum, da sie zumeist entlang der Küste und in den historischen Stadtvierteln von George Town im Norden über Anna Salai, Egmore, Pudupet und Alwarpet bis Mylapore unterwegs sind. Auch von der industriellen Potenz der viertgrößten Stadt Indiens – und der größten des Südens - spürt wenig, wer sich ihrer kolonialen Vergangenheit und den reichen kulturellen Aktivitäten zuwendet. Petrochemie, Auto-, Elektro- und Feinmechanikindustrie bringen Geld in die alte Hafenstadt und auch internationale Großkonzerne investieren hier. Im Filmgeschäft ist Chennai der schärfste Konkurrent von Mumbais «Bollywood», mit zumeist noch mehr Filmproduktionen – und mit rund hundert Kinos in der Stadt. Die Mehrzahl der Filme produziert man in tamilischer Sprache.

Tamilische Kultur und Sprache spielten unter britischer Herrschaft nur eine Nebenrolle. Die Briten missachteten sie wie alle drawidischen Kulturen Südindiens noch rigoroser als die Hindi sprechenden Nordinder. Und früher noch als in Kolkata, dem früheren Calcutta und ersten Hauptstadt Britisch-Indiens, hatten die Kaufleute der Britisch-Ostindischen Kompanie sich in Südindien ihre Handelsplätze gesichert. Man kennt noch den Namen jenes Francis Day, der 1639 nördlich der Mündung des Cooum-Flusses ein Areal für eine Faktorei und den bald folgenden Bau des Forts St. George erwerben konnte. An die Portugiesen erinnert einige Kilometer weiter südlich in Chennais Stadtteil Mylapore die Kathedrale des «Indien-Apostels» St.Thomas von 1522, die den Gläubigen als Grabkirche des Heiligen gilt. Die Briten verdrängten die Portugiesen, ebenso die Holländer und später auch die Franzosen. Im 18. Jahrhundert umschloss die britische «Madras Presidency» nahezu ganz Südindien, samt einigen tributpflichtigen Hindustaaten

1 Kolonialbauten erinnern noch daran: Chennai, das sie Madras nannten, war einer der frühesten britischen Handelsplätze in Südindien.
2 Farbenspiel der Sari-Stoffe. **3** Werbung wie in der westlichen Welt: indische Models. **4** In «Kalakshetra», dem «Dorf der Künste».

und mit Ausnahme winziger französischer Territorien wie Pondicherry südlich von Chennai. Pondicherry erlangte die Freiheit erst 1954, im Jahr der Dien-Bien-Phu-Niederlage in Nordvietnam. Handtaschengroß sind die Schlösser des Forts St. George. Robert Clive (1725-1774) begann hier seine Karriere als Schreiber der Ostindienkompanie, ehe er als Kriegskommissar und Sieger in der Schlacht von Plassey (1757) die britische Indienherrschaft begründete. Gemälde im Fort-Museum zeigen noch, wie britische Familien im 19. Jahrhundert, bevor die Hafenkais gebaut wurden, an Land gingen: watend, bis zu den Waden im Wasser. Nebenan in der Kirche St. Mary's nennen Gedenktafeln und Grabsteine die kurzen Lebenszeiten von Matrosen, Müttern und Missionaren – viele erlagen der Malaria und anderen Fieberkrankheiten.

Als Symbol deutlicher Verabschiedung von kolonialer Vergangenheit, aber auch um kulturelle und administative Vorrangansprüche des Hindi-sprechenden Nordens auszubremsen, hat Chennai nicht nur den Stadtnamen Madras abgelegt, sondern auch noch eine lange Liste wichtiger Straßen ins Dravidische umgetauft. So wurde aus der Mount Road, der dominanten Stadtdiagonale, die Anna-Salai-Road, aus der Nungambakkam High Road die Gandhi Salai, und die North Beach Road heißt Rajaji Salai. Wer die Minitaxen, die

1 Neuer Name für die Hauptschlagader der Stadt: statt britisch «Mount Road» heißt sie «Anna Salai». **2** Auch Chennai konkurriert um die Spitzenplätze im Software- und Computer-Geschäft. **3** In Chennai werden sie produziert, die legendären Royal-Enfield-Motorräder. **4** Trendy: Coffee Bars statt Teestuben. **5** Kühle Eleganz im «Hilton Trident», nah dem Flughafen. **6** Ferienglück am Meer: das Taj-Hotel «Fisherman's Cove».

«Threewheeler» genannt werden, benutzt, zeigt dem Fahrer am besten einen Zettel mit jeweils beiden Namen.

«Kamarajar Salai» und «Marina Beach» steht auf dem Notizblatt, will man Chennais Freiluft-Salon besuchen. Fünf Kilometer lang und an die 250 Meter breit erstreckt sich der Marina-Strand vom Hafen bis zur San-Thome-Kathedrale: er ist weltweit einer der längsten Stadtstrände. Wegen lebensgefährlicher Strömungen zum Baden ungeeignet, ist die Marina bei Zehntausenden um so beliebter als Treffpunkt für die abendliche Promenade.

Ein Tipp für den Vormittag, der für Liebhaber lebendiger Künste noch reizvoller als Tempel- oder Museumsbesuch sein kann, ist Kalakshetra, auf englisch «Temple of Art». Das «Dorf der Künste» besteht seit 1936 und ist eine Schule des Tanzes, der Musik, der Webkunst und des Textildesigns. Besucher sind zu den Unterrichtsstunden zwischen 9.30 und 11.15 Uhr willkommen und oft begeistert von den hochmotivierten und hochtalentierten Schülern (Tel. 044-2491169, Fax 04914359). Einmal jährlich, im Januar, veranstalten Lehrer und Schüler ein Musik- und Tanzfestival.

Die Ursprünge Kalakshetras sind übrigens verknüpft mit einer weltweit bekannten Institution Chennais: der «Theosophical Society», die 1875 von einer russischen Aristokratin und einem US-Colonel gegründet wurde und seit 1886 in einem weiträumigen Parkareal ihren Hauptsitz hat. Erklärtes Ziel ist, menschliche Brüderschaft über alle Unterschiede von Rassen, Abkunft, Geschlecht und Religion hinweg zu stärken. Eine der größten Persönlichkeiten der Theosophie wurde die Britin Annie Besant, Protagonistin der Frauenrechte und der indischen Unabhängigkeit. Annie Besant (1847-1933) erzog eine junge Inderin, Rukmini Devi – und Rukmini gründete Kalakshetra.

Chennai: Spezialtipps der Autoren

Anreise und Reisezeit
Flug: Der Anna International Airport ist angenehm überschaubar, der neue Domestic Airport ohne Mühe zu Fuß vom internationalen erreichbar.
Bahn und Bus: Der Central Station ist der «Train Reservation Complex» benachbart, im ersten Stock die Schalter für Touristen (aber auch eine «Foreign Assistance Tourist Cell» in der Central Station). Eine andere wichtige Bahnstation ist Egmore. – Zum «Chennai Mofussil Bus Terminus» (auch unter dem Namen «Koyambedu Bus Stand» bekannt) fährt man etwa 7 km von der Anna Salai Road.
Beste Reisezeit: Dezember bis März (Oktober/November oft Monsunregen)

Unterkunft
/* *Taj Connemara*, Traditionshotel, teils Art-Déco-Stil, Swimmingpool. Binny Road, Tel. 044-285233361, Fax 285232361
/* *Fisherman's Cove*, Taj-Strandhotel südlich von Chennai (s.u.), Tel. 04114-474304-10, Fax 474303, www.tajhotels.com
* *New Woodlands*, großes Hotel mit Garten, kleinem Pool. 72-75, Radhakrishna Road, Tel. 044-28113111, Fax 28260460, www.newwoodlands.com.

Sehen und Erleben
Unter vielen Museen besonders empfehlenswert: «Government Museum» mit hervorragender Bronze-Galerie, «National Art Gallery» auf gleichem Gelände sowie das Museum im Fort St.George und das Vivekananda-Museum für den großen Erneuerer des Hinduismus – ursprünglich ein Lagerhaus für Eisblöcke aus den USA!
Originell: die «Enfield Factory» für die Kult-Motorräder dieser Marke (www.royalenfield.com). Origineller: Besuch von Filmstudios, z.B. AVM-Studios (Tel. 044-24843183), manchmal werden auch Statistenrollen geboten.

Ziele in der Umgebung
In Mamallapuram, 50 km südlich von Chennai, wurden aus den Küstenfelsen Tempel und das einzigartige Relief geschaffen, das die Geburt des Ganges mit rund 400 Figuren – Göttern, Menschen, Tieren - darstellt («Arjunas Buße»). Am Wege: Dakshina Chitra, das Museumsdorf der Architektur und des Kunsthandwerks Südindiens, der extraschöne Strand von Kovalam (Covelong) mit dem sehr angenehmen *Leisure Hotel* «Fisherman's Cove» und auch die ökologisch aktive Krokodilfarm (Crocodile Bank and Snake Farm). Kanchipuram, eine Gründung der Pallava-Könige im 4.Jh.n.Chr., lange königliche Hauptstadt und bis heute eine der sieben heiligsten Städte Indiens, ist ebenso berühmt für ihre Seidenstoffe wie für ihre Tempel. Unter den bis ins 7.Jh.n.Chr. zurückreichenden Tempelbauten (geschlossen 12-16 Uhr) sind einige Shiva, andere Vishnu und auch der Göttin Parvati geweiht, einer der wenigen Plätze, wo weibliche Gottheiten eigene Tempel haben (70 km südwestlich).

Auskunft
Government of India Tourist Office, 154, Anna Salai, Tel. 044-28461459, Fax 28460193
Die *Tamil Nadu Tourism Development Corporation* hat Auskunftsstellen an den Bahnhöfen «Central» und «Egmore». www.chennaionline.com.

Bangalore – vom Klima verwöhnt

In Karnatakas «Gartenstadt» blüht Computerintelligenz

*Wer in Indiens bessere Zukunft blicken will,
besucht Bangalore – urban und modern mit hohen Lebensqualitäten
trotz extremem Wachstum.*

Wenn der Subkontinent unter lastender Hitze seufzt und die Menschen hinter geschlossenen Jalousien die heißesten Stunden verdämmern, lässt sich's in Bangalore noch immer aktiv leben. Dies verdankt die sechstgrößte Stadt Indiens ihrer Lage knapp 1000 Meter über Meeresniveau. Schon vor zwei Jahrhunderten, als die Briten im Süden gegen die französische Konkurrenz ihre Positionen ausbauten, legten sie Parks und Gärten an, die bis heute das Stadtbild prägen. Vor gut hundert Jahren war Bangalore, so steht's in einem goldgeprägten Band von «Meyers Konversations-Lexikon», Jahrgang 1895, die Hauptstadt des britisch-indischen Vasallenstaates Maissur (Mysore) geworden. Denn: «Das Klima, mit einer Jahrestemperatur von 24,5 Grad Celsius und einem jährlichen Regenfall von 914 mm, ist gesund und für Europäer sehr geeignet».

Doch gesund und attraktiv nicht nur für Europäer, sondern auch für Inder, die der feuchten Schwüle tropischer Sommer gern in *Hill Stations* entkommen. Um 1890 hatte Bangalore bereits 180000 Einwohner, damals kaum weniger als Delhi, heute hat die Metropole vermutlich mehr als 6 Millionen Bewohner. Bereits in den 60er Jahren siedelte die Regierung Betriebe der Telekommunikation und der Rüstungsindustrie an. Sie bilden die technologische Basis für Bangalores heutigen weltweiten Ruf als Zentrum der Computer-Intelligenz und anderer Hightech-Schmieden.

In vielen Straßen stößt man auf Cyber- und Internet-Cafés, deren Bildschirmkabinen wie überall in Indien auf schlanke Benutzer zugeschnitten und oft nur über schmale Stiegen erreichbar sind. Im totalen Gegensatz dazu stehen die Weite der Avenuen und Parks, stehen die opulenten Architekturen, vom pittoresken Palast (1887) à la Windsor Castle, den die Wodeyar-Herrscher bewohnten, bis zu Bangalores Boutiquen und Kaufhäusern von modernstem Schick an der Residency Road, M.G.Road und Commercial Street. Sie prunken mit Seide und Sandelholz, modischen Accessoires, exquisitem Leder, Notebooks, Juwelen.

1 Ein Scooter, eine Familie! **2** Kaiser Ashokas Löwen, Staatssymbol des modernen Indien, über griechischen Säulen: Karnatakas Parlamentsgebäude. **3** Parkwächter und Schnurrbart-Champion im «Lal Bagh».
4 Frühling in Bangalore ist schon im Februar – hier vorm «High Court».

High-Tech-Zentrum, Einkaufsmeile, aber auch Gartenstadt! Im
Februar duftet aus mächtigen Baumkronen die Flut sonnengelber
Blüten der *Tabibia Argentia*, bevor auch die grünen Blätter erscheinen, und entlang der M.G. Road leuchtet Strauch an Strauch das
Bougainvillea-Rot auf. An den Mangobäumen öffnen sich über den
ersten roten Blättern gelbe Blüten, an den Guavabäumen weiße
Blütenbälle, die Jacarandabäume geben ihr Purpurrot dazu, Limonenbäume nochmals ein duftendes Weiß.

Den Lal Bagh, wörtlich den «Roten Garten» (wegen der Rosen),
den schönsten Garten der Stadt, verdankt die Stadt Hyder Ali
(1728–1782), dem muslimischen Herrscher von Mysore, und seinem Sohn Tipu Sultan (1751–1799).

Parkähnlich große Gärten zusätzlich zu luxuriösem Ambiente und
opulenten Swimmingpools sind auch fast ein Markenzeichen des
halben Dutzends hochpreisiger Bangalore-Hotels. Voran das
«Oberoi», das mit japanischer Gartenkunst in prächtigem Baumpark erfreut, und das «Taj Westend», gleichfalls mit wundervollen
alten, pittoresken Bäumen und breiten Veranden in noch größerem
Park. Beide gehören zu den «Leading Hotels of the World». Mit
seinem «Leela Palace Kempinski Bangalore» hat Captain C.P. Krishnan Nair (siehe Seite 92) ein orientalisches Traumschloss von erlesenstem Komfort geschaffen. Erst im Jahre 2001/02 eröffnet, wird
Bangalores «Leela Palace» seither von den globalen Gremien und
Medien der Luxusbranche immer wieder mit hohen und höchsten

Preisen ausgezeichnet, übrigens auch für Umweltfreundlichkeit. Es ist das derzeit teuerste, vielleicht auch das beste Hotel Indiens. Für schmalere Geldbeutel bietet sich in Bangalore zum Beispiel das moderne Stadthotel «Highgates» mit AC-Zimmern samt Kühlschrank, Restaurant und Café an.

Bangalore ist ein guter Ausgangsplatz für Rundfahrten und Exkursionen zu den Gebirgen, mächtigen Wasserfällen und Naturdenkmalen und zum kulturellen Reichtum Karnatakas. Noch sind die Strände des Bundesstaats - der erst 1973 seinen Namen bekam, vorher Mysore hieß - kaum für Tourismus erschlossen, könnten aber bald dem nördlichen Nachbarn Goa Konkurrenz machen. Großartig ist die Architektur der Tempel und Paläste in Karnataka, mit Bangalore, Mysore und dem archäologischen Stadtjuwel Vijayanagara, mit Badami und Bijapur im Norden, phantastisch ist die Figurenfülle der Tempelfriese von Belur und Halebid und gigantisch die Statue des Jain-Furtbereiters Gomateshwara, die in tausendjähriger Meditation den Hügel von Shravanabelagola krönt (siehe die Kapitel Seite 77-81). Karnataka hat mit großer Energie begonnen, diesen Reichtum touristisch zu erschließen und wird wohl bald so bekannt sein wie heute Kerala.

1 Geschäfts- und Kaufstraße der prominenten Hightech-Metropole Bangalore: Brigade Road. **2** Rast in der Shopping Mall. **3** Wohlfühlen im Gartengrün des «Taj Westend Hotels». **4** «Lal Bagh», Indiens botanischer Garten mit den meisten tropischen und subtropischen Pflanzen. **5** Üppiger Park und Fünf-Sterne-Komfort: «The Oberoi».

Bangalore: Spezialtipps der Autoren

Anreise und Reisezeit
Flug: Internationaler Flughafen, mit Pre-paid Taxi, KSRTC-Bus zu größeren Hotels.
Bahn und Bus: «City Train Station» (mit Reservierungsschalter) und «Cantonment Station» (MG Road Area). Frühe Buchung dringend empfohlen! 2004 wurde eine neue Direktverbindung (ohne Halt) Bangalore-Delhi eingeführt, der «Sampark Kranti Super Fast Express» (38 Stunden). – Der «Central Bus Stand» liegt gegenüber der «City Train Station».
Beste Reisezeit: Oktober bis April.

Unterkunft
*****Leela Palace Kempinski Bangalore*, 23, Airport Road, Tel. 080-25211234, Fax 25212929, www.theleela.com
****/*****The Taj Westend*, Race Course Road, Tel. 080-56605660, Fax 56605700, www.tajhotels.com
****/*****The Oberoi Bangalore*, 39, Mahatma Gandhi Road, Tel. 080-25585858, Fax 25585960, www.oberoihotels.com
****The Park*, 14/7 Mahatma Gandhi Road, Tel. 080-2559466, Fax 25594029, mehrere Restaurants und Bar.
**Highgates Hotel*, 33, Church Street, Tel. 080-25597277, Fax 25597799, Reservierung empfohlen.

Sehen und Erleben
Nicht zu versäumen: Lal Bagh, die historische Gartenanlage Bangalores – das Government-Museum mit reichen Sammlungen zur Kunstgeschichte Karnatakas an der Kasturba Gandhi Road – das Visvesvaraya Industrial and Technology Museum. Fast immer Interessantes bietet das «Karnataka Chitrakala Parishat», vom Puppentheater bis zur Fotografie, von Konzerten bis zu Ausstellungen; auch Kurse einer Kunstakademie werden angeboten.
Der sogenannte Nandi-Tempel in Basavanagudi ist ein halbes Jahrtausend alt, entstand zur Zeit der Stadtgründung. Fünf Meter in der Höhe misst Shivas Granit-Bulle südwestlich der Stadt. Nordöstlich vom Nandi-Tempel (etwa 1 km) eine Tempelhöhle, der Gavi-Gangadhareshwara-Tempel, davor 3 1/2 Meter hohe Säulen mit Sonnenscheiben.
Eine Vielzahl von Restaurants, Bars, Clubs (siehe auch die Bildkarte «Bangalore Downtown - The City's Fun Spots», beim KSTDC). Golfplatz. Pferderennen.

Ziele in der Umgebung
Bannerghatta National Park, mit Elefanten, Leoparden, Sambars, Languren. Rund 100 qkm, mit Mini-Zoo, Reptilienpark und Museum, www.junglelodges.com (22 km südlich). Nrityagram Dance Village, gegründet vom Odissi-Tänzer Protima Gauri zur Erneuerung des klassischen Tanzes. Geführte Rundgänge mit Tanzvorführungen, Mahlzeit, auch Übernachtung möglich (30 km nordwestlich).

Auskunft
KSTDC (Karnataka State Tourism Development Corporation), 49, Khanija Bhawan, 2nd Floor, Race Course Road, Tel. 080-22352901, Fax 22352963, www.kstdc.nic.in und www.karnatakatourism.org
Pyramid Holiday Tours Pvt.Ltd., B-3 Jyothi Complex, 14/1 Infrantry Road, Tel. 080-22867589, Fax 22867593, www.pyramidsdeccan.com
Infohefte über Veranstaltungen, Kinos etc.: «City Guide» (monatlich) und «City Info» (vierzehntägig) sowie das Taschenbuch «Karnataka Traveller» (Hrsg. Department of Tourism, Government of Karnataka), www.bangalorenet.com

Heute «Weltkulturerbe»: die einstige jahrhundertealte Hauptstadt des Hindu-Reichs Vijayanagara.

Der Süden

1

2

3

4

5

Wohlfühlen unter Palmen
Chowara: Keralas Traumstrand bei Kovalam

Indiens tiefer Süden gilt als das Reiseziel mit dem raschesten Wachstum – doch noch locken unberührte Palmenstrände und Resorts abseits aller Hektik.

«Hier ist noch nie etwas gewachsen, geben Sie's lieber gleich auf!», bekam Klaus Schleusener auf seiner Baustelle an Keralas Küste zu hören. Das war Mitte der siebziger Jahre des 20. Jahrhunderts. Rund 600 Kilometer sonnige, palmenbestandene Traumstrände säumen die Küste Keralas – aber auch felsige Hänge, wildromantisch und unbegehbar. Solch einen Ort hatte der deutsche Literaturdozent gesucht, um einen Waldpark und Gärten samt Resort-Hotel zu errichten. Etwa zehn Jahre dauerte es, bis die Anlage samt Gärten und original-keralesischen Gästebungalows – manche wurden an anderen Orten abgebaut und hier wieder zusammengefügt – bezugsfertig war.

Inzwischen ist der «Surya Samudra Beach Garden» zur Top-Adresse avanciert. Weniger als eine halbe Autostunde von Keralas Hauptstadt entfernt, ist er auch für Fernreisende gut zu erreichen. Kann man in Indiens tiefem Süden irgendwo schöner Urlaub machen als gerade hier, wo sich felsige Kaps und breite, feinsandige, noch fast menschenleere Strände abwechseln, und der weißgelbe Sand vor dem Palmgürtel weiter als das Auge reicht? Auf den Terrassen des «Surya Samudra» oder von «Nikki's Nest» lassen sich ganze Tage verträumen und sternenfunkelnde Nächte erleben, hier kann man mal in den Pool, mal in die Brandungswellen tauchen und durch Palmwipfel den schmalen Booten der Fischer nachschauen… Leicht möglich sind auch lohnende Abstecher ins städtische Leben von Thiruvananthapuram, Exkursionen in die Berge der Western Ghats und bis an die Südspitze des Subkontinents.

«Chowara Beach» oder «Pulinkudi» heißt bei den Einheimischen der Strand beim «Surya Samudra». Der in der Nähe gelegene «Kovalam Beach» ist weltberühmt; schon in den dreißiger Jahren des 20. Jahrhunderts, lange vor den ersten Interkontinentalflügen, waren Besucher von diesem Strand-Juwel der südindischen Malabarküste fasziniert. An diese Zeit erinnern heute noch einige alte

1 Unter Palmwipfeln versteckt im «Surya Samudra Beach Garden»: die Gästebungalows. **2** Mädchen in Schuluniform – in Kerala lernen alle schreiben und lesen. **3** Ein Jeep-Besitzer, der Elefanten liebt… **4** Das Vivekananda-Memorial am Südkap Indiens: Der Erneuerer der Hindu-Religion und Gründer der Ramakrishna-Mission meditierte auf diesem Felsen, bevor er in Chicago 1893 beim Weltparlament der Religionen weithin bekannt wurde. **5** Yoga-Morgenstunde im «Surya Samudra».

Hotels. Doch ist der Charme der verlockenden Landschaft der Hügel und langen Strände seit den neunziger Jahren stark beschädigt: Billige, vor allem britische Charterflüge ließen die Zahl der Touristen und damit auch die der Hotels dramatisch wachsen.

«God's own Country» nennt sich Kerala gern, vom Himmel verwöhnt mit freundlichem, auch in den europäischen Sommermonaten nicht überheißem Klima, mit fruchtbaren Böden und tropischer Blütenfülle. Kerala ist «Indien für Anfänger», frei von Dürre, Überbevölkerung und brutaler Verarmung, ein Muster- und Ausnahmestaat, ein Reiseland, das Hoffnung für andere Entwicklungsregionen schöpfen lässt. Zum Beispiel kann in Kerala fast jeder und jede lesen und schreiben; auch Geburtenrate und Kindersterblichkeit sind

mit den Zahlen in Europa vergleichbar. Für Erziehung und Gesundheit gibt der Staat fast die Hälfte seines Budgets aus. Zwischen den drei großen Religionen – Hindus (58 Prozent), Christen und Muslime (je 21 Prozent) – kommt es zwar mitunter zu Spannungen, doch ihre Koexistenz in Kerala ist von jahrhundertelanger Duldsamkeit geprägt. Und Keralas Frauen setzen mehr und mehr ihre Rechte durch, wählen ihren Beruf und verwalten ihr eigenes Vermögen. Die Schatten im immergrünen Paradies? Das Durchschnittseinkommen ist niedrig, und zuviele qualifizierte Keralesen finden keine Arbeit in ihrer dichtbesiedelten Heimat (laut Statistik leben etwa 750 Menschen auf einem Quadratkilometer, fast dreimal soviel wie im indischen Durchschnitt – und zweieinhalb mal soviel wie zum Beispiel in Baden-Württemberg). Bis zu einer halben Million jährlich suchen Arbeitsplätze im Ausland, in den Golfstaaten, in Myanmar und Singapur, in Europa und USA.

Keralesen schauen über den Tellerrand ihres Landes hinaus, sind weltoffen und neugierig. Auch darum heißen sie Gäste aus aller Welt in Kerala willkommen. «Für mich», schreibt der nordamerikanische Reiseautor und Sozio-Ökologe Bill McKibben, «ist diese Offenheit für die Welt eine der besten Eigenheiten der Region. Keralesen begegnen einem mehr oder weniger von gleich zu

gleich, ohne die Unterwürfigkeit und ohne die Aggressivität, auf die man so oft in der Dritten Welt trifft.» Nicht zuletzt dieser offenen, freundlichen Atmosphäre ist es zu verdanken, dass immer mehr Touristen nach Kerala kommen: Binnen nur fünf Jahren ist die Zahl der ausländischen Kerala-Besucher um ein Drittel gestiegen. Das Boomen des Tourismus kommt wiederum der wirtschaftlichen Entwicklung der Region zugute.

So schön die privaten Wohlfühl-Paradiese der Strandhotels auch sind – es lohnt sich, Exkursionen landeinwärts ins wirkliche Leben zu wagen, beispielsweise in die nahe 850 000-Einwohner-Hauptstadt Keralas. Ihr neuer Name Thiruvananthapuram kostet westliche Zungen etwas Übung, einfacher ist der bisher gebräuchliche Name Trivandrum. Neugierig auf buntes Gewimmel in den Gassen

der Basare in der Nähe des siebenstöckigen Gopuram (Tempelturm) des Sri-Padmanabhaswami-Tempels? Mit einem Abstecher in eine «Gym», ein Fitness-Studio, wo gelenkige, schlanke junge Inder die Kampfkunst Kalaripayattu trainieren? Die Frauen, indische und europäische, die zu den Kunden des Studios gehören, sind im Gegensatz zu den nur mit einem schmalen Hüfttuch bedeckten jungen Männern auch bei tropischen Temperaturen voll bekleidet.

Auch Kunstliebhaber kommen in Trivandrum nicht zu kurz: Der bizarre Bau des Arts and Crafts Museum von 1872 in einem Park im Norden der Stadt beherbergt eine Sammlung von Bronzeskulpturen aus tausendjähriger Hindu-Kunsttradition, die von hinreißender Schönheit, Vitalität und Harmonie sind. Nebenan im Zoo – leider mit zu vielen, zu engen Gitterkäfigen – glänzen die feuchten grünbräunlichen Panzer der Krokodile. Und im nahe gelegenen Neyyar-Schutzgebiet kann man die Tiere sogar in freier Natur beobachten.

Etwa eine Autostunde südlich, aber bereits in Tamil Nadu, gibt es ein wahres Juwel zu besichtigen: den Palast mit dem poetischen Namen Padmanabhapuram, «Stadt der Lotusblüte aus dem Nabel des Gottes Vishnu». Von 1590 bis 1790 herrschten hier die Rajas über die damalige Region Travancore, bevor sie ihre Residenz nach

1 Christen-Kirchen sind nicht fremd im Süden, im Stil der Neugotik steht diese in Kanyakumari, der Hindu-Pilgerstadt am indischen Südkap. **2** Das in vielen Blautönen schimmernde Meer, sandige Buchten, Kokospalmen und breite Felstafeln: Die tropische Küste beim «Surya Samudra» ist ein paradiesischer Ort. **3** Wie in deutschen Bauernhaus-Museen: «Surya Samudra»-Bungalows wurden als originale Kerala-Architektur anderswo ab- und hier wieder aufgebaut. **4** Gepflegt speisen – im «Surya Samudra»-Restaurant über dem Meer. **5** Am Strand weiter nördlich, beim Kovalam-Leuchtturm. **6** Türklopfer im «Surya Samudra». **7** Schnitzkunst im Padmanabhapuram-Palast.

Thiruvananthapuram verlegten. Bewunderungswürdig und wohl das beste Beispiel der Holzarchitektur und Holzskulptur Südindiens ist das Schnitzwerk der Säulen und Decken, langgestreckten Hallen und kühlen Galerien. Nur ausnahmsweise gezeigt werden die kostbaren Wandmalereien indischer Mythologie im obersten Stockwerk, dem Gebetsraum des königlichen Quartiers (Upparika Malika), der über extrem steile, schmale Stiegen zu erreichen ist.

Zurückgekehrt ins «Surya Samudra» entdeckt man dann überrascht: Da sind doch Ähnlichkeiten? Das dunkle Holz, die Veranden, der Schnitt der Fenster sind eindeutig von der Architektur des Palasts beeinflußt. Auch «Nikki's Nest», das nächstgelegene, nur 15 Gehminuten entfernte «Sea Side Resort», trumpft mit einem origi-

nalen alten Kerala-Haus am Hang auf. Grandios ist der Ausblick über Küste, Meer und die grün umwachsenen Rundbauten dieses freundlichen Resorts mit vielen Stammgästen. Bezaubernd sind die Orchideen, neben der Kerala-Architektur eine private Spezialität des Bauherrn und Eigentümers Jakob Bailey.

1 Festlich: der Roof-top-Speisesaal des «Ambadi Guest House».
2 Pool des «Poovar Resort» bei Kovalam. **3** Kunst auf dem Fußboden, für eine Nacht: der «Schlangenbaum» im «Ambadi Guest House».
4 Am gleichen Ort ein Blick in die Flechtwerk-Konstruktion des Dachs, das von den traditionellen Kerala-Hausbooten inspiriert ist. **5** Hier wird der Traum vom tropischen Urlaubsparadies wahr: «Nikki's Nest», mit komfortablen Rundhütten und freundlichem Restaurant direkt über dem Meer erbaut. **6** Blumenprinzessin im «Ambadi Guest House».
7 Er kennt jede Orchideenart: der Gärtner von «Nikki's Nest».

Kerala ist zukunftsorientiert, aber Keralesen hängen auch an ihren Traditionen, verteidigen und erneuern sie. Dem Tourismus ist das förderlich – ob historische Holzarchitektur oder Hausboote, ob Schlangenbootrennen oder der alljährlich im Januar prächtig zelebrierte Elefantenmarsch von Thrissur nach Thiruvananthapuram. Wer das wahre Kerala entdecken will, hat die Möglichkeit, ein paar Tage mit einer keralesischen Familie zu verbringen: etwa im «Ambadi Guest House» am dörflichen Rand Thiruvananthapurams. Geräumig und praktisch eingerichtet sind die Zimmer, der aufs Dach gesetzte Speisesaal aus Bambus sieht aus wie ein Hausboot. Morgens unter den Händen des Masseurs blickt man durch die Dachöffnung einer Ayurveda-Hütte ins Palmengrün, und zum Frühstück schmeckt köstlich der frische Ananassaft. Hausherr Krishna Moorthy hat eine Fülle von Tipps für das Tagesprogramm, vom Vormittagsspaziergang an Bauminseln und Dorfgehöften vorbei den Bach entlang bis zur abendlichen Lichterzeremonie im Shiva-Tempelchen am Fluss. Man kann sich auch mit einem «Threewheeler», dem ortsüblichen Mini-Taxi, in die Stadt fahren lassen.

Hat man Glück, ist man gerade zur rechten Zeit gekommen, um vier Künstlern zuzusehen, wie sie auf dem Asphaltboden des Guest House den Schlangenbaum malen. Starkfarbig und groß wird er, dem Schlangengott zu Ehren. Schlangen spielen eine große Rolle, mit Milch und Flötenmusik machen Keralesen sie sich zu Freunden. Für Gäste, die sich vom Koch des Hauses in die Geheimnisse der südindischen Kochkunst einweihen lassen wollen, stehen Töpfe und Zutaten bereit.

Kovalam und Chowara: Spezialtipps der Autoren

Anreise und Reisezeit
Flug: Flughafen Thiruvananthapuram, Pre-paid Taxi.
Bahn: Thiruvananthapuram ist mit allen Zentren verbunden.
Beste Reisezeit: September bis Mai, ab März sehr heiß.

Unterkunft
**** *Surya Samudra Beach Garden* – Bungalow Hotel & Ayurveda Spa (H1). Heritage Hotel. 7 Kerala-Häuser und 7 traditionelle Steinbauten, Meerblick, Telefon, Kühlschrank, Gartenbad. Sehr gutes Restaurant, Pool. Buchung: Pulinkudi, Mullur P.O., Thiruvananthapuram-695 521, Kerala, Tel. 04 71-2 48 04 13, 2 48 18 24, Fax: 248 11 24; E-mail: suryasamudra@vsnl.com, Website: www.suryasamudra.com
*** *Nikki's Nest* (H2). 3 traditionelle Kerala-Häuser und 12 «ethnische Bungalows», an Palmenhang über breitem Strand, Telefon. Sehr gute Küche, Ayurveda, Safe. Azhimala Shiva Temple Road, Chowara, Pulimkudi, Thiruvananthapuram-695 501, Kerala, Tel. 04 71-226 88 22, Fax: 2 26 71 82, E-mail: nest@sancharnet.in, Website: www.nikkisnest.com. Zugehörig: Duke's Forest Lodge, komfortable Bungalows ca. eine Fahrstunde von Thiruvananthapuram in 1000 m Höhe beim Ponmudi-Waldreservat und direkt überm Kallar-Fluss am Tropenwald. Elefantenritte, Trekking, Schwimmen, Bootsfahrten, Angeln. Ayurveda und Meditation. Auskunft: über «Nikki's Nest».
Ambadi Guest House (H3). Abseits vom Meer am Stadtrand, familiär, Siddhà-Zentrum (vor-ayurvedizhe Wellness- und Heilkunst). 12 Zi., teils AC, gute Kerala-Küche. Poozhikunnu, Industrial Estate P.O., Thiruvananthapuram-695 019, Kerala, Tel. 04 71-2 49 37 12, Fax: 2 49 37 13, E-mail: ambadigh@vsnl.com
Alle zu buchen über Comtour, Essen-Kettwig (siehe Seite 69).

Sehen und Erleben
Thiruvananthapuram: Kanakakunna-Palast, Padmanabhaswami-Tempel, Arts and Crafts Museum und andere Museen, Kathakali (Tanz und Pantomime-Darbietungen) und Kalaripayattu (Kampfkunst-Vorführungen). Chalai-Basar.

Ziele in der Umgebung
Padmanabhapuram-Palast (65 km südlich). Kanyakumari mit Tempeln und Vivekananda-Memorial (90 km). Varkala (40 km nördlich), Badeort mit *** Taj Garden Retreat (500 m vom Strand). Neyyar Wildlife Sanctuary (30 km östlich).

Auskunft
Tourindia Holidays, 163 M.G.Road, Thiruvananthapuram 695 001, Kerala, Tel. 04 71-2 33 04 37, 2 33 15 07, Fax: 2 33 14 07; E-mail: tourindia@vsnl.com, Website: www.tourindiakerala.com
KTDC (Kerala Tourism Development Corporation), Mascot Square, Tel. 04 71-2 31 89 76. Hilfreich auch das Airport-Tourist Office.

Süßes Nichtstun auf dem Luxus-Lastkahn
Im Hausboot unterwegs auf Keralas Backwaters

Genießer, die Wärme, tropische Farben und Düfte, Palmen und exotische Delikatessen lieben, erkunden Kerala vom Deck-Liegestuhl aus. Landgänge zu genauerem Hinschauen sind inbegriffen!

Am Ufer wächst Gras, weit entfernt stottert ein kleiner Motor, Palmblätter über uns sirren im leichten Wind, und auf dem Wasser glitzert das Sonnenlicht. Über den Fluß schwimmt gemächlich ein langgestrecktes, geflochtenes Gebilde. Von weitem sieht es fast aus wie ein asiatischer Riesen-Strohhut oder ein länglicher Brotkorb im Großformat. Erst als das Geflecht näherkommt und sachte an den Steg stößt, ist zu erkennen, dass es sich um das Hausboot handelt, auf das wir hier zusammen mit anderen Passagieren warten.

Verwirrende Situation: vor wenigen Stunden noch auf dem Flughafen Thiruvananthapuram/Trivandrum, dann ein Taxi – bequem, klimatisiert, mit dem Geruch sehr herber, sehr indischer Gewürze – Ausblick auf fremde Farben, Fahrzeuge und Gesichter. An einer Kreuzung endet plötzlich alle Fortbewegung, über blauen Abgasfahnen steht eine wackelige Ampel, von niemandem beachtet, ein Polizist mit strammen Armbewegungen bewirkt gar nichts. Ochsenkarren, Lastwagen, Fahrräder, Kleinwagen: alle in die Mitte vorgefahren, schrilles Hupen und Pfeifen, nein, wir werden hier für Stunden nicht weiterkommen.

Doch plötzlich löst sich das Kreuzungsgewirr ganz undramatisch – dort setzt jemand wenige Zentimeter zurück, hier wird eine Lücke nach links geschickt ausgenutzt, ein junger Mann stemmt sein Fahrrad balancierend in die Höhe über die Wagendächer hinweg, Fußgänger klettern über Autokühler heraus aus dem Gedränge – und schon kann das Taxi einbiegen in die kleine Straße, die ins Grüne, ans Ufer eines Backwater-Kanals führt.

Wir werden begrüßt, die Gangway aus Planken ist zum Steg heruntergelassen. Nun können wir das Boot genauer betrachten: Das Korbgebilde ist auf einer langen, eleganten schwarzen Bootsform aufgebaut, die in geschwungenem Bug und Heck ausläuft. Eine seitlich offene, überdachte Deckpartie mit Rattan-Sesseln dient als Sitzplatz. Von dort geht es nach links und rechts ins Bootsinnere,

1 Kreuzfahrt auf Keralas Backwaters. **2** Jedes Reispflänzchen wird von Hand ins wässrige Feld gesetzt. **3** Kein Nagel, keine Schraube zur Hand? Auf Keralas authentischen Hausbooten (Kettuvallam), wie sie Babu Varghese als erster baute, kommt man mit Palmfaserstricken aus. **4** Schwimmender Lebensraum für einen Tag oder eine Woche, für ein Paar oder für eine kleine Gruppe: das luftige, liebenswerte Hausboot.

unter das übermannshohe dichte Geflecht, das aus Bambusstäben, Bambusstreifen und Palmfaserstricken ohne Nägel und Metall konstruiert ist. Der Raum hinter der Tür aus festem dunklem Holz (mit alten Messingriegeln) ist erstaunlich groß. Doppelbett samt Moskitonetz, Stuhl und Kommode haben gut Platz, die Vorhänge vor den glaslosen Fenstern in der Flechtwand wehen herein. Die Tür im Hintergrund führt in ein richtiges kleines Bad mit Dusche, Waschbecken und WC, alles ist glatt und sauber. Am Heck des Bootes, erreichbar nur auf schmalsten Planken außen am Rumpf: eine winzige Küche. Wasser für alles und alle kommt aus einem Tank, der geschickt über der Bootsmitte im Dach verborgen ist.

Außer den Gästen – je nach Hausbootgröße sind es zwei, oft vier oder bei einigen Konstruktionen sogar bis zu acht – ist ein Guide mit von der Partie, der gut Englisch und auch ein paar Wörter Deutsch spricht und auf alle neugierigen Fragen Auskunft gibt. Außerdem ist da noch der Skipper, der den leise brummenden Motor bedient. Er hat solche Boote schon gelenkt, als sie – noch ohne Geflechtaufbau – Reissäcke und Kokosnüsse transportierten. Schließlich fährt noch ein Koch mit, der uns mit feiner Kerala-Küche verwöhnen wird. Zunächst, zurückgelehnt bei einem erfrischenden Getränk auf der «Veranda», erfahren wir, dass der Rumpf

des Bootes aus dem äußerst festen Holz des Jakfrucht-Baumes besteht und dass ein Touristikfachmann namens Babu Varghese der Vater aller Kerala-Hausboote ist. Babu Varghese, innovativer Tüftler, Liebhaber beschaulicher Fortbewegung auf den Backwaters und außerdem Chef von «TourIndia», kam Anfang der neunziger Jahre des 20. Jahrhunderts auf den Gedanken, Hausboote aus den Lastkähnen zu machen, die in der Kerala-Sprache Malayalam «Kettuvallam» genannt werden. Das war kurz bevor diese bis zu 30 Meter

44 Flüssen. Rund 900 Kilometer davon sind für die Hausboot-Kettuvallams befahrbar, auf Tagesausflügen, für zwei oder mehrere Tage. Die drei Städte Kollam/Quilon, Alappuzha/Aleppey und Kochi/Cochin bilden die «Tore» zu den Backwaters.

Das Bootsdeck ist Logenplatz. Blick voraus: sonnenüberstrahlte Wasserfläche, Fischernetze, die an langen Balken auf- und niedergezogen werden (ihre Vorbilder, heißt es, wurden vor Jahrhunderten aus China nach Kerala eingeführt). Fährboote, in denen die Menschen stehend von einem Ufer ans andere fahren, gleiten wie Scherenschnitte im Gegenlicht. Blick nach oben: Palmen, nickend vor blauem Himmel. Blick zu den Seiten: grüne Pflanzenfülle, leuch-

tende Reisfelder, Kautschukplantagen, dazwischen idyllisches Dorfleben rund um die Häuser, mit badenden Kindern und Wasserbüffeln, Winken, Rufen, lächelnde Frauen in ihren bodenlangen farbenprächtigen Rüschenkleidern. Die Gelassenheit eines Lebens, das sich nur wenig ändert – eine Szenerie, wie sie Paul Gauguin ähnlich in der Südsee wahrgenommen hat. Morgens putzen sich am Ufer ganze Familien ausdauernd die Zähne.

Ab und zu legt das Boot an, und der Guide gibt Tipps für den Landgang: Man kann zum Beispiel Bananen kaufen oder Kinder fotografieren, die sich extra in Positur stellen. Wir sehen auch Frauen an großen Holzrädern Kokosfasern zu Seilen drehen, Männer beim Schiffsbau ohne alle Maschinen, wir dürfen einen Hindutempel besuchen und hören im Dorf Champakulam den Hochzeitsgesang in der syrischen (syrisch katholischen) Marienkirche, an deren Stelle Christen eine erste Kirche schon 427 n. Chr. erbauten. Der Fisch, den der Guide direkt aus einem Fischerboot kauft, liegt zehn Minuten später beim Schiffskoch in der Pfanne. Die Mahlzeiten, auf Bananenblättern serviert, sind köstlich, immer mit vier, fünf Gemüsen – indisch gewürzt, auf unseren Wunsch hin «not too spicy» – und mit süßen Desserts. Die Jakfrucht (für Botaniker: Artocarpus heterophyllus) lernen wir kennen, eine riesengroße

langen Boote sämtlich abgewrackt werden sollten, weil neue Transportmittel ihre Aufgaben übernahmen.

Über 1500 Kilometer erstrecken sich die Wasserstraßen der Backwaters in der beispiellosen amphibischen Landschaft von Kerala, in schmalen und breiteren Kanälen, durch Lagunen, Seen und auf

1 Wie ein Kunstwerk anzusehen: eine Kettuvallam-Schiffswand.
2 Die Ungeheuer bleiben bitte draußen: Moskitonetz in der überraschend geräumigen Doppelbett-Schlafkoje. 3 Die 10-PS-Maschine kann das bizarre Boot auf 25 km/Std. bringen, aber Muskelkraft ist manchmal unentbehrlich. 4 Mehr Tempo legen die Ruderer bei den berühmten Kerala-Bootsrennen vor, zum Beispiel beim «Gandhi Boats Race» von Alappuzha/Aleppey. 5 Frischgefangene Delikatesse im Angebot: Shrimps.
6 Kettuvallam-Experte auf der dörflichen Werft. 7 Gegenverkehr auf dem Kanal: «Good Morning! How are you?»

bombenförmige Frucht, aus der man die süßen, festen Umhüllungen der nussgroßen Kerne mit den Fingern herausgräbt. Man speist origineller, doch ebenso gut wie in manchem Luxushotel.

Kommt das Verlangen auf, vor oder nach der Backwater-Tour, abseits von lauten Verkehrswegen ein Standquartier zu beziehen, so bietet sich zum Beispiel das «Coconut Lagoon Heritage Resort» am Vembanad-See östlich von Alappuzha an oder das «Marari Beach Resort», an einem traumhaft schönen Strand südlich von Kochi gelegen. Beide gehören zur Gruppe der cgh Earth Hotels (früher Casino), die von den sechs Brüdern der alten Kerala-Familie Dominic geführt werden. Bis zum Jahresende 2003 hießen die Hotels der Dominics «Casino», nach dem ersten, vom Vater der sechs Brüder 1957 gegründeten Hotel. Der neue Name «Earth», Erde, ist programmatisch, signalisiert die Erfahrung unverbrauchter Natur, die Schönheit des Einfachen und Gewachsenen,

einen Urlaubs-Mehrwert über die üblichen Sightseeing- und Animationsprogramme hinaus – gerade auch angesichts des Tourismus-Booms in Südindien. Schon lange haben die Dominics eine so gute Hand dabei, dass nationale und internationale Auszeichnungen und Umwelt-Preise nur so auf die «cgh Earth»-Hotelgruppe herabpurzeln.

1 Luxus und Landleben im Stil der südindischen «Casino»-Hotels: Die mit Elefantengras gedeckten Bungalows des «Marari Beach Hotel» 2 und das «Coconut Lagoon Hotel» am Vembanad-See. 3 Der Ozean ist ganz nah, aber zum «Marari Beach» gehören auch der extragroße, palmengesäumte Pool 4 und das Ayurveda Zentrum mit einem professionellen Team. 5 Genußvoll: das Badezimmer samt Dusche ist teils unter freiem Himmel eingerichtet. 6 Im 100 000 Quadratmeter-Areal des «Marari Beach»: Golden glänzt das Dekor eines Hausboots, 7 immer frische Blüten schwimmen in der Schale, 8 handgeschnitzte Zeichen weisen den Weg. 9 Hausbootdetails: Eingang zur Kabine 10 und Solarzellen, denen es selten an Sonnenstrahlen fehlt.

Die Quartiere der «Coconut Lagoon» sind alle in traditioneller keralesischer Bauweise errichtet: von Säulenveranden umgebene Holzbauten unter hohen Ziegeldächern, dem Klima optimal angepasst. Viele sind historische Originalbauten und wurden aus entfernten Dörfern, wo sie abgerissen werden sollten, hierher versetzt, renoviert und mit viel Liebe zum Detail und gutem Kunsthandwerk ausgestattet. Die modernen Badezimmer haben in ihren kleinen bepflanzten Höfen eine Palme oder einen Bananenbaum. In die moderne indische Literatur ist das Restaurantgebäude bereits eingegangen: Arundhati Roy nennt es in ihrem Bestseller-Roman «Der Gott der kleinen Dinge» das «Historische Haus», … «Mittelpunkt einer kunstvollen Anlage, die kreuz und quer von Kanälen und Brücken durchzogen war.»

In der «Coconut Lagoon» wie in «Marari Beach» tut es wohl, wie großzügig das Areal jedem Gast seinen persönlichen Raum gibt. Baum- und Rasengrün erstreckt sich zwischen den bequemen elefantengrasgedeckten Häusern von «Marari Beach». Im Schatten von Kokospalmen geht es zum breiten Strand, auch ein Dorf mit prächtig buntem Tempel ist in der Nachbarschaft zu besichtigen. Das luftige Restaurant bietet außer westlichen Gerichten eine Fülle von Kerala-Spezialitäten.

Langeweile kommt hier wie dort nicht auf: Nach Kochi fährt man auf den Spuren der Geschichte oder um Antiquitäten und Gewürze zu kaufen, der Vembanad-See lädt zu Kanutouren und zum Angeln ein, viele Bootsausflüge sind möglich, geführte Spaziergänge im Vogelreservat gleich nebenan. Mancher Gast kehrt ein zweites und drittes Mal wieder, um in den hervorragend ausgestatteten resorteigenen Ayurveda-Zentren seiner Gesundheit etwas Gutes zu tun.

Backwaters: Spezialtipps der Autoren

Anreise und Reisezeit
Flug: Flüge von Mumbai/Bombay nach Kochi/Cochin oder Thiruvananthapuram/Trivandrum, von dort mit dem Auto nach Kollam/Quilon, Kumarakom oder Alappuzha/Aleppey.
Bahn: Verbindungen von Kochi und Thiruvananthapuram nach Kollam, Kottayam und Alappuzha.
Auto: Thiruvananthapuram-Kollam ca. 50 km, Kollam-Kottayam ca. 100 km, Kollam-Alappuzha ca. 100 km, Kochi-Alappuzha ca. 50 km.
Beste Reisezeit: Oktober bis März.

Unterkunft
*** *Coconut Lagoon* (H1) (cgh Earth). Am Vembanad-See, nur per Boot zu erreichen. Traditionelle Kerala-Bauweise, originell, luxuriös, teils AC, großer Pool. «Farm Visit» auf Philipkutty's Farm bei Kumarakom. Fährverbindung zum Festland (Kumarakom, Puthenangadi). 10 km von Kottayam. 14 einstöckige Häuser, 28 Bungalows, Buchung: cgh Earth,

Casino Building, Willingdon Island, Kochi-682 003, Tel. 04 84-2 66 68 21/ 2 66 84 21, Fax: 266 80 01; www.cghearth.com
*** *Marari-Beach* (H2) (cgh Earth). Weiträumiges Gelände, breiter Sandstrand, kinderfreundlich. Komfortable Villen mit Veranda. 60 km von Kochi, 160 km von Thiruvananthapuram. Buchung wie oben oder über Comtour (siehe Seite 69, 235).

Sehen und Erleben
Kumarakom-Vogelschutzgebiet, mit Kreuzfahrt über den Vembanad-See. Klassischer Kerala-Tanz und Theater, u.a. Kathakali. Klassische, hochartistische Kampfkunst Kalaripayattu. Ausfahrt mit Fischerbooten.

Ziele in der Umgebung
Altstadt von Kochi, das traditionelle Zentrum des Gewürzhandels, mit Mattancherry-Palast, uralter Synagoge, Antiquitäten-Viertel. Alappuzha, die Stadt mit den Kanälen, reichem Museum im Krishnapuram-Palast.

Hausbootcharter und Auskunft
Adressen siehe Seite 39, 51 und 69, außerdem auch oben bei «cgh Earth Group».

Die Legende lebt
Kochi – auf den Spuren seiner Vergangenheit

In der Doppelstadt Ernakulam-Kochi am Arabischen Meer sind Paläste, Basare und Inselgassen zu entdecken, dazu auch frühe Stätten von Christen und Juden, von Portugiesen und Holländern.

Verlockend und geheimnisvoll – mit solchen Vorstellungen verbinden Europäer seit der Antike die Malabarküste. Schon die Römer kauften hier Gewürze, man hat ihre Münzen gefunden. Man weiß auch, dass indische und alexandrinische Kaufleute mit ihren Schiffen die Kraft des Monsuns nutzten. Erst im 14. Jahrhundert schuf die Natur durch Überflutung den Hafen von Kochi zwischen den Backwaters und dem Arabischen Meer. Bis heute ist Kochi der wichtigste Hafen an Indiens Westküste südlich von Mumbai/Bombay. Vasco da Gama, der erste Europäer, der Indien auf dem Seeweg um das Kap der Guten Hoffnung erreichte, landete 1498 im nördlicheren Kozhikode/Calicut, residierte als Vizekönig aber im reichen Kochi.

Den «schönsten Naturhafen dieses Erdteils» hat man Kochi genannt, mit seinen Inseln vor der Festlandsstadt Ernakulam. Immer sind Boote und Schiffe unterwegs zwischen diesen in Jahrhunderten besiedelten, aufgeschütteten Inseln und Halbinseln. Da ist das moderne Willingdon Island, auf dem der kleine, ältere Flughafen liegt, Bolgatty Island mit dem ehemaligen Sitz des britischen Kolonialresidenten und mächtigen alten Bäumen an seiner südlichen Inselspitze (heute steht dort ein Hotel) und Fort Kochi an der Nordspitze der Halbinsel Mattancherry, an der eine schmale Passage zum offenen Meer führt. Von den Hotelterrassen aus blickt man auf palmengrüne Küsten, man hört die dunklen Töne der Schiffssirenen, Möwenschreie und der Salzduft der See erfüllen die Luft.

In der umtriebigen Festlandsstadt Ernakulam haben sich Hafen- und Industrieanlagen breitgemacht. Um mit Genuss in eine Traumstadt zu gelangen, verlässt man die drangvolle Enge der Autostraßen Ernakulams und besteigt eine Fähre an der «Main Boat Jetty», der großen Anlegestelle. Unter den Füßen das leichte Schaukeln des Arabischen Meeres, fährt man gegen Sonnenuntergang in die Vergangenheit. Die zauberhaftesten Teile des alten Kochi sind auf der Halbinsel Mattancherry mit Fort Kochi zu finden. Nur: Ein

1 Das «Muss» für Fotografen: Kochis chinesische Fischernetze im Licht des Sonnenuntergangs. **2** Die aufwändige Schminke gehört zur Kunst: Kathakali-Tänzer. **3** Chinesischer Herkunft sind auch die Kacheln, mit der Kochis Synagoge geschmückt ist. **4** Kinder in der immer lebendigen Altstadt. **5** «The Brunton Boat Yard», ein Stück altes Kerala wiedererweckt, nostalgisch und zugleich mit allem modernen Komfort.

Fort wird man – trotz des Namens – dort vergeblich suchen, lediglich Mauerreste sind von portugiesischen Befestigungen aus dem 16. Jahrhundert übriggeblieben.

Die Schiffsfahrt nach Fort Kochi dauert 20 Minuten. Segelboote arabischer Bauart werden umschifft. Die Häuser und Speicher der Gewürzhändler, die von hier aus die Welt mit Pfeffer, Muskat und Kardamom versorgten, liegen im Schatten hoher Bäume. Weit ausgebreitet hängen chinesische Fischernetze an ihren Bambuspfeilern. Vor langer Zeit schon sollen sie durch den Chinahandel aus dem fernen Ostasien an die Malabarküste gekommen sein, jetzt sind sie ein unwiderstehliches Fotomotiv.

Ost und West haben sich immerfort in Fort Kochi getroffen. Hier wuchs die früheste europäische Siedlung Indiens, und die älteste noch erhaltene christliche Kirche Indiens, St. Francis – ursprünglich aus Holz und dem heiligen Antonius geweiht, nach einem Brand um die Mitte des 16. Jahrhunderts in Stein erneuert – ist auch hier zu finden. 1524 bekam der Entdecker Vasco da Gama dort seine Grabstätte, bis seine sterblichen Reste nach Portugal überführt wurden. An ihrem umgrünten Platz wirkt St. Francis wie eine Dorfkirche, sie war schon katholisch, protestantisch und anglikanisch.

Die Kathedrale Santa Cruz einige Straßen weiter ist ein Bau des frühen 20. Jahrhunderts, obwohl ihr Ursprung auch auf das 16. Jahrhundert zurückgeht und der Friedhof voller alter Grabsteine ist. Das ganze Viertel ist europäisch geprägt in seiner feinen alten Architektur; es eignet sich gut zum Spazierengehen, da und dort haben auch Eiscafés und Boutiquen aufgemacht. Zur «Heritage Zone» wurde Fort Kochi erklärt, seine Restaurierung eine Zeit lang mit US-Geldern unterstützt. Als Kontrast zu allen europäischen Einflüssen bietet das «Kerala Kathakali Centre» in der Nähe des Fähranlegers die berühmte epische Tanzkunst des Landes.

Eine Hauptattraktion auf Mattancherry ist der «Mattancherry Palace» von etwa 1557, auch «Dutch Palace» genannt, knapp 2 Kilo-

meter westlich der Kathedrale. Wechselvoll und verwickelt ist die Geschichte des Palastes und seiner portugiesischen, indischen, holländischen und britischen Bauherren und Besitzer. Seine kostbarsten Kunstschätze, die großformatigen Wandgemälde aus dem 16., 18. und 19. Jahrhundert im langgestreckten, düsteren Krönungs-

1 In Fort Kochi zeigen sich Bilder, die sich über Jahrhunderte hin nicht zu verändern scheinen: Schon seit je hocken die Fischer beim Netzeflicken, **2** schon immer halfen ihnen solche Steingewichte beim Absenken der chinesischen Fischernetze, **3** und schon ihre Urgroßväter haben zweifellos auf solchen luftigen Holzgestellen gestanden. **4** Schon immer hielten Kinder und Katzen Siesta, **5** und uralt sind die Rezepte für die Farben für die Kathakali-Masken. **6** Auch die Synagoge ist alt, ihre Gemeinde heute freilich sehr klein geworden. **7** Beim Antiquitätenhändler gibt's am Ende alles, was die Zeit wertvoll gemacht hat.

saal und in den Schlafzimmern, haben die Zeiten unterschiedlich gut überstanden, doch viele Szenen des Hindu-Götterhimmels sind vorzüglich erhalten. Zum Beispiel Krishnas erotische Spiele, auch Shiva und seine Gattin Parvati sind in der Figurenfülle auszumachen, und fürstliche Gewänder, Turbane und Sänften mit feinster Elfenbeinmalerei bereichern das luxuriöse Ambiente noch. Portugiesische Kaufleute ließen, heißt es, den Palast für den Raja von Kochi erbauen und sicherten sich im Gegenzug Handelsprivilegien. Gleich südlich vom Palast und der «Mattancherry Jetty» (Anlegestelle) liegt – eine Seltenheit in Südasien – ein altes jüdisches Viertel. Legenden von jüdischer Ansiedlung schon zu König Salomons

Zeiten sind wohl ein Zeichen dafür, dass jüdische Handelstätigkeit auf sehr frühe Zeit zurückgeht. Schriftliche Zeugnisse für jüdische Zuwanderung im 1. Jahrhundert n. Chr., nach der Zerstörung Jerusalems, sind nicht überliefert, doch um das Jahr 1000 n. Chr. wurden Juden an der Küste Keralas ansässig, in einer Siedlung namens Cranganore, die unter dem Schutz des lokalen Rajas stand. Möglich, dass seit 1492 aus Spanien vertriebene Juden in Cranganore zu ihren Glaubensbrüdern stießen.

Wahrscheinlich bei der portugiesischen Eroberung im 16. Jahrhundert ging Cranganore zugrunde, der Aufbau der jüdischen Ansiedlung in Kochi fällt in diese Zeit. Jüdische Flüchtlinge, die anderswo entlang der indischen Westküste von den Portugiesen verfolgt wurden, fanden Zuflucht. 1568 wurde die Synagoge gebaut und 1664 nach einer Zerstörung durch die portugiesische Kolonialmacht wiederhergestellt. Ihre heutige Gestalt erhielt sie 1760, in einer Blütezeit des Gewürzhandels. Damals ließ ein reicher Förderer, Ezekiel Rahabi, das Gotteshaus mit handgemalten blau-weißen chinesischen Kacheln ausschmücken. In dem festlich hellen Synagogenraum mit seinem holzgeschnitzten Inventar und den glitzernden Kristalllüstern hält man sich gern auf. Leider werden Kochis jüdische Gemeinden immer kleiner, weil viele Familien nach Israel ausgewandert sind, und zwar sowohl die «weißen» (die von Juden aus dem Nahen Osten und Europa abstammten, die Herren dieser Synagoge) als auch die «schwarzen» und «braunen», aus konvertierten oder eingeheirateten Familien.

Phantastische Erlebnisse warten in den Ladengewölben längs der Straße zur Synagoge und ihren Nebengassen. Prunkvoll präsentiert, teils auch altersgrau verstaubt, häufen sich Kunst und Kram, koloniale Möbel und Juwelenschmuck, Bilderdrucke und Bronzefiguren in den Antiquitätengeschäften des jüdischen Viertels, wahre Fundgruben für Leute, die Spaß am Entdecken und Handeln haben. Nebenan stapeln sich in schmalen Einfahrten zwischen monsungeschwärzten Wänden die Sacke mit Gewürzen und Basmatireis.

Und wo ist das stimmigste Nobelquartier für eine Reihe entdeckungsreicher Kochi-Tage? Wer die unverhoffte Harmonie von modernem Design, indischen Kunstwerken und historischer Architektur, dazu Garten und Swimmingpool, exzellente Küche und indische live-Musik genießen will, kehrt im «Malabar House» ein. Diese charmante Schöpfung Jörg Drechsels und seiner baskischen Frau hat binnen weniger Jahre weltweiten Ruf als Edeladresse gewonnen – ohne seine angenehm lockere, private Atmosphäre einzubüßen. Und in Keralas grünem Hinterland locken dazu zwei «Malabar Escapes»: «Serenity», das Herrenhaus einer Plantage, und «Privacy», eine Idylle direkt am Vembanad Lake.

Eine schöne Alternative an Kochis Wasserfront ist «Bruntons Boat Yard», ein Hotel im Stil früher portugiesischer Kolonialbauten, geschaffen von den Brüdern Dominic der cgh Earth Group (früher Casino Group). Und zwar mit dezenter Eleganz und allem Kom-

1 Schöner wohnen in Kerala: intime Garten-Atmosphäre mit erfrischendem Bad im «Malabar House». 2 Verheißung meditativer Ruhe: das Mini-Hotel «Privacy», ein «Malabar Escape» mit nur einem Doppelzimmer direkt am Vembanad Lake. 3 In Kochis «Heritage Zone» unter hohen Bäumen: die Edeladresse «Malabar House», ein Bau noch aus kolonialen Zeiten. 4 Blick in eines der Zimmer mit starken Farben, modernen und antiken Möbeln. Erlesene Werke indischer Künstler schaffen Augenfreuden.

fort, zum Beispiel mit Badezimmern, in denen man von der Badewanne auf den vielbefahrenen Schiffahrtsweg aus dem Hafen hinaus in die offene See schaut. Balkons zum Meer hinaus, luftige Restaurant-Terrassen, der Swimmingpool, die gepflegten Gartenhöfe und Blumenanlagen machen es den Gästen draußen angenehm. Drinnen pflegen drei Restaurants die portugiesisch und holländisch beeinflußten Traditionen der südindischen Küche. Von allen Zimmern bieten sich herrliche Aussichten auf die Inselwelt und den Hafen!

Auf eine geradezu märchenhafte Möglichkeit, für einige Tage weit im Meer auf einer Insel unter Palmen zu wohnen, sei noch hingewiesen: Vom Flughafen Kochi aus kann man auf die Lakshadweep (Lakkadiven bedeutet «Hunderttausend Inseln») fliegen.

Kristallklares Wasser und traumhafter Sandstrand unter Palmen locken auf der Lakkadiven-Insel Bangaram, naturnahe, palmblattgedeckte Hütten, mit fließendem Wasser und Elektrizität, aber ohne Fernseher, Telefon und Klimaanlage – der ideale Ort für ruhebedürftige Besucher. Höchstens 60 Gäste lassen es sich gleichzeitig auf Bangaram wohlsein. Es fühlen sich zwar viel mehr Menschen «reif für die Insel», aber die fragile Natur verdient Schutz, andernfalls würde sie auch wenigen keine Erholung mehr bieten können.

Kochi: Spezialtipps der Autoren

Anreise und beste Reisezeit
Flug: Neuer Flughafen Kochi/Cochin (36 km), Verbindungen mit Mumbai/Bombay, Bangalore, Delhi, Goa. Chennai/Madras, Agatti auf den Lakshadweep-Inseln. Internationale Verbindungen geplant. Pre-paid Taxis.
Bahn: Ernakulam Hauptbahnhof liegt an der Strecke Thiruvananthapuram-Bangalore-Chennai.
Leihwagen: Kochi-Trivandrum ca. 310 km, Kochi-Mysore ca. 480 km, Kochi-Periyar-Nationalpark ca. 140 km.
Fähren: Tagsüber halbstündig von der Ernakulam Main Jetty nach Mattancherry und Fort Kochi, Fähre zum Bolghatty Island von der nördlicheren High Court Jetty.
Beste Reisezeit: September bis April.

Unterkunft
****/***** **The Malabar House,** 1/268 und 269, Parade Road, Fort Kochi 682 001, Tel. 04 84-2 21 66 66, Fax: 2 21 77 77, www.malabarhouse.com
**** **The Brunton Boat Yard** (cgh Earth). Gartenhöfe, Terrassen, Pool, gute Restaurants. The Brunton Boat Yard, Kochi, Fort Kochi. 682 001-Kerala, Tel. 04 84-2 21 54 61, Fax: 2 21 55 62, www.cghearth.com
/* **Bolgatty Palace Hotel** (KTDC). In einem Baumpark am Inselufer, 2002 total renoviert. Bolgatty Island, Kochi 682 504, Tel. 2 75 00 03, Fax 2 75 04 57.
* **Old Courtyard**. Zimmer mit traditioneller Atmosphäre, freundliches Ambiente, gutes Preis-Leistungsverhältnis. Fort Kochi, 1/371, Princess Street, Tel. 04 84-2 21 63 02.

Sehen und Erleben
Fort Kochi: Gewürzhändler-Straßen, Hafenlandschaft, Fischmarkt (River Rd.), Kirche St. Francis (Church Rd.) und Kathakali-Dance-Centre.
Mattancherry: «Dutch» Palace der Rajas von Kochi aus dem 16./17. Jh., jüdisches Viertel mit Antiquitätenläden, Ausstellung über die Geschichte der Juden Kochis (Synagogue Ln).

Ziele in der Umgebung
Die Backwaters (siehe S. 40 ff.). Cheruthuruthy, unter Tanzkünstlern berühmt für den Kathakali. Nächtelange Vorführungen im Lehrzentrum «Kerala Kalamandalam», E-mail: infokkm@sancharnet.in (29 km nördlich von Thrissur). Thrissur/Trichur: Tempel und Museen, traditionelles Gold- und Messing-Kunsthandwerk (ca. 80 km nördlich). Kallapuram (ca. 30 km östlich von Thrissur): Landgut mit traditioneller Architektur und Ayurveda. Comindia, Thiruvananthapuram, Tel. 04 71-2 31 04 65, Fax: 2 32 28 99, E-mail: comindia@md2.vsnl.net.in Extra: Flug auf die Lakshadweep mit Komfort-Hotel:
*** Bangaram Island Resort (cgh Earth). Permit erforderlich, Buchung siehe «The Brunton Boat Yard».

Auskunft
Tourist Desk an der Main Boat Jetty in Ernakulam, Tel. 04 84-2 37 17 61; gut informiert, Karten, Fahrpläne, Bootstouren, Kathakali-Vorführungen.
Gov. of India Tourist Office neben Taj-Malabar-Hotel, Willingdon Island, Tel. 04 84-2 66 83 52.

Gewürzgärten und Elefantenwald
Abstecher zum Periyar-Nationalpark

Ein See inmitten von tropischem Wald, Exkursionen in einen der schönsten Nationalparks, dazu noch die Gewürzgärten Keralas und verlockende Hotels – bringen Sie Zeit mit!

Auf unserem Weg von der Kokospalmenküste bei Kochi zu den Cardamom Hills sind wir angekommen im Land, wo der Pfeffer und die weißen Knollen der Tapioka, Kautschuk und Tee wachsen und die Häuser der Waldbewohner sich unter riesigen Bananenstauden ducken. Wasserfälle rauschen herab von den Höhen der Ghats, der Gebirgsketten. Mit ihren schmalen, langen Blättern stehen im Hochwaldschatten übermannshoch die Kardamombüsche, kilometerweit – wieviel Kuchen und Weihnachtsgebäck könnte man mit ihren Kapseln würzen!

Christen sind in manchem Dorf in der Mehrheit. Die Busgesellschaften heißen «St. Mary's» und «St. Joseph's», und nicht weit voneinander stehen Hindu-Tempel und weiß gestrichene, gepflegte Kirchen, diese fallen mehr ins Auge. Keralas Christen stellen auch haushohe, verglaste Schaukästen auf, schmal wie Türme und mit bunten Figuren darin: Christus und Maria, der heilige Franz oder der heilige Georg.

Über diese sattgrüne Landschaft lassen alljährlich schon Ende Mai, Anfang Juni die Wolken des Südwest-Monsuns ihre Regenmassen niederstürzen. Die Cardamom Hills sind viel reicher an Wasser als manche Regionen im östlich benachbarten Tamil Nadu. Darum entwarf ein britischer Ingenieur, Colonel J. Pennycuick, vor über hundert Jahren den Plan, den Periyar-Fluss an der Wasserscheide aufzustauen und durch einen 180 Meter langen Tunnel Wasser vom Weg in das Arabische Meer nach Osten umzuleiten, zur Versorgung der Tempelstadt Madurai. 1895 wurde der Damm gebaut, der 55 Quadratkilometer Waldland unter dem Periyar-See versinken ließ. Noch heute ragen geschwärzte Baumstämme aus der Wasserfläche. Waldschutz zugunsten seines Jagdvergnügens verordnete der Maharaja von Travancore. Daraus entstand – in zwei Schritten, 1934 und 1950 – der heutige Nationalpark, und 1973 im Rahmen des «Project Tiger» Südindiens eines der wichtigsten Tiger-Schutz-

1 Bambus, das großgewachsene Gras, das zu so vielem taugt und so schön anzusehen ist. **2** Logenplätze gibt es viele auf dem Oberdeck der Ausflugsboote. **3** Hibiskus-Blüte, auch Chinesische Rose genannt. **4** Blick aus dem eleganten «Taj Garden Retreat» – erst vor wenigen Jahren eröffnet – in die grüne Landschaft um Thekkady. **5** Meist gelingt es den Wildhütern, ihren Gästen einige von den rund neunhundert Elefanten im Periyar-Park zu zeigen.

gebiete. Mit insgesamt 777 Quadratkilometern ist der Periyar-Park auch einer der größten Indiens. Zum Vergleich: Der bayerische Nationalpark Berchtesgaden umfaßt 210 Quadratkilometer.

Die Chance, einen von den derzeit vermutlich 14 Tigern zu Gesicht zu bekommen, ist gering, denn die Raubkatzen halten sich die meiste Zeit in der für Touristen nicht zugänglichen Kernzone des Parks auf. Doch um so bessere Aussicht hat der Besucher auf eine Begegnung mit Elefanten, rund 900 zählt man noch. In kaum einem anderen Park kann man Elefantenfamilien so ungestört vom Boot aus beim Bad, bei ihren exzessiven Blättermahlzeiten und beim Schwimmen beobachten. Dazu Bisons, Sambars (die größten indischen Hirsche), Wildschweine, Fischotter, 112 Schmetterlingsarten und im Periyar-See 36 Fischarten. Unter den rund 300 Vogelarten nimmt man oft die leuchtend farbigen Kingfisher und die geduldigen Kormorane wahr, die auf den Spitzen der alten Bäume im See hocken und Besucherboote nah an sich herankommen lassen.

Im Periyar fliegen auch Tiere, von denen man es nicht erwartet: das Flughörnchen zum Beispiel, ein Nachttier mit Gleitflughaut zwischen den Gliedmaßen. Auch die schwarzgelb gemusterten «Fliegenden Schlangen» mit roten Rosetten sind keine Vögel, aber in

den Bäumen lassen sie sich im Gleitflug von höheren Ästen herabfallen, unterstützt durch die Fähigkeit, ihren Schlangenkörper flach zu machen. Ebensowenig brauchen «Fliegende Frösche» Flügel, man kann am besten in der Regenzeit beobachten, wie sie mit ausgespannten Zehen-Schwimmhäuten durch die Luft gleiten.

Deutlich mehr als eine Viertelmillion Besucher kommen jährlich in den Periyar-Park. Doch der kleine, in lauter Grün eingebettete Ort Kumily mit dem benachbarten Thekkady im Eingangsbereich des Parks ist die meiste Zeit frei von Hektik und Gedränge, bewahrt trotz dieses Ansturms Geruhsamkeit und ist seiner Höhenlage wegen auch klimatisch angenehm.

Viele fahren nur mit einem der bunten kleinen Ausflugsschiffe über den See. Das lohnt sich, weil man an den freien Ufern fast immer Tiere entdeckt (Tipp: Die besseren Hotels reservieren Plätze auf dem Aussichtsdeck der Boote, mit optimalen Foto-Chancen). Wer schon mit dem ersten Boot um 7 Uhr unterwegs ist, erlebt traumhafte Morgenstille, während Frühnebel über dem See aufsteigt.

Ein anderes, unvergessliches Erlebnis verdient man sich gleichfalls mit frühem Aufstehen: eine Wanderung durch den hügeligen Dschungel um den See, über offene Grasflächen und zu Höhen

mit weitem Rundblick. Täglich um halb acht sammeln sich Deutsche, Italiener, Nord- und Südamerikaner, Japaner und Koreaner um die Parkführer – in Kleingruppen, um die Tiere nicht zu verscheuchen. Es ist kein gewöhnlicher Waldspaziergang: Man muss Ausschau halten, darf nicht gegen Äste stoßen und muss zugleich auf seine Füße achten, dass sie nicht auf knackendes Holz oder raschelndes Laub treten! Mancher Waldläufer tut sich ein wenig schwer, und die Makaken und Languren hoch in den 30-Meter-Bäumen scheinen sich darüber zu amüsieren. Wussten Sie, dass Languren zu den Schlankaffen gehören und Makaken zu den Hundskopfaffen, wie die Rhesusaffen? Doch so interessant und witzig die Affen auch sind – alle Besucher sind auf Elefanten aus, durchsteigen

geduldig Talgrunddickichte, überqueren kleine Bäche. Plötzlich winkt der Führer zum Anhalten, zur absoluten Ruhe – hat er den heißersehnten Elefanten im Blick? Eine Dickhäuter-Familie sogar: Zwei Elefantenmütter und zwei Elefantenkälber sind am Rand der Lichtung beim Frühstück. Alltäglich und doch unvergesslich – zumindest für diejenigen, die so etwas zum ersten Mal nur 20, 30 Meter entfernt im Busch sehen.

Nachher bei der Rast auf einer Hügelkuppe im Baumschatten beantwortet der junge Führer unsere Fragen – zum Glück spricht er ein wenig Englisch. Er gehört zum Stamm der Mananen, wie die benachbarten Ooralis sogenannte Adivasis, Ureinwohner am Rand der Hindu-Gesellschaft. Die Mananen sind hervorragende Kletterer, manche sammeln den Honig der Wildbienen ein, hoch in den riesigen Bombax-Bäumen – nachts, weil das Risiko, von den großen «Hügelbienen» gestochen zu werden, dann am geringsten ist.

Szenenwechsel – ein anderer Führer, ein anderer Wald an einem anderen Berghang. Für unkundige Augen ist nicht zu erkennen, dass er eine Pfefferplantage birgt. «Die Pfeffersträucher brauchen Schatten», erklärt der Guide, im Hauptberuf Pfefferhändler, und zeigt uns die schmalen Trauben der Pfeffersamen. Lichtgrün sind sie, und

1 Die inmitten tropischer Fülle kahl aus dem Periyar-See ragenden Baumstämme erinnern noch daran, dass der 55 Quadratkilometer große See vor hundert Jahren aufgestaut wurde. **2** Von den rund dreihundert Vogelarten des Nationalparks sind Kormorane besonders oft zu beobachten. **3** Nicht im Naturpark, sondern im Garten des «Taj»-Hotels blüht diese feurige tropische Schönheit Gulmohar. **4** Und im Areal des Casino-Hotels «Spice Village» kann man hohe Bambusstämme fotografieren. **5** Bei Rundfahrten auf dem See bekommt man fast immer Wild vors Auge und auf den Film. **6** Der weiße Saft des Gummibaums. **7** Bei Thekkady werden Führungen durch Gewürzplantagen angeboten, Pfeffer ist eines der wichtigsten Produkte. **8** Beim Sortieren der Kardamomernte. Ganze Wälder in Kerala wie in Tamil Nadu sind voller Kardamompflanzen, davon hat das Gebirge seinen Namen: Cardamom Hills.

könnten, so geerntet und getrocknet oder konserviert, als grüner Pfeffer gehandelt werden. Bleiben sie noch länger am Strauch, werden sie dunkelbraun, nach dem Trocknen schrumpft die Hülle schwarz um den harten Samen: schwarzer Pfeffer. Weißen Pfeffer herzustellen, ist ein komplizierteres Verfahren, das hier nicht angewendet wird. Ein Stück weiter zeigt man uns die Pflanzen mit etwa 20 bis 30 Zentimeter langen Blättern, die zu Füßen der Bäume wachsen: Ihre spitzen Fruchtkapseln enthalten Kardamomsamen. Kaffeesträucher lassen ihre roten Beeren aus dem kräftigen Blatt-

1 Indienreisenden seit Jahrzehnten vertraut: der robuste «Ambassador»-Wagen. Neuer ist die Kategorie der «Leisure Hotels» in der Taj-Gruppe, die bereits über ein Dutzend Häuser zählt, vom «Palace Hotel» bis zum «Garden Retreat». 2 Naturnah, gepflegt: Bungalow im «Spice Village» der Casino-Gruppe. 3 Nicht auf üppigen Komfort setzt das «Spice Village», sondern auf zweckmäßige Ausstattung mit guten Materialien und klarem Design. 4 So wird mancher Gast im «Spice Village» begrüßt: die Öllampe und Landesprodukte auf einem Bananenblatt. 5 Der Stirnguß (Shirodhara) gehört zum Therapie-Angebot des Ayurveda-Zentrums im «Spice Village», 6 die Truhe ist gefüllt mit ayurvedischen Präparaten 7 aus dem eigenen Heilpflanzengarten. 8 Schulkinder in Thekkady. 9 Kochkurs im «Spice Village».

grün leuchten, auch Betelnussbäume mit ihrem für Palmen seltsam wuschelig-ungeordneten Blätterwerk stehen am Weg. Ein Genuss ist die herrliche Berg- und-Tal-Waldlandschaft mit ihren kleinen Siedlungen. Touristen sind hier nicht alltäglich. Macht man Halt, kommen bald Bauernfamilien aus ihren Häusern, lächelnd und in bunten Gewändern. Weiter zum flachen Land hin sieht man auch Zimt-, Nelken- und Muskatbäume sowie Ingwerpflanzungen. Stimmig zur Landschaft und ihren Dörfern haben die Architekten der Earth-Group (früher: Casino Group) das «Spice Village» in Kumily entworfen, ein Wohlfühl-Hotel inmitten von reichem Gartengrün, das gepflegt und doch ursprünglich wirkt und auch etliche Gewürzpflanzen enthält. Schmale Pfade im Baumschatten führen zu den Gästehäusern im Kerala-Stil, aus dunklem Holz mit Veranden, unter elefantengrasgedeckten Dächern. Drinnen ist für angenehm helle Beleuchtung und eine einfache Ausstattung in schönem Design gesorgt. Zu langen Abenden draußen in samtiger Nachtschwärze verführt die Restaurantterrasse über dem Swimmingpool, exzellente Musiker bieten Klassisches à l'Indienne. Oder lässt man sich vom Küchenchef zu einem Kochkurs einladen?

Wer Eleganz und eine Portion Grandeur in Architektur und Mobiliar mehr schätzt als gepflegtes Öko-Ambiente, kehrt im benachbarten «Taj Garden Retreat» ein, bei ähnlichem Preisniveau. Erst Ende der neunziger Jahre eröffnet, bietet es seinen Gästen zwischen Bäumen einer ehemaligen Kaffeeplantage schönste Ausblicke auf den Kranz der bis zu 1800 Meter hohen Periyar-Berge. Im Nationalpark selbst gibt es weitere Unterkünfte – vom elitären «Lake Palace», dem einstigen Jagdhaus der Maharajas, bis zu Unterkünften und «Watchtowers» der Forstverwaltung. Die sind schlicht, verheißen aber die besten Chancen der Wildbeobachtung.

Periyar-Nationalpark: Spezialtipps der Autoren

Anreise und Reisezeit
Flug: Nächster Flughafen Kochi/Cochin (ca. 185 km).
Bus: Kumily/Periyar ist Busstation an der Strecke Ernakulam-Madurai. Etwa 6 Std. von Ernakulam.
Leihwagen: Von Kochi (Ernakulam) etwa 4 Std.
Beste Reisezeit: Hauptsaison ist von Dezember bis April, doch Wildtiere sind auch im Mai gut zu beobachten.

Unterkunft
*** *Spice Village* (cgh Earth Group). Im Gewürz- und Baumgarten, mit Pool, Ayurveda, Nationalpark-Touren. 52 Zi., Thekkady-685 536, Kumily Rd., Tel. 0 48 63-232 23 15, Fax: 232 23 17, E-mail: www.cghearth.com
*** *Taj Garden Retreat.* Anspruchsvolle Architektur, schöne Ausblicke, attraktiver Swimmingpool, gästefreundlich (z.B. Kaffeemaschine im Zimmer). 32 Zi., Amalambika Rd., Tel. 0 48 63-222 24 01, Fax: 22 21 06, E-mail: retreatthekkady@ tajhotels.com, Buchung auch über Tel. 0800-1-85 26 15 (Deutschland, gebührenfrei), www.tajhotels.com

*** *Lake Palace* (KTDC). Im Nationalpark, erbaut 1899 für die Jagdgäste des Maharajas von Travancore. Kühle Noblesse, das Sechs-Zimmer-Schlösschen in bester Gartenlage über dem See ist nur per Boot (20 Min.) erreichbar. Buchung über KTDC (Kerala Tourism Development Corporation) in Thiruvananthapuram (siehe S. 39) oder beim:
*/** *Hotel Aranyanivas* (KTDC). Beim Ableger zu den Schiffsrundfahrten gelegen, geräumiges Kolonialgebäude, mit Pool und Restaurant, 2002 gut renoviert. 26 Zi., Tel. 04 863-9 22 20 23, Fax: 9 22 22 82, E-mail: aranyanivas@sancharnet.in

Sehen und Erleben
Periyar-Nationalpark: Bootsfahrten und geführte (Nacht-)Wanderungen (Tiger Trail). Attraktive Kunsthandwerk-, Juwelier-, Textil- und Gewürzläden in Kumily.

Ziele in der Umgebung
Mangaladevi-Tempelruine (auf rauher Jeep-Route 14 km östlich). «High Range Tea Factory» (Besichtigung Tel. 03 48 68-27 70 38 oder 27 70 43, abseits der Straße nach Madurai 19 km nördlich).

Auskunft
Tourist Office, im Aranyanivas Hotel, Thekkady, Tel. 0 48 63-2 32 20 23, und am Thekkady-Abzweig in Kumily, Tel. 232 26 20.

Wildlife Information Centre, Thekkady, Tel. 2 32 20 28.

Sommerfrische auf indisch
Götterglanz im Tropengrün: das Dorf Swamimalai

Von Madurai bis Thanjavur blühten die Tempelstätten der Chola- und Pandawa-Herrscher, bis heute sind sie umrahmt von den Feldern der Zuckerrohr- und Reisbauern: erleben Sie das ländliche Indien!

Auf den meisten Karten findet man das Dorf Swamimalai gar nicht. Am einfachsten zieht man eine Linie von Tamil Nadus Hauptstadt Chennai zum Periyar National Park an der Grenze zu Kerala: etwa in der Mitte, ein Stück nordöstlich von der Tempelstadt Thanjavur, liegt Swamimalai und an seinem Rand «India's First Ethnic Heritage Hotel». Beide sind umgeben von Kokospalmen, Mangobäumen und noch viel mehr Baumgrün, von Reis- und Zuckerrohrfeldern. Über allem liegt sommerliche Wärme! Bunte Schutzgötterfiguren überblicken die dörfliche Szene, selten unterbricht ein Hundegebell oder ein Automotor die Stille. Diesem Teil Indiens fehlt es nicht an Wasser, denn das weitverzweigte Delta des Flusses Cauvery entfaltet sich über rund 10000 Quadratilometer weit. Das Dorf Swamimalai ist ein Platz, an dem man ruhig atmet, ein Ort, um zu sich selber zu kommen.

Als in den 90er Jahren Steve Borgia, der junge Präsident der «Sterling Holiday Resorts», Ausschau hielt nach einem solchen Platz, stieß er auf ein über hundertjähriges Herrenhaus. Es war wohl genau das, was er suchte: aus dunklem Holz erbaut, authentisch mit seinem rechteckigen großen Innenhof, dem *Mutram*, umschlossen von tief hinab gezogenen Dächern. Das Regenwasser wird noch heute nach alter Tradition gesammelt und fließt zum Hinterhof ab, um den Garten zu bewässern. Ökologische Achtsamkeit versteht sich bei «Sterling» von selbst: Bei der Restaurierung verwendete man nahezu keine Kunststoffe, um die Atmosphäre des «South Indian Lifestyle» zu bewahren.

Dies gilt auch für die Giebel- und Flachdach-Bungalows mit ihren insgesamt 25 Gastzimmern: kein modernistischer Design-Schnickschnack, sondern Mobiliar im Stil von Thanjavur und der südlich benachbarten Chettinad-Region, mit etlichen echten Antiquitäten und manchen Repliken. Dazu bietet man allen wünschenswerten Komfort: eine fast lautlose Klimaanlage, für je zwei Räume einen Kühlschrank, bei einigen Räumen auch einen sichtgeschützten Innenhof. Kein Raum gleicht dem anderen. Der hoteleigene Gene-

1 Lächeln bei harter Arbeit in den Zuckerrohrfeldern. **2** Der glücksbringende elefantenköpfige Shiva-Sohn Ganesha im «Meenakshi-Tempel» von Madurai. **3** Rajan und sein Team bei einem Bronze-Rohguss des tanzenden Shiva. **4** Lichterfest der Frauen im «Meenakshi-Tempel».

rator sorgt bei Stromausfall für Licht, der Swimmingpool für Erfrischung, eine Gartenlaube unter hohem Kegeldach für Kühlung, wenn man sich lieber im Gartengelände als in einem der Restaurants aufhält. – Dies alles ist hervorzuheben, da indische Quartiere auf dem Lande bislang in aller Regel entweder überaus schlicht waren oder gleich zur Palastklasse zählten, distanziert vom indischen Alltag.

In Swamimalai bezieht man das Dorf in den Tourismus ein, bietet den jungen Männern und Frauen Ausbildung und Aufstiegschance an. Gandhis Denken lebt noch. Sie kommen aus den Dorfhäusern und werden Köche, Rezeptionisten, Verwalter. Von den – oft deutschsprachigen – Gästen hörten wir hochgradig positive

Urteile: wie gut man hier spazierengehen kann, wie freundlich die Dorfleute sind, wie schön die Sitar-Musik jeden Abend, wie wohltuend die Ayurveda-Behandlungen von promovierten Ärzten und Massage-Experten. Sie arbeiten zusammen mit dem Arya Vaidya Chikitsalam, einem nicht gerade billigen, traditionsreichen Institut in Coimbatore, das Erneuerung und Verjüngung verheißt.

Oder lässt man sich doch lieber eine Bronzeskulptur, ob Gott oder Göttin, per Schiffsfracht nach Europa schaffen? Nur fünf Minuten vom «Ethnic Heritage Hotel» entfernt trifft man den Bronzegießer Rajan mit einem Dutzend Gesellen und Lehrlingen bei der Arbeit. Er arbeitet mit der verlorenen Wachsform und brennt die Lehmhülle in der Feuergrube wie schon seine Vorgänger zur Zeit der Chola-Könige vor tausend Jahren. Rajan ist einer der besten und bringt so meisterliche Werke zustande, dass indische Zöllner sogar die Nachschöpfungen für antike Originale hielten.

Dieses Land, der «Garten Südindiens», ist ein Land der Götter aus Bronze und aus Stein, und die Menschen hoffen auf ihre Hilfe. In Madurais «Meenakshi»-Tempel umrunden Frauen, die sich Kinder wünschen, die Skulptur der Göttin mit einem Räucherteller, in Thanjavur bringen sie den Nachwuchs zum Tempel-Elefanten, damit er mit seinem mächtigen Rüssel den Kinderkopf berührt.

So viele Tempel, so viele Überraschungen: den Tempel von Dharasuram wenige Kilometer von Swamimalai fanden wir noch über-
schwemmt von Monsungüssen, stapften durch kniehohes Wasser
zu den herrlichsten Reliefskulpturen und stießen – nächste Über-
raschung – auf einen Sadhu, einen frommen Mann, in ein Buch ver-
tieft: es war ein deutsches, Goethes «Faust».

1 Brunnenhof des «Sterling Swamimalai». **2** Gopuram – Tempelturm –
des «Meenakshi-Tempels» in Madurai. **3** Rosenblätterbad in der Hoch-
zeitssuite des «Sterling Swamimalai». **4** Ayurveda-Behandlung in der
Dampf-Kammer. **5** Den Rüssel des Tempelelefanten vom «Brihadesh-
vara-Tempels» in Thanjavur zu berühren, verheißt Glück. **6** Eines der
größten Reliefs Indiens und der Welt: Mamallapurams «Arjunas Buße»,
nordöstlich von Swamimalai.

Madurai/Swamimalai: Spezialtipps der Autoren

Anreise und Reisezeit

Flug: Madurais Flughafen liegt 10 km südlich der Stadt, Ver-
bindungen mit Chennai, Thiruvananthapuram, Tiruchirapalli,
Mumbai. Flughafenbusse. Siehe —> Chennai, Seite 27.
Bahn und Bus: Wichtigster Bahnhof Madurai unmittelbar
westlich der Altstadt, zahlreiche Verbindungen der «Southern
Railway»; großartige Gebirgsstrecke über die Ghats nach Kol-
lam an der Arabischen See. – Madurai hat eine neue zentrale
Bus Station, 6 km nordöstlich (mit guter Bus-Anbindung an
die City). – Auch Thanjavur hat Bahn- und Busverbindungen.
– Swamimalai liegt an der Bahnstrecke Chennai-Tiruchirapalli,
auch gute Busverbindungen.
Beste Reisezeit: Dezember bis März

Unterkunft

In Swamimalai: **Sterling Swamimalai* (H1, India`s Ethnic
Heritage Hotel Chain), Reservierung Tel. 044-2499 8121, Fax
24998275, www.sterlingswamimalai.net.
In Madurai: ***Taj Garden Retreat* (H2), Traditionshotel
außerhalb der Stadt, mit Park, Pool und Fernblick. Tel. 0452-
2371601, Fax 2371636, www.tajhotels.com.
**Park Plaza* (H3) , komfortabel, nahe dem Meenakshi-Tempel,
Dachgartenrestaurant. 114, West Perumal Maistry Street, Tel.
0452-2342112, Fax 2343654, www.hotelparkplaza.net.
In Thanjavur: */**Hotel Parisutham* (H4), Garten, Pool, sehr
freundlich. 55, Grand Anicut Canal Road, Tel. 04362-231801,
Fax 230318, e-mail hotelparisutham@vsnl.com.
*/**Hotel Sangam* (H5), gleichfalls gut geführt und ausgestat-
tet, mit Garten und Pool. Trichy Road, Tel. 04362-2339451,
Fax 2339452, www.hotelsangam.vsnl.com.

Sehen und Erleben in Swamimalai

Die Werkstatt des Bronzekünstlers, das Dorfleben, Radaus-
flüge und Spaziergänge in der Wald- und Felderlandschaft,
mit oder ohne Führung. Meditation, Yoga, Tanzdarbietungen
und andere Ereignisse – Zirkusartisten! – im «Sterling Swamimalai». Im nahen Umkreis Tempel, Lingams und Wassertanks.
Besuch beim Astrologen und Palmblatt-Wahrsager.

Ziele in der Umgebung von Swamimalai

Tempel- und andere Architektur in reicher Fülle, weithin sichtbar die Gopurams (Tortürme der Tempel), an vielen Plätzen
auch in schöner Landschaft, hier nur eine Auswahl von Her-
ausragendem: nach Südwesten in Madurai der Meenakshi-
Tempel und der Thirumalai Nayak Palast, in Thanjuvur der Bri-
hadisvara-Tempel. Nach Norden/Nordosten in Kumbakonam
der Wagentempel Sarangapati, wohl nach dem Muster von
Konark. In Chidambaram, der Hauptstadt der Chola-Dynastie
von 907–1310, der Nataraja-Tempel mit seinen Elefanten-
Skulpturen und Mythen-Reliefs. Östlich von Swamimalai
Gangakondacholapuram, ein anderer großer Shiva-Tempel.
In der Nähe des «Sterling Swamimalai» liegt der Airatesvara-
Tempel Dharasuram.

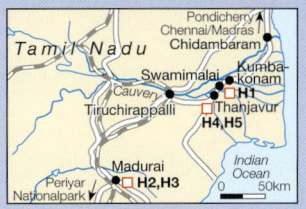

Auskunft

*Sterling Holiday Resorts
Ltd.*, 32, De Monte Colony,
First floor, TTK Road, Alwar-
pet, Chennai 600 018, South
India, Tel. 044-24998121,
Fax 24984224, im Internet
unter «sterling swamimalai».

1

2

3

4

5

Lieben Sie Tee?

Erkundungen im grünen Hochland bei Munnar

Hier gibt es keine Sehenswürdigkeiten, Tempel und Paläste, dafür ein angenehm frisches Klima, Wälder und Seen – ein Ort, um zur Ruhe zu kommen und alle Hektik der Welt hinter sich zu lassen.

Nach Darjeeling reist man in den Himalaya, nach Ooty in die Nilgiri-Berge. Wir kennen beide schon, haben in Darjeeling wie Ooty Tee getrunken, zählen zu den Liebhabern der grandiosen Gipfellandschaft um Darjeeling und lieben auch die grünen Höhen um Ooty. Doch Darjeeling ist eine Großstadt geworden, Ooty (unter dem neuen Namen Udhagamandalam) in seinem Talgrund leider ein leicht chaotisches Gewirr von ärmlichen Hütten an einem verschmutzten Fluss. «Man trinkt Tee, damit man den Lärm der Welt vergisst», wusste ein chinesischer Weiser. Gibt es keinen Ort, wo das Grün der Teekulturen noch so friedlich wie in den Erzählungen der Teepflanzer von einst zu erleben ist?

Wir empfehlen Munnar. Den Namen kannten bis vor kurzem außerhalb der Teebranche – Munnar ist Keralas wichtigstes Tee-Zentrum – nur wenige Menschen in Europa. Munnar selbst besticht nicht durch besondere Schönheit, hier sucht man vergeblich nach Tempeln und Palästen. Die dicken Mauern der bald hundertjährigen Kirche inmitten des Ortes, die mit farbigen Fenster und historischem Gestühl aufwartet, sind von der Zeit geschwärzt. Die zu eng aneinander gebauten Hotels stehlen sich gegenseitig die Schau und die Gäste. Doch der Ort geht so rasch ins Grüne, Ländliche über, dass seine Ränder und höheren Lagen ihren eigenen Reiz haben, den Urlaubsreiz einer noch nicht von Lärm und Betonwucherung ruinierten «Hill Station». Hier erholen sich «Honeymooners» gern von den Anstrengungen eines indischen Hochzeitsfestes. Munnars Höhenlage – um 1500 Meter hoch – erspart Hitzestress. Selbst Munnars heftige Regengüsse, die bei den Teepflanzen beliebter sind als bei Touristen, können die Freude an dem grandios schönen gebirgigen Umland nicht wirklich beeinträchtigen. Denn tagelang regnet es in aller Regel erst in der Monsunzeit, von Juni an. Gießt es im Februar einmal wie aus Eimern, glänzt das grüne Hügelland schon am nächsten Morgen wieder unter blankblauem Himmel.

1 Tee wird von Hand gepflückt, und zwar zumeist von Frauen, **2** doch auch Teepflücker arbeiten in den Hügeln. **3** Die Nilgiri-Bergziegen (Nilgiri Tahr) sind zutraulich, lassen sich im Eravikulam-Rajamalai-Nationalpark beobachten und fotografieren. **4** Es blüht im Garten des erst jüngst eröffneten «Tea County Hotel». **5** Das KTDC (Kerala Tourism Development Corporation) hat mit dem «Tea County Hotel» eine attraktive Unterkunft hoch über dem Talgrund geschaffen.

An den Straßen, die auf die Hügel hinauf führen, liegen der «High Ranch Club» und der «KDH»-Club der Tata-Manager und Mitarbeiter, beide in Gebäuden mit kolonialem Ambiente. Auf Empfehlung haben auch Nicht-Mitglieder Zutritt, und im Tata-Club spielt man an einem sehr schönen Tisch Billard.

Seit der Jahrtausendwende gibt es das Hotel «Tea County» in einem Baumareal mit Ausblick in zwei Talbreiten und auf das Panorama des Kardamom-Gebirges. Bauherr war die «Kerala Tourism Development Corporation», und sie hat mit ihrem Architekten eine gute Wahl getroffen. Ein ansprechend gegliederter Bau, Gartengrün unter den Wipfeln, freundliche Zimmer, viel Naturholz und vor allem die hohe rustikale Empfangshalle zeigen, dass man in

1 Weite grüne Wellen tragen Zehntausende von Teebüschen – nah dem Anamudi-Gipel, der mit 2695 Metern Südindiens höchster ist. 2 Teeblätter, in Sackleinwand gebündelt 3 und ein Sack Teeblätter an der Waage. 4 Die größte Teeplantage um Munnar ist «Tata Tea Ltd.», Teil des Tata-Konzerns, dem auch die Taj-Hotelkette zugehört. 5 Eine geschickte Pflückerin kann mehr als Pflückmaschinen, nicht jeder Blatttrieb soll wahllos gepflückt werden. 6 Blick auf das neue Hotel «Tea County», 7 in die Empfangshalle 8 und zur Auffahrt. 9 Tee-Touristen beim Familienfoto. 10 Munnars «Mount Carmel»-Kirche.

Kerala noch Wohlfühl-Hotels ohne Fünf-Sterne-Aufwand zu bauen versteht. Spazierwege in der Nähe des «Tea County» führen auch hinaus zu den mit Abertausenden von Teebüschen grün gepolsterten Hängen der Teeplantagen. Durch eine idyllische Dörferlandschaft ist der Mattupetty-See zu erwandern, waldumkränzt – ein

Munnar: Spezialtipps der Autoren

Anreise und Reisezeit
Flug: Flughäfen in Kochi (130 km) und Coimbatore (156 km).
Bus: zahlreiche Verbindungen, z.B. von Kochi (4,5 Std.), Madurai (5 Std.), Coimbatore (6 Std.).
Beste Reisezeit: Oktober bis April/Mai (von Juni bis September starke Regenfälle).

Unterkunft
** *Tea County* (H1). Neu erbaut, mit Garten und guter Aussicht. 43 Zi., Tel. 0 48 65-23 04 60, Fax: 23 09 70, E-mail: teacounty@vsnl.com
** *Windermere* (H2). Nicht luxuriös, aber exklusiv oberhalb des Orts, sehr ruhig in schöner Lage. 8 Zi., Tel. 0 48 65-23 02 48.

Sehen und Erleben
Teeplantagen und die Teefabrik des Tata-Konzerns stehen für Besichtigungen offen. Trekking, Erinnerungen an die Raj-Ära der britischen Kolonialzeit (z.B. Kirche, Clubgebäude), Paragliding. Ayurveda Behandlungen.

Ziele in der Umgebung
Mattupetty-See, Devikulam, Eravikulam-Rajamalai-Nationalpark mit Nilgiri-Tahr-Ziegen, Aufstieg zum Anamudi, Südindiens höchstem Berg (2695 m), Chinnar-Wildschutzgebiet.

Auskunft
Tourist Information Service, Joseph Iype ist sehr kompetent, Main Bazar, beim Bus-Halt, Tel. 0 48 65-2 53 03 49. Außerdem: *KTDC Office* (Kerala Tourism Development Corporation), im Old Munnar Bazar, Tel. 0 48 63-53 06 79, mit Fahrradverleih.

guter Platz für ein Picknick. Am besten mietet man in dieser Region mit ihren Naturparks, Seen und Wasserfällen ein Auto oder ein Rad. Bei so vielen Zielen fällt die Wahl schwer. Sollten Sie in Ihrem Hotel nicht Auskunft genug bekommen: In Munnar lebt Joseph Iype, der fast alles über die Gegend weiß. Man trifft ihn in seinem Büro im Basar, falls er nicht auf seinem Motorrad unterwegs ist. Joseph hat für jeden den richtigen Rat. Man kann etwa Bergziegen beobachten – eine fast ausgestorbene Art, die «Nilgiri Tahr»: zutrauliche Tiere mit kurzem, flachem Gehörn, die Böcke prunken mit starker Mähne. Nirgends auf der Erde leben so viele Tahr-Ziegen wie im Nationalpark Eravikulam-Rajamalai. Andere Parkbewohner sind Makaken-Affen, Hirschwild und Elefanten. Für einen mehrtägigen Aufenthalt ist das schlichte «Forest Rest House» eine gute Wahl. Eine alpine Herausforderung im Eravikulam-Park stellt das Anamudi-Massiv dar, mit 2695 Metern Südindiens höchster Berg – nicht leicht zu erklimmen. Zu lieblicherer Natur, mit sanften Wiesenhängen und seltener Flora lädt die «Hill Station» Devikulam südlich von Munnar ein. Noch eine Rarität: Nur alle acht bis zwölf Jahre blüht die Neelakurinji-Pflanze (Strobilatanthes), dann aber überzieht sie alle Hänge mit einer rosa-violetten Farbenpracht. Teeland, Waldland, Berg- und Seenland, starke Granitrücken, dramatische Steilhänge, Talweiten, eine blühende Fülle – der Abschied von Munnar fällt jedem Naturfreund schwer.

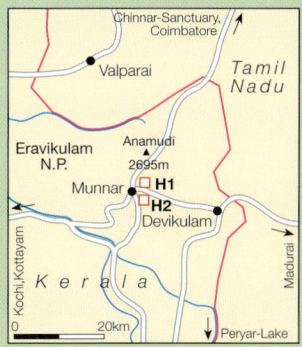

1

2

3

4

5

Mit dem Bambuslift ins Baumapartment
Urlaub im Urwald: «Green Magic» in Kerala

Baumhotels? Es gibt sie schon in allen Erdteilen. Aber Keralas erste Baumhäuser sind Musterbeispiele des sanften Tourismus, eine Naturerfahrung, bei der die Natur keinen Schaden nimmt.

Für Keralas Tourismus, der erst vor wenigen Jahren aus den Startlöchern gekommen ist und jetzt eine erste Blüte, einen wahren Boom erlebt, ist das engagierte Team von «TourIndia Holidays» ein Segen. Schon für Keralas Hausboote kamen von ihnen die besten Ideen (siehe Seite 40 f.). Ein anderes Projekt, mit dem Babu Varghese und V. Krishna Moorthy die paradiesisch schöne Natur dieses Staates im tiefen Süden Indiens schonend erschließen, heißt «Green Magic» oder auch «Baumhäuser». Die Baumapartments im «Green Magic Nature Resort» sind gut 30 Meter hoch über der kleinen Dschungellichtung eingerichtet. Hinauf gelangt man über eine Hängebrücke – oder mit einem Lift. Die offenen Bambusliftkabinen kommen ohne Motor und elektrischen Strom aus: Ein Wassersack als Gegengewicht schwebt herab und macht dem Liftaufzieher die Arbeit mit dem Flaschenzug leicht. «Das erste konsequent nach internationalen Standards geführte Öko-Tourismus-Projekt in Indien», so stellten die Erfinder und Betreuer ihre Urwaldsiedlung in und unter den Bäumen vor. Weder ein Wasserkraftwerk, für das die Landschaft mit einem Stausee verändert werden müsste, noch Atommeiler sind nötig, um den Betrieb mit Energie zu versorgen. Statt dessen: Biogas aus dem Dung von vier Kühen und Strom aus Sonnenkollektoren.

Von dem Basislager bei der Siedlung Vythiri ist «Green Magic» eine halbe Autostunde entfernt, jüngst asphaltierte Wegkehren ersparen Härtetests für den Geländewagen und seine Fahrer. Eine ökologische Alternative ohne Abgas und Lärm war Ammu. Die 37jährige Elefantenfrau transportierte Gäste, die den letzten Anstieg nicht wandern mochten, oder sie trug ihr Gepäck. Ammu lebt nicht mehr, auf eine Nachfolgerin hofft man im «Grünen Zauber».

Beim Bau der luftigen Apartments haben jene geholfen, die sich am besten auskennen, weil sie hier zu Hause sind: die Ureinwohner der Wynad-Region, auf halbem Weg zwischen der Hafenstadt

1 Im Urwald zu Hause: eine Echse, fast einen Viertelmeter lang. **2** Die Veranda um das rund 30 Meter hoch im Baum montierte Apartment. **3** Echt Bio, echt Bananenblatt: Thali im Kerala-Stil. **4** Ammu, die Elefantendame, trägt wechselweise Koffer und Gäste und wird mit einem täglichen Bad im Bergbach belohnt. **5** Anders als Baumhaus Nr. 1 ist Baumhaus Nr. 2 nicht per Lift, sondern über eine Hängebrücke zu erreichen. Zwischen den Etagen gibt's eine Wendeltreppe. Naturgenuss pur!

Kozhikode am Arabischen Meer (besser bekannt unter dem Namen Calicut) und Mysore, der Maharaja-Residenzstadt im Süden Karnatakas. Bauen, ohne den Bäumen auch nur einen Ast zu brechen, war die Vorgabe. In den rund 40 Quadratmeter großen Wipfelapartments stören die Äste kaum, sie tragen zum authentischen Walderlebnis bei. Ratsam ist es, Kleider und anderes Hab und Gut abends in den geräumigen Metalltruhen zu verstauen: Der Spieltrieb kleiner Nagetiere ist nicht zu unterschätzen. WC und Dusche gehören zum Komfort, dekorative Decken und Polster verführen zum Bleiben im Baumquartier. Bequem kann man von hier aus den

Geräuschen des Urwalds lauschen und hört, wie sich schon morgens die Affen draußen von Zweig zu Zweig schwingen.
Gespeist wird im Urwaldrestaurant von Bananenblättern und Keramiktellern, das Gemüse kommt aus dem eigenen Ökogarten.

1 Eine Konstruktion fast ohne Nägel und Schrauben, ausgeführt von Leuten der hier heimischen Bergstämme, ohne Baumaschinen und Kräne. **2** So romantisch sind Kerosinlampen. **3** «Gleich kommt der Lift!» **4** Mit WC und fließend Wasser: die Badezimmer. **5** Die Auffahrt ohne Motor hoch hinauf in die imposante Baumkrone wird mit einem Flaschenzug und einem Wassersack – als Gegengewicht – bewerkstelligt. **6** Zur Wahl: Bambuslift **7** oder Bambushängebrücke? **8** Zur Wahl: Baumapartment droben **9** oder Cottage am Talhang?

Gleich neben dem Restaurant, in dem sich der Koch gern in die Töpfe blicken lässt, stehen Cottages für Gäste, die den festen Boden doch dem Baumhotel vorziehen. «Nein, schreiben Sie nicht Hotel», verbessert Mr. Krishna Moorthy, stets freundlich und kompetent um seine Gäste bemüht: «Wir wollen Ihnen das Gefühl geben, im Green Magic zu Hause zu sein, nicht im Hotel.» Er gibt auch wertvolle Tipps, wie etwa den, bei Spaziergängen auf überwachsenen Pfaden bei Nässe feste Stiefel zu tragen und die Hosenbeine zuzuschnüren, oder die Füsse mit Eukalyptusöl oder einem anderem kräftigen Duft einzureiben gegen lästige Blutegel, «Leeches». Stechmücken sind dagegen in dieser Höhenlage über 1000 Meter sehr selten: «For one mosquito I pay you five dollar! You show me ten mosquitos, and I give you one night free!», schwört der Green-Magic-Manager.

An manchen Tagen zeigen sich hier auch Elefantenherden, oder Panther, Riesenflughörnchen und Bären. Beim Botanisieren und «Birding», wie die Briten das Vogelbeobachten nennen, kommen die Pflanzen- und Vogelliebhaber voll auf ihre Kosten.

Reisende, die das «Green Magic» erstmals besuchen, werden sich vielleicht wundern, dass die Wegweiser so unauffällig angebracht sind. Doch das hat seinen Grund: «Wir wollen die Leute vorher kennenlernen», erklärt Hans-Jörg Hussong, Geschäftsführer von «Comtour», der die Baum-Apartments exklusiv in seinen Programmen hat. Damit spielt Hussong nicht auf Diebe und Räuber an, sondern meint Touristen, auch indische, die den Urwald als Party-Kulisse sehen. Gerade dazu will «Green Magic» nicht die Hand reichen. Es gibt eine Ökologie des menschlichen Verhaltens in der Natur, die mehr umfasst als nur Müllvermeidung.

Vythiri: Spezialtipps der Autoren

Anreise und Reisezeit
Flug: Nächste Flughäfen Kozhikode/Calicut (85 km, Flüge nach Mumbai/Bombay, Bangalore, Chennai/Madras, Kochi und Bangalore.
Bahn: Nächster Bahnhof Kozhikode.
Leihwagen: Von Mysore ca. 160 km (durch den Bandipur Nationalpark), von Kochi ca. 320 km.
Beste Reisezeit: Oktober bis März.

Unterkunft
/* *Green Magic Nature Resort* (H1) beim Ort Vythiri. Zwei Baumhaus-Apartments mit Bambus-Lift resp. Hängebrücke und mehrere Bungalow-Doppelzimmer, Vollpension. Buchung von Deutschland aus über Comtour, siehe unten «Auskunft». Der Green-Magic-Aufenthalt kann Tage, eine Woche und länger dauern oder als «Baumhaus-Baustein» in einem Rundfahrt-Programm gebucht werden.

Sehen und Erleben
Wohnen auf 30 Meter Höhe, Urwaldspaziergänge mit oder ohne Führer. Besuch der Ureinwohner. Keralas Küche kosten.

Ziele in der Umgebung
Steinzeit-Bilder in den großartigen Ettakal-Höhlen (45 km), hoch über Pfefferplantagen, Fernblick auf Kerala, Tamil Nadu, Karnataka. Im nahen Waynawad/Wynad Heritage-Museum, u.a. Skulpturen aus der Region, «Heldensteine». Foto-Safaris im Muthanga-Wildschutzgebiet (60 km).

Auskunft
TourIndia Holidays, P. B. No.163, M.G.Road, Thiruvananthapuram-695 001, Kerala, Tel. 04 71-2 33 04 37, 2 33 15 07, Fax: 2 33 14 07, E-mail: tourindia@vsnl.com, Website: www.tourindiakerala.com
Comtour, Ruhrstr. 40, 45219 Essen-Kettwig, Tel. 0 20 54-95 47-0, Fax: 95 47 11, E-mail: info@comtour.de

… und sonntags leuchtet der Palast
Mysore – immer noch Maharaja-Stadt

Die Stadt des Sandelholzes, des Sandelöls und der Seidenstoffe, der Räucherstäbchen und riesiger Banyanbäume trumpft mit einem der bizarrsten Paläste Indiens auf – und wird auch vom Klima verwöhnt.

Breite Straßen, die von stattlichen weißen Bauten gesäumt sind, klassische Statuen und springende Fontänen inmitten heftigen Kreisverkehrs, Bäume mit ausladend breiten Kronen selbst in der Innenstadt, eine Fülle des Angebots in den Ladenvierteln, für die der Name «Basar» nur im übertragenen Sinn gilt, da es kaum enge Budenstraßen gibt: All das und nicht zuletzt das für südindische Verhältnisse moderate Klima zeigt, dass diese rund 800 Meter hoch gelegene Stadt von bald 800 000 Einwohnern eine Ausnahme unter den indischen Städten ist, die im Allgemeinen so wenig «genießbar» sind. Mysores Uhren gehen bedächtiger als die in Karnatakas Software-Kapitale Bangalore.

Mysore kann man noch zu Fuß durchstreifen, kann in den Abendstunden Vögel in den Parks singen hören, findet Restaurantgärten, in denen nicht nur Touristen, sondern die Einheimischen beim Bier zusammensitzen. Im allabendlich gut besetzten «Park Lane Restaurant» blinken rote Tischlämpchen auf – so werden hier die Kellner gerufen, wenn sie einen neuen Drink bringen oder eine Bestellung annehmen sollen.

Lärmenden Verkehr und Menschenmengen muss man auch in Mysore ertragen. Aber das architektonische Erbe der fürstlichen Zeiten, als Mysore die Hauptstadt des gleichnamigen Staates war (der rund ein Drittel des heutigen Karnataka umfasste), ist nicht dem Verfall überlassen worden. Als Prunkstück überdauert der «City Palace» (Amber Vilas) der Wodeyar-Herrscher. Seine indo-sarazenische Architektur, die europäische, voran neogotische Elemente mit indischer Formensprache überblendet, steht an zuckrigen Zutaten dem deutschen Neuschwanstein nicht nach und ist auch kaum eine Generation jünger als das bayerische Märchenschloss. Dieser Stadtpalast, nach dem Brand des Vorgängerbaus von dem britischen Architekten Henry Irwin 1912 vollendet, ist immer eine Attraktion. Zum Höhepunkt seiner Wirkung kommt er jedoch sonntag- oder festtagabends, wenn die Umrisse der Arkaden,

1 Langschnäbler im Vogelschutzgebiet bei Srirangapatnam. **2** Goldkuppel eines Pavillons bei Mysores «City Palace». **3** Auf der Insel Srirangapatnam: Sultan Tipus wohlerhaltener Sommerpalast «Daria Daulat Bagh». **4** Zigtausende Glühbirnen lassen jeden Sonntagabend Mysores Stadtpalast erstrahlen – sein britischer Architekt mischte Weltausstellungsarchitektur des Fin de Siècle mit Indischem.

Türme, Türmchen, Kuppeln und Galerien nach Festzeltart von schätzungsweise zehntausend Glühbirnen illuminiert werden und Disneyland so nahe ist wie nur sehr selten in Indien.

Innen taucht gedämpftes Licht die Ausstattungspracht — man könnte auch sagen: das Imponierdesign nach westlichen Vorbildern — in geheimnisvolle Atmosphäre, Juwelen und Silber glänzen auf. Im Kalyana Mandap, dem königlichen Hochzeitssaal, prunken die Kristalllüster (böhmisches Glas), die Glasbilder und Mosaiken der Kuppel (aus Belgien) und Bodenfliesen mit Pfauenmotiv (aus England), in Nebenräumen schwere Sessel aus Silber und Kristall. Im ersten Stock haben indische Künstler die 13 Meter hohe Durbar-Halle (für Beratungen und Audienzen des Herrschers) mit Gemäl-

den, die Silbertüren mit Reliefs geschmückt. Die Motive stammen aus der Hindu-Mythologie. Die Säulen wurden nicht nur bemalt, sondern auch reich vergoldet. Weißer Marmor ist im Mogul-Stil mit Halbedelstein-Einlagen verziert.

Lang wie die Warteschlangen der Palastbesucher sind auch die der Pilgerströme — droben auf dem Chamundi Hill, 1062 Meter über dem Meer. Pilger wissen, dass sie die tausend Stufen steigen sollten, Touristen benutzen ihren Leihwagen oder den Bus. Um die Stände mit frisch gepresstem Ananassaft — «Pineapple! Pineapple!» — drängen sich alle. Der Chamundeswari-Tempel auf der Höhe ist der Göttin Chamundi (oder Durga) geweiht, der Schutzgöttin der Wodeyar-Maharajas. Genau hier soll sie den büffelköpfigen Dämon Mahishasura besiegt haben, von dem sich auch der Name «Mysore» herleitet. Dieser Kampfmythos vom Sieg des weiblichen Elements über das Böse ist sehr populär. Riesengroß und bunt steht die Statue des wilden, augenrollenden Dämons draußen vor dem Haupttempel. Der ist rund 700 Jahre alt, durch hohe Silbertüren mit hinreißend schönen Reliefs darf man eintreten vor das goldene Göttinnenbild. Das Innere vieler Tempel in Südindien ist für Nicht-Hindus ja nicht zugänglich, Mysore gibt sich liberaler.

sich nicht wirklich bedrängt zu fühlen, muss nur immer wieder freundlich-entschieden «No, thank you» wiederholen. Oder man sucht sich einen anderen Platz.

Auf dem Weg bergab wartet Nandi, der Stier des Gottes Shiva. Weit und breit gibt es keine so imposante Granitskulptur, rund 5 Meter lang, vor bald vier Jahrhunderten aus einem einzigen Granitblock kunstvoll gemeißelt. Wie auf dem ölschimmernden schwarzen Stein – er wird täglich gesalbt – das intensive Orangegelb der Blütengirlanden leuchtet! Auch dieser Ort ist sehr beliebt; die Menschen kommen, um dem Nandi «Prasad», kleine Nahrungsopfer, zu bringen, und ein Sadhu mit grauen Haarflechten hat sich in einer Höhle wohnlich eingerichtet. Weit öffnet sich der Blick über das

umliegende Land. Leicht einen halben Tag kann man auf dem Chamundi-Hügel verbringen, leicht eine halbe Woche und länger immer wieder zur nahen Flussinsel Srirangapatnam hinausfahren, oder dort ein einfaches Quartier beziehen.

Der Fluss Kaveri/Cauveri umarmt hier auf seinem langen Weg von den Westghats zum Golf von Bengalen für wenige Kilometer die langgestreckte Insel, schenkt ihr den Charme schöner, friedlicher Natur. Am Westende überdauert das Städtchen Srirangapatnam, einst Hauptstadt der Wodeyar-Dynastie, auf dem übrigen Areal trifft man im Felder- und Wäldergrün immer wieder auf Ruinen, Schlösser und Friedhöfe der Geschichte. Ruhigen Spaziergängen kommt die verkehrsarme Insellage zugute, die subtropische Flusslandschaft (Vorsicht: Krokodilwarnung!) ist im Wechsel von grüner Wildnis und sorgsam restaurierten Monumenten aus jener Zeit zu erleben, als Inder von Srirangapatnam aus die letzte starke Gegenwehr gegen die Expansion der britischen Herrschaft leisteten. Hier nur einige Schlüsseldaten: 1761 nahm Sultan Haider Ali die stark befestigte Insel den Wodeyars weg. Verwegen mutig und taktisch geschickt forderten Haider Ali und sein Sohn Tipu Sultan von ihrer Insel-Hauptstadt aus die Briten lange erfolgreich heraus, be-

Beim 40 Meter hohen, dicht an dicht mit einer Fülle von Figuren besetzten Gopuram (Tempelturm) ist man die ganze Zeit von bettelnden, fragenden, Souvenirs anbietende Menschen umgeben. Das ist normal an Indiens heiligen Plätzen. In der Regel braucht man

1 In Parkgrün gebettet wie ein Rokokoschloss: «Daria Daulat Bagh», erbaut 1784, zur Zeit der Kämpfe gegen die britischen Eroberer.
2 Beim Palast von Mysore, einer Stadt von rund 800 000 Einwohnern, die trotz ihrer Größe nicht hektisch wirkt und von viel Grün durchwirkt und umgeben ist. 3 Nandi, der steinerne Stier Shivas, als vielbesuchtes Pilgerziel auf dem Chamundi-Hügel über Mysore. 4 Filigranes Mauerwerk um die Grabstätte der Volkshelden Haider Ali und Tipu Sultan. 5 Alltag um Mysores «City Palace». 6 Srirangapatnam hat manche Plätze von ländlicher Ruhe bei geheiligten alten Steinen.

siegten sie 1780 in großem Stil. Bis heute werden sie deshalb als Helden gefeiert. Doch 1799 belagerte und zerstörte der junge Offizier Wellesley Srirangapatnam – derselbe Wellesley, der 1815 als Herzog von Wellington gemeinsam mit dem preußischen General Blücher bei Waterloo Napoleon besiegte. Tipu starb im Kampf. Am Platz seines Todes hat man einen Gedenkstein errichtet, in seinem original erhaltenen, inmitten einer großen Gartenanlage gelegenen zierlichen Sommerschlösschen «Daria Daulat Bagh» ist eine hochinteressante Sammlung von Bildern und Dokumenten seines dramatischen Lebens ausgestellt. Gartenidyllen und Gruseleffekte: Restauriert wurden auch Tipus unterirdische Gefängnisse für britische Offiziere, die stehend an den Felsen angekettet wurden.

Feierlich und monumental ist das 3 Kilometer entfernte Grabmal Haider Alis und Tipus: das hoch überkuppelte Gumbaz-Mausoleum von 1784. Es strahlt eine friedliche Atmosphäre aus – trotz der Schilde und Speere Tipus und seines kämpferischen Tiger-Emblems.

Das noble «Lalitha Mahal Palace Hotel», ehemaliger Sommerpalast der Wodeyar-Maharajas: **1** Indische und westliche Menüs werden im säulengeschmückten Speisesaal genossen, **2** Säulen umrahmen auch den Tisch im Billardsalon. **3** Idyllisch am Kaveri, aber doch am Fuß der Preisleiter gelegen: das einfach ausgestattete «Hotel Mayura Riverview». **4** Nostalgisches Badezimmer im «Lalitha Mahal Palace». **5** Vor der Palastfassade: Tanzszene für eine südindische Filmproduktion. **6** Auf der Insel Srirangapatnam: ein Fußrelief, mit Farbpulver ornamentiert. **7** Verlockend schön ist die Flusslandschaft am Hotel «Mayura Riverview», nur baden sollte man nicht: «Beware of Crocodiles». **8** Laden in Mysore.

Der vor den Ruinen des Mysore-Gates unterhalb des Fort View Resorts gelegene alte Garnisonsfriedhof der Briten mag mit seinen umwachsenen und verwitterten Steinen romantisch anmuten, er zeigt wie so manche andere seiner Art in Indien die private, sehr melancholische Seite der Kolonialherrschaft.

Nach all der kriegerischen Historie kann man sich seitab des Briten-Friedhofs am Ufer des Kaveri-Flusses ausruhen und dort in einem der originellen Rundboote auf dem im zeitigen Frühjahr sehr zahmen Fluß fahren – das Steuern will geübt sein!

Am Stadtrand von Mysore wohnt man in einem Maharaja-Palast, wenn man es sich leisten will: Der «Lalitha Palace», einst Gästepalast der Wodeyars, seit langem schon Hotel, prangt nach der jüngsten Renovierung als ein traumhaftes Luxusquartier. Der Palast ist eine Augenweide: das Treppenhaus aus Marmor, der festlich hohe Speisesaal ist in der Farbstimmung à la Wedgewood-Porzellan dekoriert, in manchen Zimmern stehen Himmelbetten, in der sehr gemütlichen Bar ein königlicher Billardtisch, und draußen im Park wartet ein großer Pool. Auch das Restaurant ist vorzüglich und bietet gutes indisches und westliches Essen; die Desserts treten mit so poetischen Namen wie «Midnight Kiss» auf. Hier kann man sich prächtig nach dem Mysore-Tag ausruhen oder auch ganze Tage leben wie Shiva in Karnataka oder Gott in Frankreich.

Als nicht ganz so opulente Bleibe, die aber den westlichen Komfortansprüchen angenehm genügt, sei das «King's Kourt Hotel» genannt, das geräumige Zimmer ebenso freundlich wie verkehrsgünstig inmitten der Stadt bietet.

Mysore: Spezialtipps der Autoren

Anreise und Reisezeit
Flug: Internationaler Flughafen Bangalore (ca. 160 km).
Bahn: Verbindungen u.a. mit Chennai, Bangalore, Mumbai.
Bus: Verbindungen u.a. mit Chennai, Bangalore, Mumbai, Goa, Hyderabad
Beste Reisezeit: Oktober bis März, auch im April mildere Temperaturen als in den Ebenen und an den Küsten.

Unterkunft
****/***** *Lalitha Mahal Palace Hotel* (H1) (ITDC). Einst für Maharaja-Gäste, frisch renoviertes Hotel im Luxus-Dekor am Stadtrand, elegante Restauranthalle, Bar mit Billard, Pool. 54 Zi. und Suiten, Narasipur Rd., Mysore-570 011 Karnataka, Tel. 08 21-2 57 12 65, Fax: 2 57 17 70, E-mail: lmph@bgl.vsnl.net.in
*** *King's Kourt Hotel* (H2). Modernes, gut gehaltenes Haus in zentraler Lage, im Restaurant beliebte lokale Spezialitäten. JLB Road, Mysore-570 011, Tel. 08 21-2 42 11 42, Fax: 2 43 83 84, E-mail: kingskourt@vsnl.com.
* *Hotel Mayura Riverview* (H3) (KSTDC). Am Fluss gelegen, umgeben von romantischer Waldlandschaft. Restaurant, Garten, Bootfahren und Angeln, TV, 2001 in Restaurierung.10 einfache, geräumige Zi., Srirangapatnam, Tel. 0 82 36-25 21 14.

Sehen und Erleben
City Palace (Amber Vilas) mit Ausstellung von Kostbarkeiten und Kuriositäten, sonntags Illumination. Chamundi Hill mit Tempel der Göttin Chamundeswari und Granitstatue des Nandi-Bullen. Museen u.a. Jaganmohan Palace (Gemälde, Miniaturen, Keramik, Elfenbein, Sandelholz), Folklore-Museum der Universität (seltene Volkskunst). Einkaufen: Seide und Schneiderläden am KR-Circle und Umgebung, dort nordwestlich auch der malerische Devaraja Market. Kunsthandwerk: Cauvery Arts and Crafts Emporium, Sayaji Rao Rd. Zehntägiges Dussehra-Fest im September/ Oktober mit Elefanten-Prozession und viel Musik, angeführt vom Maharaja.

Ziele in der Umgebung
Srirangapatnam, Flussinsel im Kaveri, historisch hochinteressant, schöne Natur (15 km nördlich). Somnathpur, figurenreicher Tempel aus der Hoysala-Epoche (35 km östlich). Brindavan Gardens, ornamentale Gärten beim Krishnarajasagar-Damm, in der Saison illuminiert (19 km nördlich). Nationalparks: Bandipur Tiger Reserve (80 km südlich) und der besonders artenreiche Nagarhole National Park (Übernachtung frühzeitig reservieren. Ca. 90 km südwestlich).

Auskunft
KSTDC, Yatri Nivas Building, JLB Rd, Tel. 0821-2 63 52 und 42 36 52.
Tourist Office, Old Exhibition Buildings, Irwin Rd., Tel. 08 21-2 20 96, Fax: 2 18 33.

Hindu-Tempelpracht und ein Jain-Gigant
Die Hoysala-Highlights um Belur und Halebid

In Karnataka schufen begnadete Künstler in hundertjähriger Arbeit Tempelfassaden von einzigartiger Feinheit und Figurenfülle. Seit neuestem erwartet in der Nähe ein elegantes Hotel seine Gäste.

Auf dem Hotelparkplatz in Hassan hat uns ein junger Zauberer zum Zuschauen eingeladen, hat Feuer und dutzendweise rostige Nägel verschluckt. Dann Aufbruch: Die Reise nach Westen führt über unbegradigte, naturbelassene Flussläufe, am Straßenrand lassen Windstöße die Luftwurzeln der Banyanbäume wie fragile Vorhänge wehen. Eine junge Frau tritt vor ihre Hütte, in fußlangem goldglänzenden Kleid, sie putzt sich die Zähne. Unser Fahrer überholt Ochsenkarren, die mit leuchtend bunten Götterbildern bemalt sind. Abseits der Straße mühen sich Bauern, ihr Ochsengespann vorm Pflug durch den Schlamm des Reisfelds zu führen.

Immer wieder kreuzen, überlagern sich dem Indienreisenden die Zeiten. Die Banyanbäume, die Bauernhütten, die Reisfelder waren vor neunhundert Jahren, zur Zeit der Hoysala-Könige, ebenso oder nicht viel anders als heute anzusehen. Noch sehr fremd im ländlichen Karnataka, wenden sich da und dort Satellitenschüsseln zum Himmelblau. Wir sind unterwegs zu den Tempeln dieser kriegerischen Hoysalas, zu ihrer einstigen Hauptstadt Belur und dem benachbarten Halebid. Die Städte sind verschwunden, wie vor einem Wunder steht man in der dörflichen Umgebung unvermittelt vor den Tempeln und ihrer immensen Fülle feinster Relieffriese und monumentaler Skulpturen. Als diese steinernen Meisterwerke in der Residenzstadt der Hoysalas entstanden, im 12. Jahrhundert, baute Europa seine romanischen Kaiserdome und die ersten gotischen Kathedralen, die ersten Universitäten lehrten, die Minnesänger dichteten Liebeslyrik, die Kreuzritter zogen in den Orient.

Südindien war damals keineswegs nur ein Land der Reisbauern, Waldleute und Fischer. Seit dem 11. Jahrhundert schon liefen Warenströme vom Kalifat der Abbasiden in Bagdad und dem Persischen Golf im Seehandel über Südindien nach China. Die «südindische Chola-Dynastie und die mit ihr im Bund stehenden großen südindischen Händlerdynastien stiegen in großem Maß in dieses

1 Kaffeebohnen reifen in den Hügeln um die Tempel von Belur und Halebid, im «Kaffeeland». **2** Siebenfach, achtfach an den Tempelwänden gereiht: die herrlichen steinernen Figurenfriese des Hoysaleshvara-Tempels in Halebid. **3–4** Inderinnen und Inder kommen zu Hunderten und Tausenden, als fromme Pilger und auch als Besucher, angezogen von der Schönheit der Skulpturen. **5** Aus dem frühen 12. Jahrhundert überdauert die Steinkunst des Chennakeshava-Tempels.

Geschäft ein», liest man in Dietmar Rothermunds Indien-Hand-buch. Noch weitaus älter sind die Handelsbeziehungen Südindiens zu Rom. In einer tausendjährigen Architektur-Tradition Südindiens entstanden unter der Pallava-Dynastie (6.–9. Jahrhundert) südlich von Chennai/Madras die weltberühmten Hindu-Tempel von Kan-chipuram und Mamallapuram/Mahabalipuram.

Die kunstvolle Architektur des Chennakeshava-Tempels von Belur ist das Ergebnis der Erfahrungen vieler Generationen. Ein Jahrhun-dert lang soll seit 1116 an diesem Haupttempel gearbeitet worden sein. Das auf hohem, sternförmigem Sockel stehende, heute nur einstöckige Gebäude dominiert auch ohne Turmaufbau die groß-

räumigen Hofflächen inmitten des Mauergevierts mit seinen kleine-ren Schreinen. Ein Gopuram (Tempelturm) ragt über dem Zugang auf. Legt man an einem sonnigen Tag dort die Schuhe ab, behält man die Strümpfe besser an, denn auf den erhitzten Steinplatten verbrennt man sich barfuß leicht die Sohlen. Sogar noch heißer hei-zen sich die flachen, gleichfalls zugänglichen Dächer auf.

Aber nicht die Dächer und auch nicht das geheimnisvoll dunkle Innere ziehen einen zuerst an, sondern die Fassaden. Sie sind in immer neuer Variation der Sternform reich gegliedert mit unzähli-gen Nischen. Dadurch verdoppelt und verdreifacht sich die Fläche der Außenwände. Mit unglaublicher Geduld haben Belurs Bild-hauer diese aus Nischen und Vorsprüngen komponierten Flächen mit Figuren und Relieffriesen überzogen – lückenlos. Zugute kam ihnen dabei das beim Abbau weiche Steatitmaterial, das an der Luft allmählich härtet und eine dunkle, metallisch glatte, glänzende Oberfläche annimmt.

Rund sechshundertfünfzig Elefanten, alle individuell gestaltet, sym-bolisieren auf den Friesen die Macht der Hoysala-Herrscher. Der Überlieferung nach stifteten die Hoysalas den Chennakeshava-Tempel dem Gott-Helden Krishna – einer Inkarnation des Gottes Vishnu – zum Dank für ihren Sieg über die Armee der jahrhun-dertealten Chola-Dynastie. Krishna genießt großen Ruhm als Überwinder von Feinden und Dämonen aller Art, aber auch als flö-tenspielender göttlicher Liebhaber: Von nicht weniger als 84 000 Geliebten wird erzählt. Die Belur-Bildhauer zögerten nicht, Frauen-schönheit und erotische Spiele in vielerlei Variation darzustellen, umspielt von pflanzlichen Ornamenten und Perlengirlanden: Frauen mit Spiegel, Papagei oder Tamburin, oft als Tänzerinnen, den verführerischen Leib in graziöser Pose und oft nur mit ihrem Schmuck bekleidet. Nacktheit war augenscheinlich in jener Ära kein Tabu. Auch König Narasimha und die vollbusige Königin an sei-ner Seite sind mit nicht viel mehr als mit Schwert, Armbändern, Ohrringen und Halsketten angetan.

Nicht erstarrt oder museal, sondern bis heute – neunhundert Jahre später! – voller Leben, kann diese mythisch-historische Bilderwelt die Augen stundenlang fesseln. Man darf in das Tempelinnere eintreten, in eine dunkle Säulenhalle mit überreichem Steinschnitzwerk. Auch die Säulen sind meisterhaft geschnitzt, die Säule des Königs Narasimha mit über hundert Götterdarstellungen. Kunstwerke zu signieren war damals nicht üblich, doch wenn man sich von einem Führer den Tempel erklären läßt, kann er im Stein die Namen der Künstler zeigen.

Und es gibt noch mehr zu sehen: Im Hof die große Skulptur des geflügelten Garuda, des Sonnenadlers, der Vishnus Symboltier und «Fahrzeug» ist, eine 3 Meter hohe, schwarze Krishna-Statue im Tempel, ein vergoldeter Wagen für das Tempelfest, abgestellt in den Räumen um den Tempelhof.

Den Hoysaleshvara-Tempel im 16 Kilometer entfernten Halebid schmücken bis zu neun umlaufende Relieffriese, mit Figuren, die teils nicht einmal fingergroß, teils meterhoch sind; auch hier erhebt sich der kostbare Tempelbau auf sternförmiger Plattform. Halebid bekam seinen Namen «Tote Stadt» (Hale-bidu) erst nach dem Sturm der muslimischen Truppen des Delhi-Sultanats im Jahr 1311, von dem sich die Hoysala-Dynastie nicht mehr erholte. Doch im 16. Jahrhundert bauten die Jains ihren Vijayanatha-Tempel, mit polierten Säulen und einem hohen, unbekleideten Standbild des «Furtbereiters» Shantinatha. Klein, aber fein und unbedingt sehenswert ist die Skulpturensammlung des Archäologischen Museums. Wie auch immer man seine Reiseziele im Dreieck Bangalore, Mysore, Chikmagalur wählt – zur Jain-Skulptur auf dem Indragiri-Berg bei Shravanabelagola sollte man hinaufsteigen, wie es die Pilger seit über tausend Jahren tun. Mehr als 600 schattenlose Stufen sind zu bewältigen, 17 Meter hoch ragt der aus dem Felsgipfel

1 Der Chennakeshava-Tempel in Belur ist heute niedriger als ursprünglich: Der Turmaufbau wurde abgetragen. **2** Mit ihrem gigantischen Ausmaß überragt dagegen in Shravanabelagola die Statue des Jain-«Furtbereiters» Gomateshwara den Säulenhof seines Tempels. **3** Kampfszene mit Elefant am Hoysaleshvara-Tempels in Halebid. **4** Extrem verkleinert: Kopf des Gomateshwara. **5** Priester des Gomateshwara mit geheiligtem Wasser und baren Opfergaben. **6** Junge Frauen, in Festkleidung und blütengeschmückt, an den Steinschranken vorm Gomateshwara. **7** Im Chennakeshava-Tempel, Belur.

skulptierte Monolith auf, eine stämmige Aktfigur des asketischen «Furtbereiters» Gomateshwara. Um seine Glieder ranken sich Reben, Zeichen seiner tiefen Meditation, die ihn entrückt. Seine Biographie symbolisiert die Jain-Lehre von Ahimsa (Gewaltlosigkeit): Der Königssohn Gomateshwara (oder Bahubali) rivalisierte mit seinem Bruder, besiegte ihn, erkannte aber die Vergeblichkeit von Gier und Gewalt und überließ dem Besiegten das Reich. Alle zwölf Jahre wird das Mahamastakabhisheka-Fest mit einer Übergießung des Heiligen gefeiert; 1993 ließ ein Hubschrauber 20 Kilo Blattgold, 200 Liter Milch, Blüten, Edelsteine und Farbpulver herabregnen.

1 Im «Taj Chikmagalur» ist abseits der gleichnamigen Stadt wunderbar weite Landschaft, Stille und jener erlesene Komfort zu genießen, der internationalen Standard in indischem Ambiente bietet. 2 Zu einem «Taj Garden Retreat» gehört auch die Lesestunde in breiter Hängematte über gepflegtem Rasen. 3 Der Swimmingpool gleich vor der eigenen Terrasse. 4 «Roomservice» für kühle Getränke und kleinen Imbiss – wie das wohltut nach einem Tagesausflug – vielleicht ins Hügelland von Kemmannugundi und zu den Orchideen dort. 5 Wenn das Reiseprogramm nur wenig Zeit lässt, bietet sich das «Hassan Ashok» zur Übernachtung an – halbwegs zwischen Belur-Halebid und Shravanabelagola. 6–7 Noch zwei Blicke mehr in die erholsame Gartenlandschaft des «Tah Chikmagalur». 8 Wer die rund 600 Stufen zum «Furtbereiter» Gomateshwara ersteigt, blickt auch auf das Städtchen Shravanabelagola und den Tempelteich.

Übrigens lohnt auch der gegenüberliegende, kaum besuchte Chandragiri-Hügel den Aufstieg, mit vielen bis ins 10. Jahrhundert zurückreichenden Tempelschreinen.

Und wo findet man sein Quartier? Seit neuestem gibt es eine erfreuliche, fast ideale Alternative zum «Ashok» in der wenig reizvollen Stadt Hassan und zu den KTDC-Quartieren in Belur und Halebid. Das «Taj Chikmagalur» gehört zu einer neuen Generation indischer Ferienhotels: in schöner Landschaft gelegen, mit praktischem Komfort eingerichtet, mit Internet-Zugang, kinderfreundlichem, nämlich teils nur flachem Swimmingpool und aufmerksamem Service, samt einem Restaurant mit wohlschmeckender Küche, dazu ruhig, nicht zu groß und auch nicht zu luxuriös, darum nicht sehr teuer. Ein Auto braucht man freilich, denn die Stadt Chikmagalur (Stadt der jüngeren Tochter) ist 6 Kilometer entfernt. Hätte man keinen Wagen zur Verfügung, vermisste man ihn schnell auch wegen der lockenden Ausflüge. Chikmagalur ist Kaffeezentrum, liegt im «Kaffeeland», Plantagentouren sind möglich und Wanderungen im Bergland.

Zum Tagesausklang erlebt man von den westwärts offenen Terrassen des «Taj Chikmagalur» aus großartige Sonnenuntergänge: Breite Goldstreifen glänzen im klaren Türkisblau auf, färben sich über der Gebirgskette am Horizont rot, dann purpurn, während ein leichter Wind das Wasser des Swimmingpools kräuselt und schon die ersten fernen Lichter der Stadt leuchten. Feuerrot überglüht noch einmal die Himmelsweite, wird schnell schmaler und schmaler. Kaum eine Viertelstunde, und man kann anfangen, die Sterne in der Nachtschwärze zu zählen. Warm ist es, noch bis tief in die Nacht hinein sitzt man draußen.

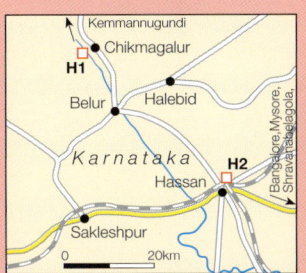

Zauber der vergessenen Königsstadt
Karnatakas Weltkulturerbe Vijayanagara (Hampi)

Bis vor kurzem wußten nur Experten, was sich hinter dem Namen Vijayanagara verbirgt: einst die glänzende Metropole des Südens, viel größer als das antike Rom. Noch kostet sie etwas Mühe.

Es ist nicht der Ruinenzauber allein, der die lange in Vergessenheit versunkene Stadt Vijayanagara so anziehend macht. Hampi wird sie heute genannt, nach einem der an gleicher Stelle gewachsenen ländlichen Orte. Wer es auf sich nimmt, den engen Pfad auf die Spitze des Matanga-Hügels hinaufzusteigen, blickt auf eine Landschaft von großartigen, fast surreal anmutenden Dimensionen: Wie in einem riesigen Steingarten stehen die grazilen Mantapas, kleine Steinpavillons, zwischen gewaltigen Felsformationen aus goldbraunem Granit. Imposant sind die Mauern, Höfe, Säulen und Türme von Tempeln und Palästen, die über das wellig-weiträumige Gelände verstreut sind, südlich der Schleifen des Tungabhadra-Flusses.

Von «14 geschichtsträchtigen Quadratkilometern Schutt des ‹Vergessenen Reiches› Vijayanagara» las man noch in den achtziger Jahren des 20. Jahrhunderts, wenn man eine Landeskunde Indiens aufschlug. Die Archäologen ruhten nicht. Heute sind die Monumente Vijayanagaras auf einer Fläche von 26 Quadratkilometern zu erkunden. Zum Vergleich: Das antike Pompeji hat eine Fläche von knapp einem Quadratkilometer, das Rom der Kaiserzeit brachte es auch nur auf wenig über 12 Quadratkilometer.

Allzulange hat der Glanz des nordindischen Mogul-Reichs die Augen der Indien-Touristen aus aller Welt so geblendet, dass sie Vijayanagara, die «Stadt des Sieges», ignorierten. Ein wichtiges Kapitel indischer Geschichte wird erst jetzt aufgeblättert: Die 1336 gegründete Metropole nördlich von Bangalore war die Hauptstadt des letzten Hindu-Großreichs vor der modernen Republik Indien. Wechselnde Dynastien und Usurpatoren beherrschten von Vijayanagara aus von Küste zu Küste große Teile des indischen Südens und Sri Lanka, über zwei Jahrhunderte lang. Das Vijayanagara-Reich überwältigte das benachbarte Sultanat Bahmani und war zeitweise mächtiger als das Delhi-Sultanat im Norden. Beide, das Delhi-Sulta-

1 Zum «Schlangenfest» schmückt die Frau den Boden vor ihrem Haus in Hampi mit einem Reispulver-Ornament («Rangoli»). 2 Kinder spielen in den Ruinen als Götter verkleidet und geschminkt, als Rama oder Hanuman. 3 In Hampis Basar: ein Buddha in Batikarbeit. 4 Neben dem Relief öffnet sich der Blick auf den Torbau des Tiruvengalanatha-Tempels. 5 Fremdartig, feierlich, faszinierend ist die Begegnung in den Hampi-Felsen: ein Sadhu, ein frommer Asket, neben einem Götterbild.

nat und das Vijayanagara-Reich, waren einander jedoch ähnlich als Militärfeudalstaaten – und beide waren Vorläufer des Mogul-Reichs und des britischen Kolonialregimes.

Als große Herrscherpersönlichkeit der «Siegesstadt» bleibt Krishnadeva Raya in Erinnerung, der ein Dichter drawidischer Sprache, des Telugu, gewesen sein soll und von 1509 bis 1529 regierte, also ein Zeitgenosse des ersten Mogul-Kaisers Babur und des portugiesischen Seefahrers und «Vizekönigs von Indien» Vasco da Gama war. Unter ihm erlebte Vijayanagara seine größte Blütezeit. Ein portugiesischer Reisender, Duarte Barosa, berichtet fasziniert von Krishnadevas Toleranz: «Er gewährt die Freiheit, dass jeder kommen und gehen und seinem Glauben gemäß leben kann, ohne im geringsten belästigt zu werden. Niemand fragt, ob er Christ, Jude, Maure oder Heide sei.» Voller Staunen erzählt der persische Diplomat Abdu'r Razzaq, der schon früher in Vijayanagara zu Gast war, von den Juwelieren der Stadt und von den «Perlen, Rubinen, Smaragden und Diamanten, die sie öffentlich anbieten». Razzaq schildert auch das fließende Wasser in Rinnen und Kanälen aus behauenem und poliertem Stein in den «extrem langen und breiten Basaren» und im königlichen Palast: «Nie hat das Auge einen sol-

Taten und Leiden Ramas und seiner Gattin Sita. Oder der großartige Tempelwagen vor dem Vithala-Tempel, nahe beim Fluss, ein Prunkstück der Steinschnitzkunst, aus einem einzigen Granitblock geschaffen. Unversehrt überstanden auch die 56 klingenden Säulen des Vithala-Tempels die Plünderung und Zerstörung von Vijayanagara. Jede ist ein Monolith, innen ausgehöhlt, so dass sie beim Beklopfen klingen – zur Verzweiflung der Wärter, die Busladungen von Touristen auf Abstand von den fragilen Monumenten halten müssen. Auch nördlich vom Fluss, in Anegondi, sind Tempel und Befestigungen zu ersteigen, Überfahrt mit einem Putti, einem der kreisrunden Boote aus Korbgeflecht.

chen Ort gesehen, und nie ist das Ohr des Verstandes davon informiert worden, dass dergleichen auf der Erde existiert.» Und ein portugiesischer Kaufmann, Domingo Paes, staunte im 16. Jahrhundert: Die königlichen Kriegselefanten waren mit Seide, Brokat und Satin geschmückt. Zwei Millionen Soldaten konnte der Herrscher aufbieten.

Heute, knapp sieben Jahrhunderte nach der Gründung der Stadt, ist die restaurierte, gereinigte Pracht wieder zu erleben. Ein Modell des gesamten Areals gibt im Hof des kleinen Archäologischen Museums besten Überblick. Im königlichen Palastgelände («Royal Enclosure», nicht weit von dem Dorf Kamalapuram) zum Beispiel sind die wunderschönen, gut erhaltenen Relieffriese des Hazara-Rama-Tempels zu bewundern, die das «Ramayana» darstellen, die

Ob das Granit-Kultbild des Narasimha-Avatara, eines machtvollen Dämonentöters und Inkarnation Vishnus, dargestellt als löwenköpfiger Mann, 6 Meter hoch, ob die sogenannten «Bäder der Königin», mit einem Steinbecken von 15 Meter Länge, ob die überkuppelten «Elefantenställe» – neben solchen Hauptattraktionen der Besichtigungsrunden entdeckt man noch immer andere Monumente, kann tagelang auf eigene Faust oder mit einem Führer unterwegs sein. Das archäologische Gelände ist sowieso viel zu groß, als dass man es in einem einzigen Tag erwandern könnte, und auch die Hitze macht manchem Besucher auf die Dauer zu schaffen. Ein willkommenes Angebot sind die Leihräder, die den Vijayanagara-Besuchern zur Verfügung stehen.

Wie konnte Vijayanagaras Glanz so tief in Vergessenheit geraten? Gewiss, das Ende des Reiches kam nach einer verlorenen Schlacht gegen eine Allianz muslimischer Gegner plötzlich und grausam, im Januar 1565. Fünf Monate lang, heißt es, wüteten die Sieger. Die «Siegesstadt» erholte sich von diesem Schlag nie wieder. Trotzdem drängt sich Besuchern die Frage auf, wie die heute sichtbare Hampi-Herrlichkeit all der Tore, Säulenhallen, Relieffriese und Tempeltürme so viele Jahrhunderte lang unbeachtet bleiben konnte. Erst

1 Zeugen einer großen Vergangenheit der Hindu-Herrschaft: Nördlich der Ummauerung des «Zenana Enclosure» erstreckt sich das Geviert des Tiruvengalanatha-Tempels. 2 Tore hinter Toren: Blick aus dem Tiruvengalanatha-Tempel. 3 Ein Aussichtsplatz von starker, monumentaler Urtümlichkeit. 4 Besucher verzwergen vor der Skulptur des Narasimha-Avatara (Vishnu als Mensch-Löwe). 5 Ummauerung des «Darbar Enclosure». 6 Detail einer Streitwagen-Skulptur. 7 Lingams, die Symbole der Schöpfungskraft. 8 Blick vom Matanga-Hügel.

1 Gut zu wissen: 13 Kilometer von Hampi wartet das Hotel «Malligi» mit einem erfrischenden Swimmingpool, 2 mit komfortabel ausgestatteten Zimmern, 3 einem luftigen Restaurant 4 und der besten Bar des Städtchens Hospet. 5 Einfacher oder ganz schlicht kommt man in der Ortschaft Hampi Basar unter. In den Guest Houses treffen sich Rucksacktouristen aus Goa, die sich von der zehnstündigen Fahrt über raue Straßen nicht abschrecken lassen. 6 Stattlich: Fassade des Hotel «Malligi» in Hospet. 7 Einer japanischen Touristin gefällt's hier. 8 Garantiert frisch: Bananenstaude zum Verkauf im Basar.

1981 begann das «Hampi Resurrection Project». Fünf Jahre darauf verlieh die UNESCO der Stätte ihr Gütesiegel, die Ruinenstadt erhielt ihren Platz in der begehrten Liste des Weltkulturerbes, wie rund zwei Dutzend andere Kultur- und Naturstätten Indiens, vom Himalaya bis Tamil Nadu. Nur wenige Länder der Erde stehen mit mehr Stätten auf der UNESCO-Liste.

Hampi ist ein touristischer Anziehungspunkt der Drei-Sterne-Klasse geworden, allerdings noch ohne den entsprechenden Komfort. Das beginnt mit einer vielstündigen Anreise auf Straße oder Schiene, weil es weit und breit keinen Flughafen gibt. Darum wieder zögern die Hotelinvestoren. Wer nach dem Hampi-Rundgang gern in einen größeren Swimmingpool taucht, suchte zumindest bis zum Jahr 2004 sein Hotel besser nicht in Hampi, sondern in der 20 Minuten Autofahrt entfernten, eher reizlosen Nachbarstadt Hospet. Weil Hampi nicht in der Wüste, sondern in einem Flusstal liegt, können Moskitos zur Plage werden, besonders gegen Abend.

Schließlich gab es Klagen über Diebstähle im archäologischen Gelände und – schlimmer – über aggressive Diebe, die abendlichen Besuchern der Ruinen Kameras und Bares abnehmen. Die Polizei ist nicht untätig, sie versucht auch die schwarzen Schafe unter den Rucksacktouristen ausfindig zu machen. Doch wenn die Uniformierten vorsichtshalber den Touristen vor Einbruch der Dunkelheit den Zugang zum Ruinenareal sperren, sind die Diebe damit noch nicht am Kunstklau gehindert. Die gemächlich betriebsame Dorfatmosphäre mit ihren Cafés, Buden und Guest Houses gefällt trotz allem den Hampi-Besuchern mit flexiblem Zeit-Budget so sehr, dass manch einer kaum wieder abreisen mag, vor allem in der südindischen «Peak Season» um Weihnachten und bis Ende Januar.

Die herbste Kritik am lässigen bis illegalen Umgang mit dem architektonischen Erbe und der ungeregelten Vermehrung von Souvenirbuden kam von der UNESCO, samt der offiziellen Warnung, den «Weltkulturerbe»-Status nicht aufs Spiel zu setzen. Daraufhin setzte die Regierung eine «Task Force» ein. Ihre ultimative Maßnahme könnte die Gesamteinzäunung des bisher frei zugänglichen Geländes sein: Vijayanagara als Mega-Freilichtmuseum. Der Romantik und Magie des Ortes wäre es abträglich. Doch darf man gespannt sein, wie man die «Siegesstadt» nächstes Mal antrifft. Vielleicht hat das Hotel in Hospet eine gastliche Konkurrenz vor Ort bekommen? Das «Malligi» bietet Komfort, vom Pool bis zur Ausstattung der Zimmer, lieber aber wohnte man doch beim Weltkulturerbe.

Vijayanagara (Hampi): Spezialtipps der Autoren

Anreise und Reisezeit
Flug: nächste Flughäfen Bangalore (350 km) und Belgaum, derzeit keine Flüge (190 km).
Bahn: Nachtzug von Bangalore nach Hospet (10 Std.).
Bus: Nach Hospet von Bangalore (8 Std.), von Mysore (7-8 Std.), von Panaji/Panjim (Goa) (10 Std., schlechte Straße). Hospet-Hampi (30 Min.).
Beste Reisezeit: Oktober bis März.

Unterkunft
* *Malligi* (H1). Das Hotel mit bestem Standard 13 km von Hampi, Zimmer im Neubau reservieren! Pool im Garten, gutes Restaurant und Bar, Internet, geführte Hampi-Exkursion. 150 Zi., 4 Suiten, 6/143 Jabunatha Rd., Hospet, Tel. 0 83 94-22 81 01, Fax: 22 70 38, E-mail: malligihome@hotmail.com
In Hampi gibt es Guest Houses nur für einfache Ansprüche, z.B. Mayura Bhuvaneshwari, 32 ordentliche Zi.,teils AC, hilfreiches Personal, Fahrradverleih. In Kamalapuram, 4 km südlich von Hampi, Tel. 0 83 94-24 15 74.

Sehen und Erleben
Das archäologische Gelände ist frei zugänglich, mit Wagen, Leihrad oder zu Fuß. Für einzelne Monumente ist Eintritt zu

zahlen. Vor allem bei kurzem Aufenthalt empfiehlt sich ein Führer (Vermittlung über Tourist Office). Der Virupaksha-Tempel mit 56 m hohem Gopuram ist traditionelles Pilgerziel. Festivals: im Februar Prozessionswagen-Festival, Anfang November «Hampi Festival» mit klassischer Musik und Tanz.

Ziele in der Umgebung
Gadag (ca. 23 km) mit Trimbakeshwar-Tempel und dem Nandi-Stier; Baumwollmarkt (Termine erfragen). Tungabahdra-Damm (ca. 6 km von Hospet) von 1953, naher Wildpark.

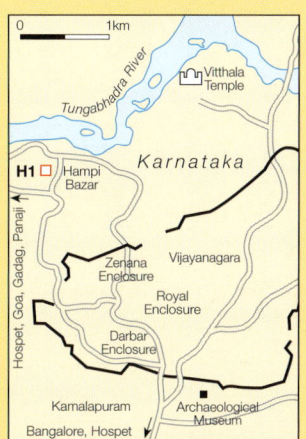

Auskunft
Tourist Information Counter Hampi, Hampi Basar, Tel. 0 83 94-24 13 39.
Tourist Office Hospet, Old Fire Station, Taluk Office Circle, Tel. 0 83 94-22 85 37. Die *Hampi-Bus-Tour der KSTDC* (Kerala State Tourism Development Corporation) kann auch in Bangalore (Khanija Bhawan, Race Courge Road, Tel. 080-22 35 29 01) gebucht werden, bei Ankunft des Nachtzugs von Bangalore am Bahnhof von Hospet wartet ein Bus.

Traumhotels an Bilderbuchstränden
Goa: Benaulim und Mobor, «Taj» und «Leela»

Goa ist einer der kleinsten und zugleich der von den meisten Touristen besuchte Staat Indiens. Hunderte von Hotels säumen die Badeküsten, darunter hochexklusive Häuser mit allem denkbaren Komfort.

Grün, weiß und rot begrüßt das Land seine Besucher: sanftes Palmwedel- und Bambusgrün, strahlendes Reisfeldgrün, Sandweiß und Brandungsweiß am Meeresufer und Rot in allen Schattierungen: rauhes Erdrot, leuchtende Hibiskuspracht und das unglaubliche Feuerrot der Sonnenuntergänge über dem Meer. «Perle des Ostens» nannten die Portugiesen Goa und hielten es 450 Jahre lang kolonial umklammert. Erst seit 1961, nach dem Einmarsch indischer Truppen (die unblutige «Aktion Viyaja», «Sieg»), gehört das nur 3700 Quadratkilometer große Ländchen zur Republik Indien, seit 1987 ist es Bundesstaat.

Goa ist immer noch anders als das übrige Indien – nicht so übervölkert, ohne große Ballungszentren mit Elendsquartieren. Vor allem aber hat Goa kulturelles Erbe aus zwei Welten vorzuweisen: das alte indische, das selbst durch jahrhundertelange koloniale Unterdrückung nicht verdrängt wurde, und das portugiesisch-mediterrane, das einem noch überall begegnet – in vielen Familiennamen, in den barocken, an europäische Trachten erinnernden Kleidern mit Rüschen und Puffärmeln, in Gestalt vieler Kreuze (fast 30 Prozent der Goaner sind Katholiken), in portugiesischer Villen-Architektur und sahneweiß getünchten alten Kirchen und schließlich bei den Mahlzeiten in Form von Würsten und Gerichten aus Schweine- und Rindfleisch.

Anregende Vielfalt also für den Gast, der hin- und hergerissen ist zwischen stundenlangem Dösen am Strand unter sirrenden Palmblättern und Entdeckungsfahrten in Goas Hinterland, bei denen man die gelassene, heitere Lebensart der Goaner, ihre Küche und ihre Feste kennenlernen kann. Mit knallbunten Prozessionen zum Beispiel wird im Februar/März der goanische Karneval gefeiert.

Vor 40 Jahren kamen die ersten westlichen Touristen – die Generation, die unbürgerlich leben wollte, wenigstens vorübergehend. Die Hippies suchten und fanden Natur, lebten in den Tag hinein, oft

1 Bringen Sie Ihre Golfschläger mit – das «Taj Exotica» wie auch das «Leela Palace» bieten jedes einen der in Indien noch raren Golfplätze. **2** Berühmt für Sonnenuntergänge wie für lange, traumschöne Strände: Goas Küste. **3** Edle Fruchtschale für die Gäste des «Leela Palace». **4** Je mehr Sterne das Hotel hat, desto größer der Pool – das «Taj Exotica» bestätigt's einmal mehr. **5** Auslegerboot am Strand. Auf ihren winzigen Booten erweisen sich die Fischer als hervorragende Seeleute.

hüllenlos und drogenberauscht. Konflikte mit den Einwohnern und ihren dörflichen Traditionen konnten nicht ausbleiben. Die «Blumenkinder» aus Kalifornien und Europa zogen ungewollt Touristen anderer Art an: Ganze (männliche) Reisegesellschaften fanden sich ein, um mit eigenen Augen textilfreie weißhäutige Frauen zu sehen, notfalls auch mit einem Fernglas. Die Hippies machten Goa im Westen bekannt, und das Verlangen nach Sonne und Meer brachte den anspruchsvolleren europäischen Tourismus in Gang. Behörden schritten gegen Nacktparties und Drogenhandel ein, die Hippie-Welle lief sowieso aus. Mehr und mehr Hotels wurden gebaut –

einige mit ausländischem Geld, was wieder manchen Einheimischen nicht gefiel, und letztlich deutlich mehr, als die natürlichen Ressourcen vertragen. Wassermangel ist mancherorts ein akutes, man kann auch hören: ein enormes Problem, und der Transport mit Tankwagen kann keine dauerhafte Lösung sein.

Goa spürt inzwischen, was in Indien sonst nahezu unbekannt ist: den Massentourismus samt seinen Schattenseiten. Die paradiesischen Hütten unter dem Blätterdach der Palmenwälder, die man immer noch wochenlang für wenig Geld mieten kann, werden häufig aufgebrochen – notfalls räumen die Diebe eine Lage Dachziegel ab, während die Bewohner unter dem Goa-Mond am Meer feiern. Zur Silvester-Party am Strand von Anjuna sind in manchen Jahren bis zu 15 000 Rucksacktouristen zusammengeströmt. Goanische Papagallos belästigen westliche Frauen, und auch der «Ballermann»-Tourismus macht sich mit dröhnendem Sound von «Goa Trance» breit. Selbst Polizisten wird Schlechtes nachgesagt. Manchem leichtgläubigen Touristen, heißt es, seien schon Drogen untergeschoben worden, sie würden verhaftet und müssten für ihre Freilassung – ohne Gerichtsverhandlung – zahlen.

Doch Goas Strände sind lang – und breit. Hotels dürfen seit Jahren nicht mehr direkt am Sandstrand, sondern erst in etwa 200 Metern

1 Sportlich an Goas Stränden: Surfer und Paraglider bei Baga im Norden Goas. **2** Unter Palmen und das Meer zum Nachbarn: der Golfplatz des «Taj Exotica». **3** Für die Kokosnussernte braucht man Kletterspezialisten. **4** Die Lotosblüte verehrt der gläubige Hindu als Symbol der Reinheit, der geistigen Wiedergeburt. Im «Mahabharata» entsprießt der Lotos dem Nabel des Gottes Vishnu. **5** Fischer malten sie auf die Bordwand ihres Bootes: Delphinpaar. **6** Goanischer Wochenmarkt. **7** Besuch bei den portugiesischen Kirchen von Old Goa. **8** Wo Goa noch paradiesisch erscheint: Spiel mit den Wellen.

Abstand von der Brandungslinie gebaut werden. Obwohl nach goanischem Recht auch Luxushotels keinen Privatstrand allein für ihre Gäste beanspruchen können, gibt es hier immer noch das

den Weg, verzichtet auf Edelgastronomie, stapft durch feinen Sand zur Bretterbar und Palmblatt-Fischbraterei, um sein Essen nah bei den Wellen zu genießen.

Südlich der Hauptstadt Panaji/Panjim und der Halbinsel von Mormugao, auf der Goas Flughafen Dabolim liegt, erstrecken sich die meisten der berühmten breiten Strände aus feinstem Sand. Colva, Betalbatim, Benaulim, Mobor heißen die Orte, noch weiter südlich nahe der Grenze zu Karnataka Agonda und Palolem.

Bei Benaulim lädt das Hotel «Taj Exotica» an einem 800 Meter langen Strand zum Tropenurlaub in gepflegtester Atmosphäre ein: Ein Atrium mit umlaufenden Arkaden und üppiger Fontäne, langgestreckte einstöckige Gebäude, die den Gästen weite Ausblicke über Balkons und Terrassen, über palmenbepflanzten Rasenflächen und weißen Sand auf das Meer gewährleisten, dazu für Leute, die es noch privater lieben, freistehende Villen mit zwei bis vier Räumen, alles mit Marmor, edlen Hölzern und feinsten Stoffen ausgestattet. In den Restaurants wird mediterran und international mit goanischen Höhepunkten gespeist. Man trifft sich in den Bars, in Tea Lounge, Coffee Shop und Wellness-Einrichtungen, am Swimmingpool, der sich großzügig zwischen Hotel und Palmengarten streckt, beim Tennis und 9-Loch-Golfplatz in der Nähe. Rund 225 000 Quadratmeter für luxuriöse Erholung!

Das «Taj Exotica» ist noch neu. Die Taj-Gruppe hat jedoch die längste Goa-Erfahrung mit Urlaub der Luxusklasse, sie hat den Luxus nach Goa gebracht: Mit dem «Fort Aguada» bei Panaji und dem Villendorf «Aguada Hermitage» machte Taj vor 20 Jahren das Hippie-Ziel Goa attraktiv für Präsidenten, gekrönte Häupter und die Reichen der Erde. Nicht nur goanischer Billigtourismus, auch die goanische Dichte von Strand-Luxusherbergen dürfte noch eine Weile indienweit einmalig bleiben. Das seit langem bewährte «Goa Renaissance Resort» mit Golfplatz und Casino bei Varca ist ein anderes prominentes Fünf-Sterne-Beispiel.

«Leela» bedeutet «Anmut, Grazie». Mit seinem ganz eigenen Konzept einer Luxus-Villenkolonie über den Kanälen einer künstlichen Lagune hat sich das «Leela Palace» bei Mobor in dem runden Jahr-

Goa-Glück von Meer und Sonne – ohne Strandlärm und Gedränge. Strandwächter schützen die Gäste vor allzu aufdringlichen Händlern. Die Frauen mit ihren Körben voller tropisch bunter Batiktücher arrangieren sich: Aus dem Sonnenschirmschatten kann der Strandurlauber beobachten, wie sie durch den Sand schreiten, wie sie nahe der Brandung die 5, 6 Meter langen, leichten Stoffbahnen in die sanfte Brise halten, von der Sonne durchleuchtetes Rot, Blau und Goldgelb herzeigen – so schön, dass einer der Gäste sie näher ruft. Schon beginnen die Preisverhandlungen.

Auch in den schlichten Strandrestaurants auf hohen Pfählen, die nur wenig abseits der großen Hotels stehen, läuft das Geschäft. Noch spät macht sich der eine oder andere Fünf-Sterne-Gast auf

zehnt seit seiner Gründung den Spitzenplatz gesichert, es wurde 2001 zum «Leading Resort in Asia/Pacific» gewählt. Heute von der Kempinski-Gruppe geführt, beeindruckt und verzaubert das «Leela»: Von imperialer Größe ist seine Empfangshalle, deren Architektur an das alte Hindu-Königtum von Vijayanagara (siehe Seite 82 f.) erinnert, bezaubernd sind die gewundenen Wege, die Brücken, die blühenden Sträucher zwischen den rosafarbenen portugiesisch-mediterran inspirierten Villen, der Orchideengarten und die Badelandschaft des Pools samt Wasserfall neben den Frühstückstischen. Die schöpferische Kraft dahinter ist C. P. Krishnan Nair, genannt Captain, ehemaliger Militär und Textil-Tycoon. Wie alle originellen, kreativen Unternehmer weckte er Widerstände, erlebte Rückschläge – und war letztlich doch erfolgreich. Unter seinen vielen Auszeichnungen schätzt der Garten- und Naturfreund

besonders jene, die ihm für seine Umwelt-Aktivitäten national und international verliehen wurden, vor kurzem auch von den Vereinten Nationen, und für den «Leela Palace Bangalore» (siehe S. 30). Nach seinen Garten- und Landschaftsarchitekten gefragt, antwortete Captain Nair: «Es gab keinen. Wir haben alles selber geplant,

1 Eleganz und Luxus: Wohnzimmer einer Suite im «Leela Palace» bei Mobor im Süden Goas. **2** Große Schirme, bequeme Liegen in der Gartenlandschaft um den großen Pool des «Leela Palace». **3** Preisverhandlungen gehören zum Strandgeschäft, auch wenn den farbenfrohen Tüchern der Händlerinnen nicht leicht zu widerstehen ist. **4** Allabendlich in der palastweiten Eingangshalle des «Leela»: Musiker spielen – meist klassische – indische Kompositionen. **5** Goas Strand ist für jeden frei – aber unter ihren Schirmen am Palmengürtel dürfen die Gäste der Luxushotels nicht von den Verkäuferinnen gestört werden. **6** Das «Venedig-Konzept» des «Leela Palace»: die ungestörte «Privatterrasse» an den Kanälen im 300 000-Quadratmeter-Hotelgelände.

meine Frau Leela und ich.» Von Hotelanlagen in Bali und Japan ließen sie sich inspirieren. Mrs. Leelas floristische Hartnäckigkeit überwand auch die Barrieren, die sich ihrer Einfuhr von Pflanzen aus Sri Lanka und Hawaii entgegenstellten. «Leela brachte sie selbst in Kartons mit, und die Quarantänebehörde behielt die Pflanzen drei Wochen lang, um sie mit Pestiziden zu behandeln; für das tägliche Gießen mussten wir zahlen. Aber Leela», verriet Captain Nair, «beschloss nun, keine Kartons mehr zu benutzen. Ich werde sie in Koffer packen, kündigte sie an.» Nach der Blumenfülle um die Leela-Villen zu schließen, sind es viele Koffer gewesen.

Doch nicht nur im Grünen fühlt man sich als Leela-Gast herausgehoben aus dem Alltag, und nicht nur in den fürstlichen Suiten mit zwei Bädern und privatem Pool. Mit Edelkomfort, Kunst und Kunsthandwerk verwöhnen die Zimmer, von den üppigen Betten bis zu den Möbeln mit feinem Schnitzwerk portugiesischen Stils. Handgewebte Dhurries (Teppiche) in Pastellfarben auf den Fliesenböden, an den Decken zusätzlich zur individuell regelbaren Klimaanlage sanft surrende Ventilatoren. Für den, der Musik und Film nicht missen mag: CD-Player und Kino-Hits auf Video stehen zur Verfügung. Goa, sagte Captain Nair vor Jahren schon voraus, «wird für Besucher aus Europa wieder die ‹Perle des Ostens› und Indiens kulturelles Bindeglied mit dem geeinten Europa werden. Goa ist das neue Gateway to India». Heute konkurrieren Kerala und Goa miteinander um diese Rolle.

Mobor und Benaulim: Spezialtipps der Autoren

Anreise und Reisezeit

Flug: Flughafen Dabolim südlich Panaji, Verbindungen mit Mumbai, Bangalore, Kochi, New Delhi.
Bahn: Direkte Verbindung Mumbai-Margao mit der neuen Konkan-Bahn (11–12 Std.). Express-Verbindungen u.a. mit New Delhi (rund 42 Std.), mit Bangalore (rund 16 Std.).
Bus/Auto: Fernverbindungen u.a. mit Mumbai (ca. 580 km), Pune (ca. 500 km), Bangalore (ca. 570 km), Straße erneuert.
Beste Reisezeit: Oktober bis März, klarste Sicht von Januar bis März.

Unterkunft

**** *Taj Exotica* (H1) (Taj-Gruppe). Am Strand gelegenes, elegantes Hotel-Resort, alle Zimmer mit Meerblick, zwei Restaurants, Wellness-Einrichtungen, Kinderspielzentrum, Golfplatz, Tennis. 138 Zi. und Suiten, Benaulim, Colwaddo. Tel. 0 22-2 70 56 66, Fax: 2 73 89 16, Website: www.tajhotels.com Reservierung von Deutschland aus: 08 00-1-85 26 15 oder 01 30-85 24 28.
**** *The Leela Palace* (H2) (Kempinski Hotels & Resorts). Villen an einer Lagune. Vier Restaurants, Gärten, Spielsalon, Golfplatz, Tennisplätze, Squash-Courts, Ayurveda-Spa, Fitness Center, Spielclub. Voice-Mail-System. Transport im Gelände mit Elektro-Wagen. Bar-Service am Strand. Abholservice vom Flughafen (ca. 45 Min). 164 Zi. und Suiten, alle mit Balkon oder Terrasse. Mobor, Cavelossim-Salcete, Tel. 08 32-2 74 63 63, Fax: 2 74 63 52. Kostenfreie Buchung: Tel. 0 08 00-42 63 13 55.
** *Majorda Beach Resort* (H3). Restaurant, Pool, Tennis. 110 Zi., 10 Cottages, Majorda-Salcete, Tel. 08 32-2 75 48 71, Fax: 2 88 11 24, E-mail: mbrgoa@sancharnet.in
*/** *Longuinhos Beach Resort* (H4). Preiswert, direkt am Strand, Garten, gute Küche. 50 Zi., teils Klimaanlage. Am Rand von Colva, Salcete, Tel./Fax:08 32-2 78 80 68, www.longuinhos.net

Sehen und Erleben

Tennis, Golf, Strandwandern, Baden, Katamaran-Segeln, Wasserski, Paragliding, Ausflüge auf dem Sal-Fluss und Goas Backwaters, Delphin-Beobachten vor der Küste, Fluss- und Hochsee-Angeln. Karneval im Februar/März.

Ziele in der Umgebung

Old Goa mit Kirchen aus dem 16. Jh. (bei Panaji). Hindu-Tempel im Hinterland, u.a. Tambdi-Surla-Tempel bei Ponda, einer der seltenen Brahma-Tempel bei Valpoi. Portugiesische Heritage-Villen, z.B. Villa Menezes Braganca/De Braganca Pereira in Chandor, 20 km östlich von Colva. Dudhsagar-Wasserfälle an den West Ghats. Flohmarkt von Anjuna (mittwochs). Fort Terekol. Flussfahrten auf dem Mandovi-Fluss von Panaji aus.

Auskunft

Goa Tourism Development Corporation (GTDC), Dr. Alvaro Costa Road, Panaji, Tel. 08 32-2 22 67 28, Fax: 2 42 39 26, www.goatourism.com
Govt. of India Tourist Office, Church Square, Panaji-403 001, Tel. 08 32-2 22 34 12.

Die monumentale Palastanlage von Amber, östlich von Jaipur, errichtete die Kachhwaha-Dynastie

Der Westen

Das Leben ist ein langer, ruhiger Fluss
Orchha und Shivpuri – abseits ausgetretener Pfade

Zwei verwunschene Schönheiten abseits der großen Touristenrouten, nahe der Grenze zum Fürsten- und Wüstenstaat Rajasthan in Madhya Pradesh, Indiens Herzland, laden zur Entdeckung ein.

Sie wollen dem Leben Indiens ganz nahe kommen? Doch die großen Städte sind Ihnen zu hektisch, in den Dörfern finden Sie kein Quartier und an den berühmten Tempelstätten, in den alten Palästen mehr Touristen als Inder? Schenken Sie sich ein paar Tage in einem Ort wie Orchha am Betwa-Fluss! Orchha ist eine alte Residenzstadt, in manchen Vierteln ziemlich verfallen, aber sehr malerisch. Weil die Chattris, die Totengedenkstätten der Maharajas mit ihren Kuppelsilhouetten, so fotogen über dem Fluss stehen, hat Orchha seinen Platz in vielen Indien-Bildbänden. Seit ein komfortables Hotel namens «Orchha Resort» mit Gartenterrasse am Fluss die schlichten Quartiere der Stadt und auch das freundlich-verschlafene «Sheesh Mahal»-Hotel droben im Fort-Palast aussticht, kommen öfter Gäste, machen ganze Reisegruppen hier Station.

Man kann den Tag sehr schön beginnen, wenn man bald nach Sonnenaufgang zu einem Spaziergang in den grünen Auwäldern des Betwa-Flusses aufbricht. Vom «Orchha Resort» wandert man über die Brücke, geht zwischen Fluss und Straße am Südufer entlang, balanciert vielleicht auch abseits vom Weg über flache Stromschnellen, auf der Suche nach dem besten Kamerablick auf die Chattris. Zur Mittagsstunde ist das Flussufer voller leuchtend bunt gekleideter Menschen – Frauen und Männer vom Dorf –, sie springen von Fels zu Fels, feiern mit den Heranwachsenden ein Fest.

Orchha ist überschaubar. Weil es aber bergauf und bergab geht, braucht man doch entweder eine gute Kondition oder ein Fahrzeug, um vom Fluss nordwärts zum Basarzentrum, vom Basar ostwärts auf den Palasthügel, vom Palasthügel auf den westlich über dem Städtchen gelegenen Lakshminarayan-Tempel zu kommen. Manche Strecke zu Fuß zu bewältigen, hat den Vorteil der Langsamkeit, man hält inne vor indischen Varianten des Tante-Emma-Ladens, nimmt das leuchtende Blau und Grün der Haustüren wahr, blickt in das Familienleben in den Hofräumen, wo es geruhsam, kin-

1 Chilischoten – sie geben der indischen, besonders der südindischen Küche die von manchen hochbegehrte höllenheiße Schärfe. **2** Wie lebendig die Blüte ist! Sie ist aus Stein, eine meisterliche Pietra-dura-Arbeit. **3** Aufspielen für die Gäste, bei Ankunft und Abreise im «Orchha Resort». **4** Auf solche traumblauen Häuser trifft man bei Rundgängen durch Orchha. **5** Einige der schönsten Steinintarsien-Fassaden Indiens zeigen die Chattris der Scindia-Dynastie in Shivpuri.

derreich und gesprächig zugeht. Heftigem Verkehr braucht nur an wenigen Stellen ausgewichen zu werden.

Leicht ein halber Tag lässt sich auf dem Palasthügel inmitten von alternden Mauern, Höfen, Aussichtsterrassen und grünen Gärten verbringen. Orchha war seit dem 16. Jahrhundert der Sitz der Bundela-Dynastie, die über weite Landschaften in Zentralindien herrschte. Drei Paläste bauten sich die Bundela-Rajas, mit bilderbunt ausgemalten Sälen, Audienzhallen, kühlen unterirdischen Kammern, steinernen Wächter-Elefanten und Brunnen. Den prächtigsten Palast tauften sie auf den Namen des Großmoguls Jahangir («Eroberer der Welt»), eine diplomatische Verbeugung vor dem

islamischen Machtzentrum in Delhi und eine Erinnerung an den Besuch Jahangirs, Sohn des großen Akbar und Vater des Taj-Mahal-Erbauers Shah Jahan, im Jahr 1606 in Orchha.

Die Beziehungen zwischen dem Kleinfürstentum und dem Mogul-Imperium verdüsterten sich später dramatisch. Mit Geschichten von Mord und Verrat würzen die Palastführer den Rundgang. 1783 mussten die Rajas Orchha verlassen.

Seit über zwei Jahrhunderten ist Orchha nicht mehr Residenzstadt, von dem einstmaligen Glanz ist inzwischen viel verblichen. Unter den Lüstern und dezent rotierenden Ventilatoren der Empfangshalle des Jahangir-Palasts, heute Lounge, Speise- und Konzertsaal des Sheesh-Mahal-Hotels, lässt es sich hinter hoher Glasfront um so nostalgischer träumen, während sich hin und wieder zwitschernde Vögel zwischen den Säulenreihen verfliegen. Mancher noble Rest überdauert doch, anspruchsvollen Gästen bietet die Royal Suite eine marmorne Badewanne – so lang und breit wie ein großes Doppelbett.

Angesichts des Blicks von den Palastdächern wunderten wir uns nicht mehr über das mexikanische Ehepaar. Begeistert hatten uns die beiden anvertraut, sie seien schon zehn Tage lang von morgens bis abends unterwegs und hätten noch längst nicht alles gesehen.

Die Tage in Orchha haben ihren eigenen Reiz gerade in der Ziellosigkeit.

Ein besonderes Erlebnis ist es, sich auf die Kuppelgalerien des leergeräumten Chaturbuj-Tempels führen zu lassen, vielleicht von dem kleinen Manogi, bei unserem Besuch zehn Jahre alt, aber gewitzt wie ein Großer. Durch das finsterste, steilste Treppenhaus unserer Reise begleitete Manogi uns hinauf zu den Schmuckerkern, wo die Geier ihre Nester anfliegen und wo im Turm nebenan grüne Papageien schreien. Manogi spricht schon locker Englisch, aber zur Schule, nein, zur Schule gehe er nicht jeden Tag, er sorge für seinen kleinen Bruder, erzählt er uns.

Anderntags lassen wir uns noch zur schattenarmen Höhe des Lakshminarayan-Tempels hinausfahren, eines Wunderwerks originell entworfener Architektur: Festungsbastionen umschließen einen Sommerpalast und einen Tempel; drinnen überraschen überwölbte Gänge, schmale Stiegen, luftige Aussichtspavillons im Wechsel, Wandbilder mischen Hindumythen und Porträts steifer, strenger Kolonialherren.

Wieder ganz anders, der Zukunft zugewandt und voll Heiterkeit ist die Szene am «TARAgram Center», wo Energie aus Biomasse gewonnen, das Bauen mit Lehmziegeln demonstriert wird und Frauen handgeschöpftes Papier herstellen. Wir trafen sie bei der Mittagsspause im Gras unter Bäumen, locker und lustig, fanden reizvolles Kunsthandwerk im Laden.

Wie das «TARAgram Center» für das ländliche Orchha und seine Entwicklung, ist das «Orchha Resort» ein Hoffnungszeichen für die touristische Öffnung. Die komfortable, demonstrativ reiche Ausstattung schließt nicht nur Orchhas ersten Hotel-Swimmingpool ein, sondern auch den «Health Club» und die Sauna, nicht nur die Marmorböden, sondern auch Emailmalerei an Türen und Kassettendecken, Tischplatten in Einlegearbeit (Pietra-dura) und Kristalllüster. Die eher kleinen Zimmer haben Klimaanlage, die vegetarische Küche ist vorzüglich – und erlaubt zumindest das Frühstücksei und Yoghurt. Versuchen Sie die Cottage-Käse-Steaks mit Honigsauce und gerösteten Sesamsamen. Der Garten wächst noch, da-

1 Seit mehr als zwei Jahrhunderten nicht mehr Residenz: In Orchha ist die Zeit ein langer ruhiger Fluss, Paläste und Tempel bleiben zumeist noch sich selbst überlassen. 2 Phantastische Kampfszene mit dem Affengott Hanuman (Fresko im Lakshminarayan-Tempel). 3 In lauter Goldglanz: lebensgroße Darstellung des verstorbenen Scindia-Herrschers in Shivpuri. 4 Das Orchha-Blau strahlt sogar auf die Hausziege aus. 5 Buntes Fest am kräftig strömenden Betwa-Fluss bei Orchha.

gegen begegnet man steinernen Reliefs, Skulpturen und großen Wandbildern bereits überreichlich. Fast dreist exzellent ist die Lage des Resorts, nämlich nahezu «Tür an Tür» mit den Chattris am Betwa-Fluss, sehr praktisch und angenehm für die Gäste, aber ein schwerer Stein des Anstoßes für jeden Denkmalpfleger. Chattris sind keine Grabmonumente im europäischen Sinn. Hindus setzen

die Asche ihrer Toten nicht in Urnen bei, sondern streuen sie in den Fluss – wenn möglich in den Ganges. Als dauerhaftes Gedenkzeichen können einfache steinerne Stelen im Wüstensand dienen, aber auch so palastgroße Chattri-Bauten wie in Orchha.

Orchha ist gut in eine große Rundfahrt im «Goldenen Dreieck» Delhi, Jaipur, Agra einzufügen, wenn die Tempel von Khajuraho (siehe Seite 102 f.) mit auf dem Programm stehen. Da kann auf der Fahrt von Jaipur nach Khajuraho oder umgekehrt der kleine Umweg sehr wohltun. Orchha wie auch das rund 100 Kilometer entfernte Shivpuri sind Inseln der Gelassenheit und überdauernder Schönheit, schenken die erfrischende Atem- und Ruhepause zwischen den Begegnungen mit den Weltkulturerbeschätzen und ihrem fast unvermeidlichen Touristengedränge.

Beide, Orchha wie Shivpuri, sind überschaubare Orte inmitten grüner Landschaft, beide waren Residenzen regierender Familien – Shivpuri die Sommerresidenz der Scindias von Gwalior –, und beide Orte werden unter Architekturkennern immer genannt, wenn von Chattris die Rede ist.

Kommt man zu den Chattris von Shivpuri, ist das Staunen groß: Wo hat man je einen Platz des Totengedenkens so licht, so festlich heiter im Parkgrün gesehen? Die Pavillons sind an ihren marmor-

weißen Wänden mit Blumen aus Edelsteinen geschmückt, in der gleichen Pietra-dura-Technik der Einlegearbeit wie am Taj Mahal in Agra, nur ungleich zierlicher, fast verspielt. Die Architekten haben teichgroße Wasserbecken anlegen lassen, um in sommerlicher Hitze für einen Platz erfrischender Kühle zu sorgen. Auf zierlichen, steinernen Stegen kann man über den schimmernden Wasserflächen spazieren. Dazu kommt man heute am besten zur Monsunzeit. Denn die Wasserversorgung der Becken ist problematisch, seit der Grundwasserspiegel in den neunziger Jahren stark gesunken ist. Man kann auch eintreten in die Hallen und den verehrten Toten Reverenz erweisen. Abends spielen Musiker klassische «Ragas»,

und der Garten wird illuminiert. Shivpuris Chattris sind nicht sehr alt. Der Grundstein des jüngsten Totenschreins wurde erst 1926 von Maharaja Jiwajirao Scindia Alijah Bahadur gelegt, vollendet wurde er im Jahr 1932, wie auf der Inschrift zu lesen ist.

1 In der Säulenhalle des Palasts «Sheesh Mahal» über der Stadt Orchha bietet ein schlichtes Restaurant zum Dinner auch Musiker auf. **2** Opulenz strahlt das moderne «Orchha Resort» aus, mit den wandgroßen farbigen Reliefs an der Auffahrt, **3** wie auch mit den Wandbildern des Speisesaals (dargestellt: Krishna hat die badenden Milchmädchen ihrer Kleider beraubt), **4** mit der kunsthandwerklich ambitionierten Ausstattung der Zimmer **5** und des Restaurants. **6** Orchhas Wahrzeichen wurden die großen Kuppelbauten der Chattris (Totengedenkstätten), die sich im Betwa-Fluss spiegeln.

Zwei, drei Autostunden nördlich von Shivpuris stillem Totengedenkpark oder eine Stunde mit dem Shatabdi-Express von Jhansi entfernt ist Gwalior zu erkunden, eine Großstadt mit einer Dreiviertelmillion Einwohner. Gwalior fasziniert mit Erinnerungen an seine Geschichte, mit den Spuren der Heiligen, der Dichter, der Heroen. Zum Nationalhelden wurde in Gwalior Madhavji Rao Scindia, der im späten 18. Jahrhundert die Maharaja-Dynastie der Scindia begründete, gegen die schon geschwächte Mogul-Macht. Im Aufstand gegen die Briten starb in Gwaliors Fort 1857 die jung verwitwete Rani von Jhansi in Männerkleidern, mit der Waffe in der Hand. Vom muslimischen Dichter und Sänger Tansen, der am Hof des Mogulkaisers Akbar glänzte, blieb in einem kleinen Park das Grabmal – Schauplatz eines alljährlichen Musikfestivals im November/Dezember. Großartig und einmalig in ganz Indien sind die monumental aus den Felshängen unterhalb des Forts gehauenen Jain-Statuen der «Furtbereiter», manche bis zu 17 Meter hoch. Das Fort mit seinen fünf Palästen und der Stadtpalast der Scindia-Familie mit seinem Museum sind andere Highlights in Gwalior. Zu den im Museum dargebotenen Gebrauchsgegenständen der Scindia-Maharajas gehört auch eine massiv silberne Tischeisenbahn. Die transportierte Likör und Zigarren von Gast zu Gast.

Orchha und Shivpuri: Spezialtipps der Autoren

Anreise und Reisezeit
Flug: Nächster Flughafen ist Gwalior, Verbindungen nach Delhi, Mumbai, Bhopal, Indore (ca. 130 km von Orchha).
Bahn: Fernzüge Delhi-Mumbai halten in Jhansi, von dort Busverbindung nach Orchha.
Leihwagen: Von Jaipur nach Orchha rund 440 km, von Khajuraho rund 160 km, von Agra rund 240 km (die bessere Straße führt über Shivpuri nach Orchha, 330 km).
Beste Reisezeit: Oktober bis März.

Unterkunft
** *Orchha Resort* (H1), im Palaststil dekorierte moderne Architektur, direkt bei den königlichen Chattris am Betwa-Fluss, mit vegetarischem Restaurant, Pool, Klimaanlage. 32 Zi., Kanchanghat, Tel./Fax: 0 76 80-25 27 59.

* *Sheesh Mahal* (H2), romantisches Wohnen in einem Palastgebäude im Orchha-Fort über der Stadt, Achtung: steile Treppe. Nur 7 Zi. und 1 Suite, Tel. 0 76 80-25 26 24.
* *Tourist Village Shivpuri* (H3), angenehm nah am Nationalpark über dem See, Restaurant und Garten. 19 Bungalow-Zimmer, teils AC, Jeep-Vermietung, Tel. 0 74 92-22 37 60.

Sehen und Erleben
Paläste und Chattris, die Hügel der Stadt Orchha und der Chattri-Park in Shivpuri. Naturerlebnisse am Betwa-Fluss und im Shivpuri-Nationalpark (156 qkm, Zugvögel am Sakhya Sagar, viel Rotwild, Wildschweine, Krokodile).

Ziele in der Umgebung
Jhansi, die Stadt der königlichen Rebellin Rani Lakshmi Bai, Fort (ca. 20 km nördlich von Orchha). Deogarh am Betwa Fluss, mit Skulpturen im Dasatavara-Tempel (6. Jh.) und 31 Jain-Tempeln in einem Bergfort (ca. 80 km südlich von Jhansi). Datia, der verlassene Govind-Mandir-Palast aus dem frühen 17. Jh. (ca. 34 km nördlich von Jhansi). Gwalior, Großstadt und ehemalige Residenz der Scindia-Maharajas, reich an Palästen in der Stadt und auf dem Festungsberg. Bis zu 17 m hohe Jain-Skulpturen des 15. Jhs. (ca. 110 km nördlich Shivpuri-Jhansi).

Auskunft
In Orchha in den Hotels nachfragen (Orchha Resort und Sheesh Mahal).

Götter, Tänzerinnen, Liebende
Khajuraho, Hauptort erotischer Tempelkunst

Ein Dorf wie kein anderes, im Herzen Indiens gelegen: Khajurahos tausendjährige Skulpturen von Tänzerinnen und Liebespaaren sind die schönsten weit und breit – und voller Rätsel.

Sexualität in Indien? Im Kino wird kokett geschmachtet und gekost, wie in Europa vor fünfzig Jahren, und im wirklichen Leben verbieten die rigorosen Regeln des Brahmanen-Patriarchats jegliche voreheliche Zärtlichkeiten. Meist wird die Hochzeit mit aller Pracht gefeiert, mit Hunderten von Gästen und einem verschüchterten, von den Eltern füreinander bestimmten Brautpaar. Ein Fortschritt ist es schon, wenn nicht nur der junge Mann, sondern auch das Mädchen den ausgewählten Partner der «arranged marriage» abschlagen kann. Seufzend sehen sich die Eltern nach einem anderen um. Andere lassen sich von ihrem Nachwuchs sogar die Einwilligung zu einer «love marriage» abringen. Doch selten, sehr selten trifft man in Indien einen jungen Mann und ein Mädchen, die Hand in Hand gehen, fast nie Mann und Frau in einer Umarmung oder bei einem Kuss in der Öffentlichkeit.

Die Tempel von Khajuraho erzählen von anderen, zärtlicheren Zeiten, von unverhohlener Freude am Anblick wohlgewachsener Körper. Auch in anderen Landschaften Indiens, von Orissa bis Karnataka und weiter nach Süden trifft man auf solchen Tempelschmuck. Doch in der Schönheit ihrer Skulpturen finden Khajurahos Bauwerke kaum ihresgleichen, auch in ihrer Fülle unbefangener Darstellungen sind diese steinernen Galerien einzig auf der Erde. Sie zeigen Tänzerinnen, verführerisch üppige Frauen mit überschmaler Taille, stattliche Männer und Liebespaare (Mithunas), die sich lust- und vielleicht auch liebevoll aneinander schmiegen und vereinigen. Gruppen von Frauen und Männern erproben artistisch bis an die Grenze des physisch Möglichen, was sich im «Kamasutra» beschrieben findet, dem ersten indischen Lehrbuch der Liebeskunst aus dem 4. Jahrhundert n. Chr. Vom Fundament bis zu den Kuppeln und Dachfirsten hinauf füllen dazu Figuren von Tänzern, Musikanten, Elefanten, Pferden, auch reiches Ornament die Tempelfassaden, seit tausend Jahren ein unerschöpfliches Augenfest.

1 Shivrati, das große Shiva-Fest, wird in Khajuraho zwei, drei Frühlingstage lang mit dem Bad im Tempelteich, Tempelbesuch, Picknick und Musik bis zum Morgen gefeiert. Die Frauen schmücken sich mit Silberkettchen. **2** Vor tausend Jahren schon feierten die Stifter der Tempel die Freuden der unverhüllten Zärtlichkeit. **3** Ein Lächeln, kaum ein halber Blick … **4** Indien leuchtet in allen Farben: Nach dem Bad breiten die Frauen und Mädchen die Saris im Gras zum Trocknen aus.

Schufen die Bildhauer dieses überbordende Werk als Spiegel einer lebensfrohen Hofgesellschaft der Chandela-Könige? Feierten auch die Priester luxuriöse Feste mit Musikanten und Schauspielern? Die Forscher streiten noch, und der Phantasie bleibt viel Raum. In der musealen Parklandschaft ragen die Tempel der berühmten «Westgruppe» wie übergroße, bizarre Skulpturen auf – oder in der Nacht wie mächtige, vom Meer ausgewaschene Felsriffe.

Sicher ist, dass der Hinduismus früh auch das Geschlechtliche religiös begriffen hat. Der nackte Mensch war kein künstlerisches Tabu, und die weibliche «Shakti»-Energie findet bis heute ihren Ausdruck in der Verehrung mächtiger Göttinnen, der Durga oder Kali, der Parvati, der Ganga. In den «tantrischen» Lehren des Mittelalters entwickelten sich Yoga-Techniken, die bewußte geschlechtliche Lust als Weg zur inneren Befreiung («Moksha») zeigten: Sexualität als Teilhabe am kosmischen Schöpfungswerk.

Andere nahmen Anstoß daran, von muslimischen Eroberern bis zu britischen Kolonialadministratoren und manchem frommen Hindu des 21. Jahrhunderts. Man weiß, dass die Chandela-Könige im 10.

und 11. Jahrhundert als Landesherren Zentralindiens die Heiligtümer erbauen ließen, für Anhänger Shivas wie Vishnus, und dass sie auch Jains und Buddhisten tolerierten. Später, im 13. und frühen 14. Jahrhundert, überwältigte das straff organisierte Sultanat von Delhi die Chandelas, plünderte ihre Schätze, zerstörte nach Wandalen-Art die heilige Königsstadt Khajuraho. Von einst wohl rund 85 Tempeln blieb nur etwa jeder vierte erhalten.

Als der arabische Weltreisende Ibn Battuta 1335 den Weg nach Khajuraho fand, traf er am heiligen See ein ärmliches Dorf und noch eine Schar von Sadhus. Die Tempel, bald vom Dschungel überwachsen, ruhten in Vergessenheit, bis 1839 ein Ingenieur der britischen Armee auf sie stieß.

Noch vor dreißig Jahren landete man mit einer Propellermaschine auf der roten Sandpiste eines Feldflughafens. Heute zieht Khajuraho jährlich Hunderttausende von Besuchern an. Erstaunlich sind

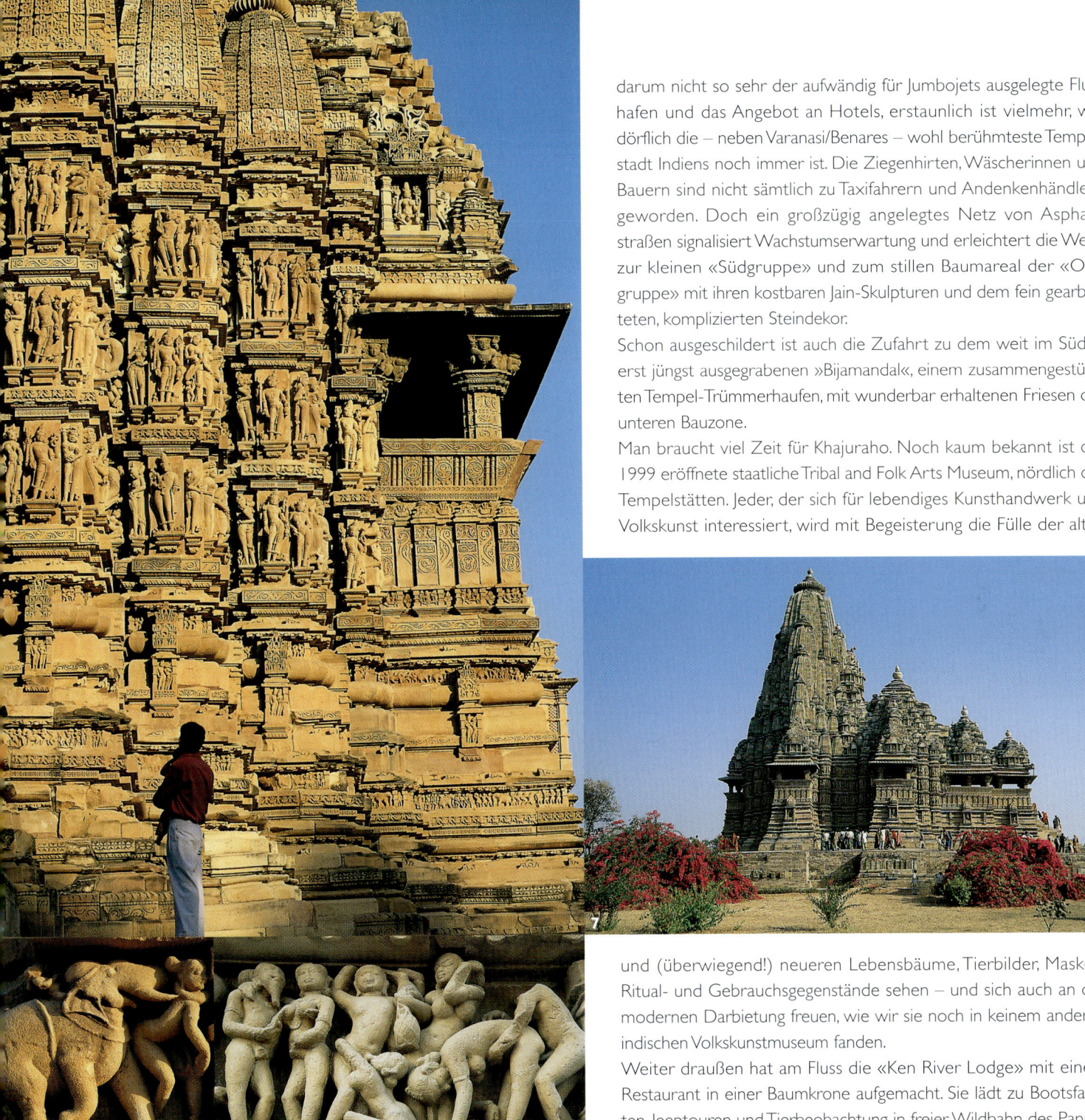

darum nicht so sehr der aufwändig für Jumbojets ausgelegte Flughafen und das Angebot an Hotels, erstaunlich ist vielmehr, wie dörflich die – neben Varanasi/Benares – wohl berühmteste Tempelstadt Indiens noch immer ist. Die Ziegenhirten, Wäscherinnen und Bauern sind nicht sämtlich zu Taxifahrern und Andenkenhändlern geworden. Doch ein großzügig angelegtes Netz von Asphaltstraßen signalisiert Wachstumserwartung und erleichtert die Wege zur kleinen «Südgruppe» und zum stillen Baumareal der «Ostgruppe» mit ihren kostbaren Jain-Skulpturen und dem fein gearbeiteten, komplizierten Steindekor.

Schon ausgeschildert ist auch die Zufahrt zu dem weit im Süden erst jüngst ausgegrabenen »Bijamandal«, einem zusammengestürzten Tempel-Trümmerhaufen, mit wunderbar erhaltenen Friesen der unteren Bauzone.

Man braucht viel Zeit für Khajuraho. Noch kaum bekannt ist das 1999 eröffnete staatliche Tribal and Folk Arts Museum, nördlich der Tempelstätten. Jeder, der sich für lebendiges Kunsthandwerk und Volkskunst interessiert, wird mit Begeisterung die Fülle der alten

und (überwiegend!) neueren Lebensbäume, Tierbilder, Masken, Ritual- und Gebrauchsgegenstände sehen – und sich auch an der modernen Darbietung freuen, wie wir sie noch in keinem anderen indischen Volkskunstmuseum fanden.

Weiter draußen hat am Fluss die «Ken River Lodge» mit einem Restaurant in einer Baumkrone aufgemacht. Sie lädt zu Bootsfahrten, Jeeptouren und Tierbeobachtung in freier Wildbahn des Panna-Nationalparks. Exkursionen ins Hügelland führen ins einstige Jagdgelände der Chandela-Herrscher; spätere Grundherren bauten sich im 19. Jahrhundert einen jetzt verfallenen Rajgarh-Palast, um den die Hotelkette Oberoi, heißt es, ein Hotel entwerfen wird.

Erste Wahl unter den Quartieren in Khajuraho ist das «Hilton Trident», Oberoi und Hilton gemeinsam zugehörig: ein weißer, langgestreckter Bau, der in Rasen-, Baum- und Gartengrün eingebettet ist. Innen finden sich die Gäste von weißem und dunkelgrünem Mar-

1 Vorhalle des Jain-Tempels «Santinatha» im Norden Khajurahos. **2** Heftiger Andrang zum Matangeshvara-Tempel, in dem heute noch täglich Hindu-Gläubige zu ihren Göttern beten. **3–4** In der westlichen Tempelgruppe: der über und über mit Figuren geschmückte Kandariya Mahadeva-Tempel (um 1025–1050), der größte der Khajuraho-Tempel. **5** Mit seinem Rüssel würgt ein Elefant einen Mann – Relief am jüngst ausgegrabenen Bijamandal-Tempel, nicht weit vom Flughafen. **6** In den unteren Friesen der Tempelpodeste gilt kein Tabu, alles kann dargestellt werden. **7** Gesamtansicht: der Shiva-Tempel Kandariya Mahadeva.

mor, von dezentem Luxus und exzellentem Service umgeben. Angenehm sind das helle Restaurant, die erlesenen Kunstwerke und breiten Betten, der Swimmingpool im Grünen wie die Nachtstunden am Dinnertisch mit glühenden Kohlenbecken zur Seite. Weiter draußen zum Flughafen hin bietet das Taj-Hotel «Chandela» eine in Ausstattung und Preis etwas niedriger angesetzte Alternative, doch ein noch größeres Gelände. Da schlürft man in der «Nim-Bar» seinen Cocktail in der Hängematte, es ist Platz für ein «Village», für Tennis, Badminton, Bogenschießen und für einen Dschungel mit Kunst-Tieren. Exkursionen bis nach Orchha werden

1 Erholung vom Tempelrundgang am Taj-Swimmingpool. **2** Tänzer aus dem nordöstlichen Manipur beim Tanzfestival in der Tempelnacht – und die Trommeln der Musiker haben noch immer die gleiche Gestalt wie man sie auf den tausendjährigen Tempelfriesen in den Festzenen der Chandela-Herrscher sieht. **3** Nach den Königen von Khajuraho benannt: das Taj-Hotel «Chandela» mit seiner üppig dimensionierten Empfangshalle. **4** Auf Wunsch mixt der Taj-Barmann den Cocktail alkoholfrei. **5** Tempel im weiträumigen Garten des Taj-Hotels, der sportlichen Gästen auch Platz für Tennis und Bogenschießen bietet. **6–8** Elegantes Design, edles Kunsthandwerk: das «Jass Trident Hotel Khajuraho» – der Speisesaal mit breiter Gartenfront, der Doorman im prächtigen Kostüm, Bronzekunst aus der Region. **9** Vorhalle des Kandarya Mahadeva-Tempels. **10** Genussvoll entspannt am Swimmingpool des «Jass Trident»-Hotels – nah beim Ort und Tempelgelände und doch in ländlicher Ruhe.

angeboten, sehr beliebt sind die Tierbeobachtungen im Panna-Nationalpark.

Zwei große Höhepunkte hat das Khajuraho-Jahr. Zum Shivrati-Fest, dem Shiva-Fest meist Ende Februar/Anfang März, kommen die Einheimischen auf Ochsenkarren und den rumpelnden Anhängern ihrer Traktoren aus allen Dörfern des Umlands. Zum Khajuraho-Tanzfestival fliegen seit schon bald drei Jahrzehnten die Gäste aus aller Welt und Tanzgruppen aus ganz Indien ein – die besten, und immer auch einige noch wenig bekannte. Unter samtschwarzem, sternflimmerndem Nachthimmel wird vor den angestrahlten Tempeltürmen klassische Tanzkunst dargeboten, und auch Folkloristisches. Bravouröse Akrobatik zeigen zum Beispiel die Degen-, Speer- und Trommeltänzer aus dem nordostindischen Grenzstaat Manipur: So rasend schnell lässt der Tänzer seine Degen wirbeln, dass er wie in einem Gewand aus silbernen Blitzen springt.

In manchen Jahren fallen das Tanzfestival und das Shiva-Fest in die gleichen Wochen. Unablässig drängen die Gläubigen vom Bad im heiligen See zu den Treppenstufen des Shiva-Tempels. Stricke zwischen Pfosten kanalisieren den Andrang, Ordner öffnen den Zugang wechselweise Männern und Frauen. Ein wildes Rennen zum Shiva-Lingam führen die Männer vor, unter ihnen die Sadhus, nur mit Hüfttuch bekleidet, den Leib mit Schlamm eingerieben. Welcher Farbenzauber der Saris und bunten Tücher dicht an dicht, wenn die Frauen mit ihren Töchtern die Schälchen mit geweihtem Wasser hinauftragen! Die schönsten Bilder gibt es später, wenn die frischgewaschenen Saris zum Trocknen ins Sonnenlicht ausgespannt und auf den grünen Rasen zwischen den Tempeln gebreitet werden.

Blick auf das Symbol einer Liebe
In exklusiver Lage: Hotel «Amarvilas» beim Taj Mahal

Vielen gilt es als das schönste Bauwerk der Welt, das Taj Mahal, entworfen zum Gedenken einer großen Liebe. Seit dem Jahr 2000 können Sie den Marmorglanz von Ihrem Hotelbalkon aus bewundern.

Der Generalgouverneur wollte es entmanteln lassen. Wie bitte? Unvorstellbar, aber wahr: Lord Bentinck, Repräsentant der britischen Krone, wollte das Taj Mahal entmanteln, die Marmorplatten der Fassaden mit ihrem kostbaren Pietra-dura-Schmuck abtragen und in England versteigern lassen. Es war die große Zeit des Raub-Kolonialismus, wenige Jahre zuvor hatte Lord Elgin die Friese der Akropolis nach London abtransportiert. Die Kräne im Park des Taj Mahal waren schon aufgestellt, traten aber nicht in Aktion. Wahr oder nicht, es heißt, nur das schlechte Ergebnis einer Probe-Auktion von Bauteilen des «Roten Forts» habe die Zerstörung des Taj Mahal, den Raub der Marmorplatten, verhindert. Erst etwa siebzig Jahre später, um 1900, sorgte Vizekönig Lord George Curzon für Reparatur der Schäden an Indiens berühmtestem Bauwerk.

Weißlich hell, lichtgrau, gelbgolden schimmert die Marmorhaut des glorreichen Grabbaus über dem Yamuna-Fluss, ein kühles Leuchten, das mit jedem Lichtwechsel anders wahrzunehmen ist. Dieser Marmor, der in Steinbrüchen in der Nähe des Dorfes Makrana bei Jodhpur in Rajasthan vor dreieinhalb Jahrhunderten gewonnen wurde, ist in der Nachbarschaft der Großstadt Agra – rund eine Million Einwohner, vielleicht schon bald anderthalb – auch heute gefährdet und schutzbedürftig. Derzeit haben Industriebetriebe und Fahrzeuge mit Schadstoffausstoß eine Schutzzone von 2 Kilometern im Umkreis zu respektieren.

Den Taj-Mahal-Besuchern werden Pferdekutschen und Elektromobile angeboten. Der Schlagbaum der Zufahrtsstraße hebt sich nur für privilegierte Benzinkutschen, nämlich jene, mit denen Gäste des neuen Luxushotels «Amarvilas» anreisen. Es entstand an einem der exklusivsten Plätze Indiens: nur wenige 100 Meter entfernt vom Taj Mahal, mit Blick auf die vier Minarette und die Kuppel, unter der Shah Jahan (1592–1666) seine Gattin Mumtaz Mahal in der Krypta bestatten ließ und auch er in seinem Sarkophag ruht.

1 Vor aufgehender Sonne: die Kuppeln des Taj Mahal. 2 Koransuren sind mit dunklem Stein in die Marmorwände eingelegt. 3 Muslimischer Besucher vor Indiens kostbarstem Architektur-Erbe der Mogul-Ära. 4 Die Dame in Grün scheint inmitten von lauter Stufen zu stehen, tatsächlich deckt den Boden ein flaches Steinornament. 5 Mit Gärten und Wasserläufen entworfen als Abbild des verheißenen Paradieses: das Taj Mahal, erbaut 1643 im Auftrag von Shah Jahan.

«Eine Träne von fleckenlosem Glanz an der Wange des Himmels …, ein Mausoleum, das auf staubiger Erde den Tod zart mit dem Mantel der Erinnerung überdeckt», so nannte Indiens erster Nobelpreisträger Rabindranath Tagore den Grabbau. Die Aura einer Liebe über den Tod hinaus umschwebt seine helle, hinreißend harmonische Architektur.

In 19 Ehejahren gebar Mumtaz Mahal («Die Auserwählte des Palastes», daraus später «Taj Mahal») ihrem kaiserlichen Gatten 14 Kindern, von denen sieben überlebten. Ihr Leben war kurz, aber sie verbrachte es nicht eingeschlossen in den Haremsgemächern. Mumtaz

Mahal beriet ihren Gatten und begleitete ihn auf seinen Kriegszügen gegen die Hindu-Fürstentümer. Am 17. Juni 1631 starb sie im Feldlager bei Burhanpur nach einer Entbindung vermutlich am Kindbettfieber, erst 37 Jahre alt. Burhanpur ist rund 700 Kilometer von Agra entfernt. Mumtaz Mahal wurde am Ufer des Tapti-Flusses beigesetzt, erst sechs Monate später brachte Shah Jahan die Tote nach Agra und ließ sie am 9. Januar 1632 unter einer rasch errichteten Kuppel bestatten, am Platz des künftigen Mausoleums. Zwei Jahre lang soll der Witwer trauernd in Askese gelebt haben. In seinen späten Jahren von seinem Sohn Aurangzeb entmachtet und in Agras «Rotem Fort» gefangengesetzt, konnte er flussabwärts zu dem Mausoleum hinüberblicken, acht Jahre lang bis zu seinem Tod. Doch missverstünde man dieses größte Liebes-Symbol der Erde, nähme man es allein als romantisches Vermächtnis, als persönliches Erinnerungsmonument. Es ist auch imperiale Imponier-Architektur, freilich kein Monument eines lebenden Herrschers wie im Westen das nur 40 Jahre jüngere Schloss von Versailles, sondern ein Totenpalast im Zeichen der Paradies-Erwartung.

Am Haupttor, das einst mit Silberplatten gedeckt war, empfängt die Besucher ein Koranvers: «Der du im Glauben Ruhe gefunden hast! Kehr zufrieden und wohlbehalten zu deinem Herrn zurück! Schließ

einem Wasserbecken im Schnittpunkt angelegt. «Denn diejenigen, die glauben und tun, was recht ist, sind die besten Geschöpfe. Als Lohn haben sie von ihrem Herrn die Gärten des Paradieses zu erwarten» (98. Sure). Die meisterliche Kalligraphie der Koran-Verheißungen und der köstliche Pietra-dura-Dekor der Blüten aus Karneol, Lapislazuli, Achat und Onyx schmücken die Marmorwände innen und außen, für Figürliches ist aufgrund des islamischen Bilder-verbots kein Platz.

Obwohl kein Werk der Hindu-Kultur, wurde das Taj Mahal doch ein Wahrzeichen Indiens. Anders als viele andere Monumente des

Weltkulturerbes – beispielsweise das Forum Romanum – wird das Taj Mahal von der modernen Stadt Agra nicht eingeengt, es steht mit seiner Ummauerung in einer grünen Flusslandschaft, und wie in Varanasi ist das gegenüberliegende Ufer noch frei von Bebauung. Strenge Baubeschränkungen werden nicht nur erlassen, sondern auch durchgesetzt – manchmal in letzter Stunde. Dagegen ist die Yamuna, einer der heiligsten Flüsse Indiens, leider unheilig ver-schmutzt, trägt Abfall an ihre Ufer. Der Fluss, gesäumt von Feldern und alten, zierlichen Pavillons, ist dennoch von großer Schönheit.

Pfauen spazieren in den Wiesen und fliegen in die Bäume auf. Ein «Nature Walk» führt durch den großen «Taj City Forest» und über Sanddünen zu einem Aussichtsturm und zu Dorfhütten und einer kleinen Moschee. Kinder laufen heran, wollen «pens!» und «one dollar!» und lachen, wenn man ihnen stattdessen Bonbons zu-steckt. Zehn Minuten oder auch eine halbe Stunde lang kann man den schwarzen, gelben und roten Wegzeichen folgen, und kein Souvenirkiosk, keine Imbissbude stört.

Viel zu oft ist man in Indien versucht, das Wort «wunderbar» zu benutzen, so oft das Land auch dazu verführt, als Wunder bestaunt zu werden. Doch die Tage im Umkreis des Taj Mahal sind tatsächlich von fast wunderbarer, zauberhafter Schönheit, wenn man in seiner

dich dem Kreis meiner Diener an und geh in mein Paradies ein!» (89. Sure, «Die Morgendämmerung»).

Gemäß den himmlischen Flüssen im Koran, die sich im «Becken der Fülle» treffen, sind auch die Kanäle des Taj-Mahal-Gartens mit

1 Der erste Mogul-Bau mit Pietra-dura-Einlegearbeiten und damit ein Vorläufer-Bau des Taj Mahal: das Grabmal eines Wesirs (Ministerpräsi-denten), genannt I'timad-ud-Daulah, am Ostufer des Yamuna-Flusses. **2** Marmorwände voller Schrift- und Blütenranken-Dekor: Teil der Frontfassade des Taj Mahal. **3** Blick von einem Pavillon am Yamuna-Ufer. **4** Kostbare Marmorblüten: aus Steinen geschnittene Blumen. **5** Vor der Moschee. **6** Kuppel-und Minarett-Architektur (die Kuppel misst fast 19 Meter im größten Durchmesser und erreicht eine Höhe von insge-samt 78 Metern).

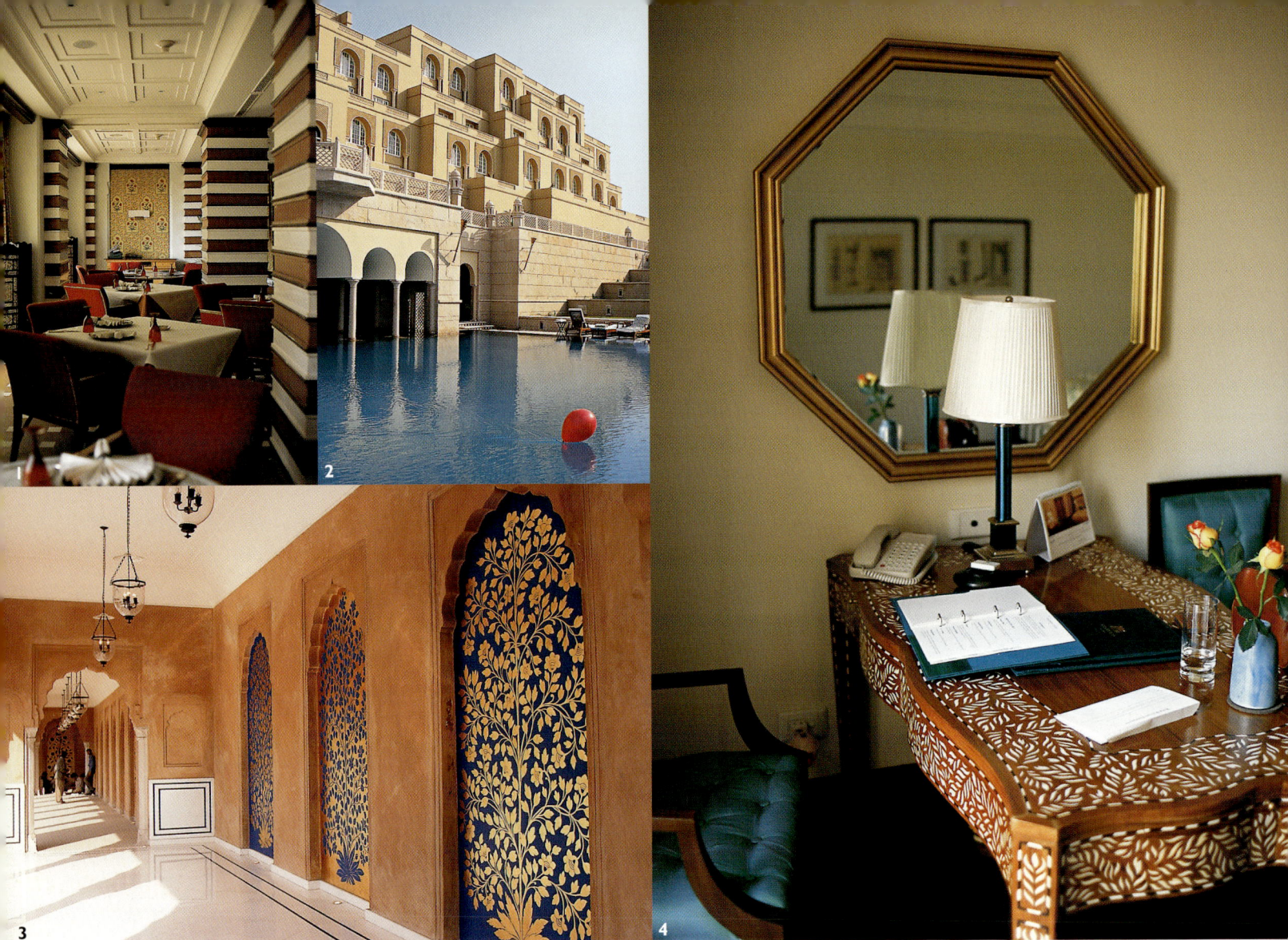

unmittelbaren Nähe so fürstlich wohnt wie im neuen Oberoi-«Amarvilas Hotel».

Amarvilas heißt soviel wie «unsterbliche Lust», «Götterlust», «Vilas» bedeutet auch «luxuriöses Leben», «Freude der Sinne». Also die hektische Stadt Agra beiseitelassen, das Auto auch, bei jedem Blick vom Hotelbalkon das Taj Mahal märchenhaft über dem Baumgrün im Licht von Sonne oder Mond aufglänzen sehen, je nach Lust und Laune die Stunden im Taj-Mahal-Garten, draußen an der Uferböschung über dem Fluss oder im Hotelpark am weiträumigen Swimmingpool verbringen, sich im Restaurant verwöhnen oder – auch dort wird die Kunst der Verwöhnung praktiziert – im Spa des «Amarvilas» etwas für die Gesundheit tun. Indische oder europäische Musik schmeichelt den Ohren, an der langen Bar kann man mit Gästen aus aller Welt plaudern, sich an allgegenwärtiger Schönheit von Architektur und Design freuen – ein schönes Leben, umgeben von schönen Dingen!

Marmor von der Ägäis-Insel Thasos hat man für den Bau herbeigeschafft, eine ganze Schiffsladung. Hunderte von Kunsthandwerkern waren beschäftigt. Tausende von Arbeitsstunden müssen allein für die Einlegearbeiten der Schreibtische in den Zimmern aufgewendet worden sein – jeder einzelne Tisch ist mit Hunderten von exakt geschnittenen Blattornamenten gestaltet. Dazu die Textilien, Seide, Brokat und Damast, die Kunstwerke an den Wänden, die edle Ausstattung der Bäder …

Schon lange war das exklusive Grundstück im Besitz der Oberoi-Gruppe, lange hat man auf den richtigen Zeitpunkt für den Hotelbau gewartet. Die Tatsache, dass der Einsatz nun gewagt wurde, ist

1 Das Restaurant im Oberoi-Hotel «Amarvilas»: Das Design spielt mit den Farben der Steine. **2** Unter der Stufenfassade ein Swimmingpool, der nach Belieben ein Bad in der Sonne oder im Schatten bietet. **3** Von großer Schönheit: das Dekor der 31 Pflanzenbilder auf blauem oder goldenem Grund um den Empfangshof mit seinen brückenüberspannten Wasserbecken. **4** Gästeschreibtisch mit kostbarer Einlegearbeit aus Hunderten von exakt zugeschnittenen Kamelknochenstücken. **5** Steinerne Blüten nach dem Vorbild des Taj Mahal. **6** Blick aufs Taj Mahal vom Haupttor. **7** Wächter-Elefant am Eingang zum «Amarvilas». **8** Badezimmerluxus mit Spiegeleffekten. **9** Ruhiges Strömen des Yamuna-Flusses am Taj Mahal – das Flussufer gegenüber ist unbebaut wie am Ganges gegenüber den Ghats von Varanasi.

ein Symptom für das Vertrauen auf die neue Attraktivität, die Indien im anspruchsvollen Tourismus gewonnen hat. «Nein, wir haben keine Sorge», sagt Rajesh Jhingon, General Manager des «Amarvilas», «der Platz ist einzig, kein anderer darf hier bauen, und jede Auflage des Umweltschutzes ist erfüllt worden.» Also betreibt das «Amarvilas» sein eigenes Kraftwerk, mit abgasarmem Propan, und seine eigene Wasseraufbereitung. Künftig wird man noch, so steht zu hoffen, die röhrende Anti-Stechmücken-Maschine durch ein leiseres Gerät ersetzen. Modernste Technik und ein hochkomfortables Tausend-und-eine-Nacht-Ambiente – auch diese Kombination ist eine Formel für den Charme der jüngsten Oberoi-Hotelbauten. Eine andere: dem Gast die Kostbarkeit der Ausstattung in Feinabstimmung präsentieren, Wohlfühl-Atmosphäre statt kalten Prunks. Und natürlich: ein kompetenter, allzeit freundlicher Service – schließlich waren es die Oberois, die Indiens erste Hotelschule eröffneten.

Rauschen zur Nacht die Springbrunnen im Empfangshof, aus dem blauen Kachelgrund der Wasserbecken angestrahlt, und leuchten zugleich die grazilen, über 2 Meter hohen Blütenbilder golden und rot, tiefblau und grün in den Arkaden des Hofes auf, dann klingt Rajesh Jhingons Prophezeiung gar nicht mehr so verwegen: Eines Tages, meint er, werden die Gäste nicht zuerst wegen des Taj Mahal nach Agra kommen, sondern wegen des «Amarvilas».

Übrigens: Lord Bentinck hat als Generalgouverneur (1828–1835) zwar das Taj Mahal fast demoliert, doch es gibt auch Verdienstvolles: sein Verbot des «Sati», der Witwenverbrennung.

Taj Mahal: Spezialtipps der Autoren

Anreise und Reisezeit
Flug: Der Kheria Airport ist 7 km vom Stadtzentrum Agras entfernt. Tägliche Verbindung mit Delhi, Khajuraho und Varanasi. Im Winter oft Verspätungen wegen Nebel.
Bahn: Die meisten Züge halten an der Cantonment Station südwestlich der Stadt (Pre-paid Taxi). Express-Verbindungen mit New Delhi (ca. 2 Std.), Khajuraho (ca.10 Std.).
Bus/Leihwagen: New Delhi (ca. 200 km, diese Straße gilt in der Nacht wegen dichten Verkehrs als gefährlich), Jaipur (ca. 230 km), Khajuraho (ca. 450 km).
Beste Reisezeit: Oktober bis März.

Unterkunft
***** Hotel Amarvilas** (H1) (Oberoi). Exklusive Lage mit Taj-Mahal-Blick, bester Komfort und Service, 2000 eröffnet. Taj East Gate Rd., Taj Nagri Scheme, Agra-282 001, Tel. 05 62-2 23 15 15, Fax: 2 23 15 16, E-mail: amarvilas@slh.com, Website: www.oberoihotels.com
In Agra mehrere sehr gute Hotels, u.a. das Mughal Sheraton (Aga-Khan-Preis für Architektur), das Taj View, das Hilton Trident.
*** Sheela** (H2). Einfaches Bungalowhotel, nahe beim Taj Mahal. Gepflegt, ruhig, preisgünstig. Reservieren, da meist ausgebucht. 25 Zi., Eastern Gate, Tel. 05 62-2 33 11 94. Zimmer ohne Schränke, aber gratis Schließfächer.

Sehen und Erleben
Taj Mahal und die Landschaft am Yamuna-Fluss. In der Nähe: das «Rote Fort», die stärkste Festung des Großmoguls Akbar, der Agra 1566 als Hauptstadt wählte. Hervorragende Monumente der Mogul-Ära in Agra sind die Grabmale Chini-ka-Rauza und l'timad-ud-Daulah sowie die Jami Masjid, die große Moschee (alle 17.Jh., danach wurde wieder Delhi Hauptstadt). Einkaufen: Agra-Spezialitäten sind Einlegearbeiten in Marmor, Juwelen und Teppiche (UP Handicrafts Palace, 49 Basal Nagar). Der Verkehr in Agra erstickt häufig im Stau.

Ziele in der Umgebung
Sikandra, prächtiger Grabbau des Großmoguls Akbar, der fast ein halbes Jahrhundert, 1556 bis 1605, herrschte (ca. 10 km nördlich, an der Straße nach Delhi). Fatehpur Sikri, Residenzstadt des Großmoguls Akbar, nur von etwa 1569 bis 1590 bewohnt, dann aufgegeben, eine Geisterstadt voller außerordentlicher Architektur (ca. 35 km westlich). Mathura, nach der Überlieferung Geburtsort des Gottes Krishna, hervorragendes Archäologisches Museum (etwa 60 km nördlich).

Auskunft
Im Hotel «Amarvilas», oder: *Govt. of India Tourist Office*, 191, The Mall, Tel. 05 62-2 36 33 77, E-Mail: goito-agr@nde.vsnl.net.in

Maharajas, Elefanten und Juwelen
Jaipur – die Erfindung der indischen Palasthotels

Eilige begnügen sich in Jaipur mit der Besichtigung von City Palace und Amber Fort. Lohnender ist es aber, den Charme der «Pink City» geruhsam zu genießen – an geeigneten Plätzen dafür fehlt es nicht!

Nirgends sind auf der Karte der «Indian Heritage Hotels Association» die Palasthotels so dicht gesät wie in Rajasthan. Der «Wüstenstaat» – mit einer Fläche größer als Italien – hat mit seinem Nachbarn Pakistan zwar teil an der Wüste Thar, aber feurige Sonnenaufgangsfotos mit Silhouetten von Kamelkarawanen und Sanddünen zeigen nur den kleineren Teil der Rajasthan-Wirklichkeit. In das Bild gehören auch vom lichten Dschungel überwachsene Berghänge, kühle Spiegel von Seen, im Südosten kräftiges Smaragdgrün von Feldern und Wäldern. Im «Land der Könige» hat es nie an spektakulären Plätzen gefehlt, die sich für mauerstarke Forts und goldschimmernde Paläste eigneten, und die stolzen Rajputen, die Könige und Fürsten Rajasthans, übertrumpften einander als Bauherren noch bis ins 20. Jahrhundert.

Als erster wandelte Sawai Man Singh II., einer der prominentesten Maharajas Rajasthans, 1957 seinen privaten Rambagh-Palast in ein Hotel um, ein Schloss von imposanten Dimensionen auf einem 19 000-Quadratmeter-Parkgelände. Sein Entschluss brachte ihm wenig Zustimmung und von seinen konservativen fürstlichen Vettern fast einhellig Kritik – ebenso harsch wie kurzsichtig. Denn tatsächlich öffnete Sawai Man Singh II. den Weg zu Indiens «Palace and Heritage Tourism Concept». Es ist bis heute das Kernstück von Rajasthans touristischer Marketingstrategie und zieht magnetisch Gäste aus aller Welt an, mit Hotels für reiche und weniger reiche Kunden in Wüstenforts, Stadtpalästen und den Havelis der Kaufleute. Zum Heritage-Konzept passen Elefantenritte von Jaipur zum Fort Amber ebenso wie die Nostalgie-Züge «Royal Orient» und «New Palace on Wheels», die in der Saison allwöchentlich durch Rajasthan bzw. Gujarat rollen, mit Vollpension im Nobelspeisewagen und Führungen zum Kulturerbe an den Rundfahrtstationen.

Heute ist Jaipur («Stadt des Sieges») mit seinen rund 2,3 Millionen Einwohnern nicht nur Hauptstadt des Bundesstaates Rajasthan, der

1 Jaipur, Rajasthans Hauptstadt, Stadt der Paläste und Hotelpaläste: an der Rezeption des zur Taj-Gruppe gehörenden «Rambagh Palace»-Hotel. **2** Blätter und Blüten in einer Schale im neuen Oberoi-Hotel «Rajvilas». **3** Der City Palace, mit dessen Bau 1728 begonnen wurde, beherbergt Museen und ist auch Wohnung der Maharaja-Familie. **4** In Jaipur liebt man Elefanten, feiert ein Elefantenfestival und schmückt sie farbenprächtig. **5** In Blau und Türkis prunkt das Pfauen-Tor im «City Palace».

nach Indiens Unabhängigkeitserklärung aus rund zwei Dutzend Fürstentümern zum «United State of Greater Rajasthan» zusammenwuchs. In Jaipur absolviert fast jeder Rajasthan-Besucher ein fast immer zu eiliges Besichtigungsprogramm. Dessen «Pflichtpunkte» sind: die berühmte, wenn auch schon wieder dringlich renovierungsbedürftige Rasterstadt «Pink City» aus dem 18. Jahrhundert rasch in Augenschein nehmen, kurz für ein Foto am Hawa Mahal haltmachen, dem gleichfalls rosafarbenen Ausguck-Palast des Maharaja-Harems, geschwind die Schätze des City Palace samt seiner Museen bewundern, sich der Schlepper erwehren, die sich nicht abschütteln lassen, und in den gleichen Minuten in die astronomischen Funktionen sowie die kosmischen Rätsel des ungewöhnlichen Maharaja-Observatoriums «Jantar Mantar» eindringen – Hand aufs Herz: Es geht alles ein wenig zu schnell, macht staunen, aber nicht wirklich glücklich.

Abseits seines großstädtischen Getriebes, seiner tosenden Haupt- und Ausfallstraßen gibt es das andere Jaipur. Es findet sich in den Alleen und Gärten des «Cantonment» (in der Kolonialzeit angelegte Siedlung für Europäer) südlich und westlich der «Pink City» und wohl noch verlockender in den fürstlichen Gärten, Tempeln und Sommerpalästen im hügeligen, nach Norden auch gebirgigen Umkreis der Stadt. Zwei Beispiele: In den letzten Jahren nehmen sich die Restauratoren des idyllisch grünen Tempeltals von Galta im Osten der Stadt an, wo über einer steilen Schlucht ein urtümlicher kleiner Sonnentempel steht, Pilger baden und Languren in den Bäumen springen. Für Galta und die benachbarten Sisodia-Gärten sollte man wenigstens einen halben Tag Zeit haben.

Zum Palast von Amber (oder Amer), einem der schönsten ganz Indiens, möchte man immer noch einmal mehr zurückkehren. Großartiger und exotischer als in Amber ist kaum irgendwo der

1 Der Palast von Amber wirkt mit seiner Lage hoch über der Stadt Amber noch imposanter als Jaipurs City Palace; mit seinem Bau begannen die Kachhawaja-Rajputen schon um 1600. 2 Riesige Kinopaläste verschwinden fast hinter den noch riesigeren Reklamen für die Kino-Hits. 3 Das zahllos fotografierte Wahrzeichen Jaipurs: Hawa Mahal, der «Palast der Winde», der den Damen des Zenana (Frauengemächer) Ausblicke ins Leben gewährte.

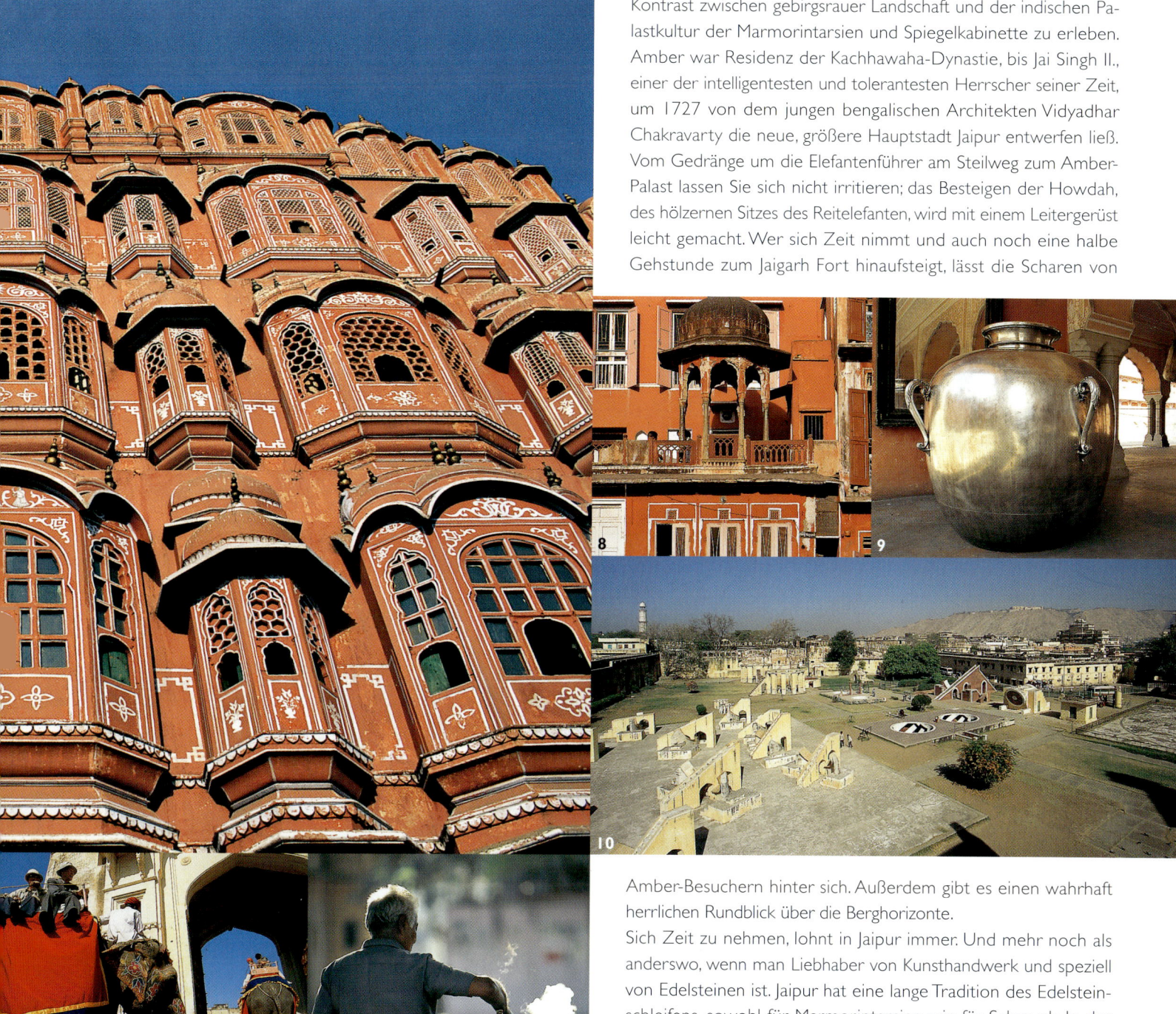

Kontrast zwischen gebirgsrauer Landschaft und der indischen Palastkultur der Marmorintarsien und Spiegelkabinette zu erleben. Amber war Residenz der Kachhawaha-Dynastie, bis Jai Singh II., einer der intelligentesten und tolerantesten Herrscher seiner Zeit, um 1727 von dem jungen bengalischen Architekten Vidyadhar Chakravarty die neue, größere Hauptstadt Jaipur entwerfen ließ. Vom Gedränge um die Elefantenführer am Steilweg zum Amber-Palast lassen Sie sich nicht irritieren; das Besteigen der Howdah, des hölzernen Sitzes des Reitelefanten, wird mit einem Leitergerüst leicht gemacht. Wer sich Zeit nimmt und auch noch eine halbe Gehstunde zum Jaigarh Fort hinaufsteigt, lässt die Scharen von

Amber-Besuchern hinter sich. Außerdem gibt es einen wahrhaft herrlichen Rundblick über die Berghorizonte.

Sich Zeit zu nehmen, lohnt in Jaipur immer. Und mehr noch als anderswo, wenn man Liebhaber von Kunsthandwerk und speziell von Edelsteinen ist. Jaipur hat eine lange Tradition des Edelsteinschleifens, sowohl für Marmorintarsien wie für Schmuck. In der «Pink City» – sie wurde 1999 von der Denkmälerverwaltung insgesamt zur «Heritage Zone» erklärt – arbeiten wohl Hunderte von Edelsteinschleifern, manche noch mit altertümlichem Gerät. Kostbarste Juwelen findet man eher nicht in den zahllosen Goldläden an der Straße, sondern diskret in oberen Etagen, wo man sich zum Beispiel bei Bhuramal Rajmal Surana im Johari Basar (Lal Katra) Wunderwerke der Goldschmiedekunst zeigen lassen kann, mit exquisiten Juwelen und Emailarbeit (zweite Adresse D-68, J.L.N.Marg. www.suranas.net). Spezialitäten des Jaipur-Kunsthand-

4 Jaipur-Momente, Jaipur-Objekte: Affen auf Palastmauern, **5** frischgefärbte Stoffbahnen in Sanganer südlich von Jaipur, **6** Touristen hoch zu Elefant, **7** ein Straßenhändler, der Tee anbietet, **8** typische Fassade der «Pink City», **9** und eines der beiden 309 Kilogramm schweren Silbergefäße, mit denen Maharaja Madho Singh 1897 auf seiner Englandreise Gangeswasser mitführte. **10** Das Jantar Mantar, 1728 bis 1734 für astronomische und astrologische Berechnungen erbaut.

werks sind auch handgefertigte Baumwolldrucke, blaue Keramik und in Sanganer, südlich von Jaipur, die handgeschöpften Papiere. Auch dabei möchte man immer wieder zusehen, wie sie aus einem Bottich Zellstoffbrei und einigen Handvoll hineingerührten Blüten und Gräsern entstehen. Groß ist die Auswahl an Farben, Formaten und Mustern, es gibt Schreib- und Verpackungspapiere, auch edle Kartons.

Rajasthan zählt auch heute noch zu den ärmeren Staaten Indiens. Dass der Staat mit seinen geringen Bodenschätzen, seiner eher mageren Industrieproduktion und nur langsam wachsender Landwirtschaft nicht ganz unten auf der Wohlstandstreppe steht, verdankt er zu einem guten Teil den Einnahmen aus dem Tourismus. Konsequent vertraute Jaipurs Maharaja-Familie das Management ihres Hoteljuwels «Rambagh Palace» schon vor einem Vierteljahrhundert der Taj-Gruppe an, um deren Professionalität zu nutzen.

Heute betreibt die Taj-Gruppe vier Hotels in und bei Jaipur: neben dem «Rambagh Palace» als größtes mit 102 Zimmern den «Jai Mahal Palace», als preisgünstigere Alternative den «Raj Mahal Palace» mit 21 Zimmern in Art-déco-Ausstattung und am Ramgarh Lake im Wildschutzgebiet nordöstlich der Stadt die elegante «Rambagh Lodge» mit 18 Zimmern, mit Bar, Billard, Tennisplatz und

Squashcourt, Möglichkeiten zum Bootfahren und Ausflügen zur Vogelbeobachtung.

Am «Rambagh Palace» (siehe Bilder Seite 120) schätzen die Gäste vor allen anderen Annehmlichkeiten die prinzliche Großzügigkeit von Park und Terrassen, die hohe Halle des «Suvarna Mahal»-Restaurants und die historisch erhaltene «Polo Bar» mit den Sporttrophäen des letzten regierenden Maharajas. In den geräumigen Galerien und Korridoren hatten die Kinder fast unbegrenzt Spielplatz und Auslauf, erzählt seine zweite Frau, die Maharani Gayatra Devi. Ihr fiel der Auszug aus dem Palast, der Stätte ihrer ersten Ehejahre, nicht leicht: «Ich war voller Erinnerungen an Partys und die fröhlichen Feste von einst, an winzige Erlebnisse wie die fremdartigen Schreie der Pfauen, die mich in den heißen Monaten morgens weckten, und an die Vogelstimmen zu anderen Jahreszeiten.» Das einst kleine Jagdschlösschen aus dem 18. Jahrhundert

1 Eingangsareal von «Rajvilas», der vielbestaunten Oberoi-Hotelschöpfung am Rand Jaipurs. 2 Fürstlicher «Rajvilas»-Speisesaal – man kann auch auf der Terrasse speisen, abends bei Fackelschein. 3 Dekoratives und Duftendes am Empfang der Spa-Abteilung, 4 im Hintergrund wandhoch eines der in Oberois Spitzenhotels gern verwendeten wunderschönen Baumdekors. 5 Blick in einen Winkel der Lounge; in den Schränken Glanzstücke aus der Kollektion des Juweliers in der Shopping Arcade. 6 Der Swimmingpool ist wie die «Rajvilas»-Gästebungalows in eine Baum- und Gartenlandschaft eingebettet.

geht mit frisch renoviertem Glanz ins 21. Jahrhundert, die langjährige Renovierung kommt zum Abschluss. Auch Gäste, die nicht im Haus wohnen, sind zum Nachmittagstee auf dem Rasen des Parks, zum Dinner und in der Bar willkommen.

Noch zwei andere Häuser mit historischem Ambiente und freundlicher Atmosphäre – nicht luxuriös, aber komfortabel – sollen genannt werden: das «Narain Niwas Palace Hotel» und das familiär geführte «Madhuban». Sodann aus der Vielzahl der Jaipur-Hotels das moderne «Trident» der Oberoi-Gruppe, das sehr günstig für Besuche des Amber-Forts nördlich der «Pink City» liegt, vis-à-vis vom Jal Mahal, dem Palast im Mansagar Lake.

Oberoi hat sich für Jaipur noch mehr einfallen lassen. An der Wende zum dritten Jahrtausend beginnen Indiens Hotel-Mogule, eine neue Generation von Luxushotels ins Leben zu rufen, die das klassische Palasthotel in unterschiedlichster Weise variieren. In Jaipur

1 Wo die Maharajas wohnten: «Maharani Suite» mit Betthimmeln im ehemaligen Sommersitz «Rambagh Palace». **2** Teilansicht der Parkfront des «Rambagh» – das Anwesen hat die Ausmaße eines großen englischen Landsitzes. **3** Kissen vom Feinsten – am Empfang des «Rambagh Palace», **4** dessen Restaurant auch Gästen offen steht, die nicht im Hotel wohnen. **5** An der Ausfahrtstraße nach Amber: das «Trident Hilton Hotel» mit seiner eleganten Empfangshalle **6** und dem schönen Oberoi-Baumdekor hinter kostbaren Gefäßen. **7** Eintreten in lichte Schönheit: die «Rajvilas»-Lobby.

verwirklichte Oberoi mit dem «Rajvilas» die moderne Vision eines Wüstenpalastes, mit einem Komfort, von dem Harun al-Raschid nicht einmal träumen konnte. Schon die Auffahrt und das Geleit vorbei an marmornen Wasserbecken und Skulpturen zur Empfangshalle signalisieren dem Gast, dass er in eine Welt eigenen Stils abseits aller Hektik eintritt, großzügig und doch wohlig privat, für rastlose Manager-Naturen ausgestattet mit allen Medien moderner Kommunikation und zugleich ein Ort, um in Ruhe und im ungestörten Genuss eines edlen Ambientes wieder zu sich selbst zu finden, für Tage oder eine Woche oder wie lange immer Konto und Terminkalender es erlauben (siehe Bilder Seite 118/119).

Mit «Rajvilas» haben die Hotelarchitekten gemeinsam mit ihren Kollegen, den hervorragenden Garten- und Innenarchitekten, ein Meisterstück harmonischen Entwerfens vollbracht, von der fürstlichen Säulenhalle des Surya-Mahal-Restaurants und seinem abends fackelerleuchteten Hof bis zu den unauffällig ins üppige Gartengrün gepflanzten «Deluxe-Room»-Nestern und Villen mit einem Maximum an Privatsphäre. Der «Deluxe»-Room bietet 42 Quadratmeter, die «Royal Villa» mit eigenem Pool, zwei Schlafzimmern, Sauna und Garten insgesamt 1057 Quadratmeter. Der Gesundheit zuliebe gibt es ein luxuriöses Spa, mit Massagen, Ayurveda und Schönheitspflege. Überall freut sich das Auge am edlen Material und schönen Design der Stoffe und Stufen, der Säulen-Pavillons, Fenster und farbigen Kacheln, an Blütenschalen, Bildern und Marmorschnitzwerk. Eine Spezialität dieses einzigartigen Wüstenschlosses am Rand Jaipurs sind die Luxus-Zelte mit bambusgestütztem Pyramidendach.

Jaipur: Spezialtipps der Autoren

Anreise und Reisezeit
Flug: Sanganer-Flughafen (ca. 10 km südlich). Verbindungen u.a. mit New Delhi, Mumbai, Jodhpur, Jaisalmer, Udaipur.
Bahn: Verbindungen mit New Delhi (ca. 5 Std.), Mumbai (ca. 24 Std.), Jodhpur (ca. 6 Std.), Udaipur (ca. 9 Std.), Varanasi (ca. 13 Std.). Pre-paid-Taxi-Schalter benutzen.
Bus/Leihwagen: «Deluxe»-Busse frühzeitig buchen. Delhi (ca. 260 km), Jaisalmer (ca. 650 km), Udaipur (ca. 380 km).
Beste Reisezeit: Oktober bis März.

Unterkunft
****** *Rajvilas* (H1) (Oberoi). Luxus-Oase mit Villen und Gärten, Wellness- und Ayurveda-Einrichtungen, Butler-Service. 72 Zi. und Suiten, Goner Rd., Jaipur-303 012, Tel. 01 41-2 68 01 01, Fax: 2 68 02 02, Website: www.oberoihotels.com
****** *Rambagh Palace* (H2) (Taj). Ehemaliger Sommerpalast, mit Hallenschwimmbad, festlichem Restaurant, Fitness- und Schönheits-Service. 95 Zi. und Suiten, Bhawani Singh Rd., Jaipur-302 005, Tel. 01 41-2 38 19 19, Fax: 2 38 50 98, E-mail: rambagh.jaipur@tajhotels.com
*** *Hilton-Trident* (H3). Großzügige Anlage, schöner Blick auf Inselpalast Jal Mahal (reservieren!), behindertengerecht eingerichtet. 138 Zi. und Suiten, Amber Fort Rd., Jaipur-302 002, Tel. 01 41-2 67 01 01, Fax: 2 67 03 03, E-mail: reservations@tridentjp.com
** *Narain Niwas Palace* (H4). Rajputen-Architektur, Garten, Pool, Restaurant. 31 Zi., teils AC, Kanota Bagh, Narain Singh Rd., Jaipur-302 004, Tel. 0141-2 56 12 91 und 2 56 34 48, Fax: 2 56 10 45, E-mail: kanota@jp1.dot.net.in
* *Madhuban* (H5). Familienhotel, 18 im Heritage-Stil eingerichtete Zimmer, AC, D-237, Behari Marg, Banipark, Jaipur-302 016, Tel. 01 41-2 20 00 33 und 2 20 54 27, Fax: 2 20 23 44, www.madhuban.net

Sehen und Erleben
Pink City, City Palace mit Museum, Jantar Mantar, Birla Mandir, Central Museum, Nahargarh (Tiger Fort), SRC Museum of Indology, Elefantenritte, Kinopalast Raj Mandir Cinema. Golf, Tennis, Shopping (Juweliere, Edelsteinschleifer).

Ziele in der Umgebung
Amber (Amer), mit Kunsthandwerker-Dorf und Jaigarh Fort (11 km nördlich). Nahargarh (Tiger Fort, ca. 2 km nördlich der Stadt auf einer Felsbastion). Galta-Tempeltal (ca. 8 km nördlich). ** Samode Palace, Heritage-Hotel in spektakulärem Felstal (www.samode.com, 42 km nördlich). Sisodia Ranika Bagh (fürstlicher Garten, 8 km östlich). Sanganer, mit mehreren Papiermanufakturen (ca. 10 km südlich). *Wildschutzgebiete:* Ramgarh (ca. 70 km nordöstlich), Sariska-Nationalpark und «Tiger Reserve», **/*** Sariska Palace, renoviert, mit Park, Pool, Ayurveda, www.sariska.com (ca. 110 km nordöstlich).

Auskunft
Govt. of India Tourist Office, Hotel Khasa Kothi, Tel. 01 41-2 37 22 00.

Warten auf den Tiger
Ranthambore: Safari im Nationalpark

Über 500 Quadratkilometer erstreckt sich der lichte Dschungel des einstigen Maharaja-Jagdgeländes und noch älterer Forts. Hier ist auch ein Ursprungsort von Indiens «Project Tiger».

Ein märchenhaftes Bild: Die Berge haben rote Füße, vom Boden vor der Gebirgskette leuchtet es knallrot, rubinrot, Kilometer um Kilometer. Blüten? Mineralien? Nein, wir sind von Shivpuri unterwegs zum Nationalpark Ranthambore, und die raue Straße führt durch das Land der Chilis, auch Cayenne-, roter oder Teufelspfeffer genannt. Es ist Erntezeit, Ende Februar, und am felsbraunen Gebirge strahlt das Rot von Abermillionen scharfer Schoten. Frauen in silberschwarzen und rotschwarzen Kleidern mit pfennigkleinen eingenähten Spiegeln breiten sie zum Trocknen aus.

Die wenigsten Besucher Ranthambores kommen auf diesem Weg von Osten, die meisten von Nordwesten, von Jaipur – so wie früher die Maharajas von Jaipur, die Ranthambore als privates Jagdgebiet besaßen und dafür sorgten, dass die Bauern den Dschungel und seine Bewohner respektierten. Das Gebiet war 1972, als das Schutzprogramm «Project Tiger» anlief, nur 155 Quadratkilometer groß, wurde aber im Lauf der Jahre erweitert, so dass der Ranthambore-Nationalpark heute 410 Quadratkilometer umfasst. Zudem grenzt er an das rund 100 Quadratkilometer große «Sawai Man Singh Sanctuary», so benannt zu Ehren des letzten, im Naturschutz sehr aktiven Maharajas von Jaipur.

Indische Gazellen (Chinkara), Sambarhirsche (das größte indische Rotwild), Antilopen (Nilgai), Leoparden, Wildschweine, Hyänen, Schakale, Krokodile und Echsen, dazu muntere, dreiste Affen trifft man in den lichten Dschungel-Hügeln des Parks und an den Ufern der künstlich aufgestauten Seen, an denen Tausende von Wasservögeln leben. Die Chancen, einen Tiger zu sehen, sind im Ranthambore-Park, dem kleinsten Tigerschutzgebiet Indiens, besser als in den großen. «Total gelassen, in nur 10 Meter Entfernung, ist der Tiger an unserem Geländewagen vorbei gestrichen», hört man Gäste staunen. Nie wird man das orangegelb, schwarz und weiß gezeichnete Fell vergessen, nie den mächtigen Körper, wie er das hohe Gras teilte. Trotzdem rechnet man besser nicht allzu fest auf die Tigerbegegnung bei der ersten Parktour und nimmt sich wenigs-

1 Auf Safari im Tiger-Nationalpark. 2 Über 500 Quadratkilometer Schutzgebiet – da stört nichts die Sonnenuntergangs-Romantik, 3 Ranthambore-Tiger lassen sich oft auch von Touristen nicht aus der Ruhe bringen. 4 Kolonialer Schick: die Sawai-Madhopur Lodge.

1 Blick vom Ranthambore-Fort auf die Dschungel und Seen der Park-landschaft. 2 Reizvoll sind die Pavillons am Wasser, sie erinnern an die Maharaja-Jagdgesellschaften früherer Ranthambore-Zeiten. 3 Auch die noble «Sawai Madhopur Lodge», heute als Taj-Hotel geführt, erweckt mit ihrem Rattan-Mobiliar und übriger Ausstattung bei manchen Besuchern nostalgische Empfindungen. 4 Das «Anurag Resort», eine ein-fache, aber auch freundliche preisgünstige Unterkunft nicht weit von der «Sawai Madhopur Lodge» an der Straße zum Parkeingang. 5 Ran-thambore-Parkbewohner: Reiher, 6 Langure, 7 Pfau und 8 Papagei.

tens drei Ranthambore-Tage vor. Die Wildhüter, die ihre Tiger kennen, sprachen letzthin von 40 im Park lebenden Tieren. Auch nach dreißig Jahren Tigerschutzprogramm ist leider nicht auszuschließen, dass sie als Bettvorleger-Trophäe oder als Aphrodisiakum für ebenso zahlungskräftige wie abergläubische Kunden in Fernost enden. Die Wilderei fordert auch im Ranthambore-Nationalpark ihre Opfer unter den schätzungsweise 2000 oder 3000 indischen Tigern. Noch 1961 machten nicht Wilderer, sondern Prinz Philip und Queen Elizabeth II. bei ihrer Indien-Reise Jagd auf Ranthambore-Tiger. «Am ersten Tag erlegte der Herzog von Edinburgh einen großen Tiger mit einem schönen Schuss», notiert in ihren Erinnerungen Gayatra Devi, die letzte Maharani von Jaipur, die selbst schon als Zwölfjährige auf Großwildjagd gegangen war.

Den Ranthambore-Park mehrere Tage lang zu besuchen, lohnt auch wegen seiner im Waldgelände verstreuten historischen Bauten und Ruinen, die im Süden von einem mächtigen Fort mit halb-runden Bastionen überragt werden. Im Umkreis des Forts kann man unbesorgt zu Fuß gehen, kann sich stundenlang am weiten Blick über die ursprüngliche Landschaft freuen, bunte Vögel beobachten und kleine Tempel besuchen.

Für frühmorgendliche Safaris wegen der Nachtkühle und frischen Fahrtwinds warme Sachen nicht vergessen! Eine schöne Unternehmung ist auch eine Stippvisite im ehemaligen Jagdhaus «Castle Jhoomar Baori» nahe dem Parkeingang – auf der Dachterrasse lässt sich in Gesellschaft von ein paar kleinen Papageien und hoch kreisenden Greifvögeln ganz ungestört die Landschaft genießen. Wunderbar aufgehoben findet man sich in der «Sawai Madhopur Lodge», 1930 vom regierenden Maharaja Jaipurs erbaut und von der Taj-Gruppe als kleines Luxus-Hotel betrieben. Weiß glänzen die acht Säulenpaare des vorgebauten Veranda-Halbrunds über dem kurzgeschnittenen Rasen. Der Tag beginnt mit Early Morning Tea und Biskuits, und hat man keine Lust auf die zweimal täglich angebotene Parksafari, gibt es auf dem exklusiven Gelände allerlei Sport, an dem schon die Kolonialherren ihren Spaß hatten: Croquet und Badminton, Tischtennis, natürlich den Swimmingpool, dazu Ausritte zu Pferd oder zu Kamel und Leihfahrräder. Bei «indoor games» – vom Brett- bis zum Bridgespiel, auch Billard – versammelt man sich in den mit Antiquitäten bestückten Salons und lässt sich von einem Königstiger über die Schulter schauen. Der wurde vermutlich Opfer eines Maharaja-Weekends.

Seit November 2001 gibt es eine prunkvolle und ganz neuartige Alternative zum Maharaja-Hotel: Das Oberoi-Resort «Vanyavilas», das erste «Luxus-Dschungelcamp Indiens», erwartet seine Gäste: Fünfundzwanzig Zelte mit Marmorbädern und Klimaanlage auf einem 80 000 Quadratmeter großen Gartengelände am Rand des Ranthambore-Parks. Ein klarer Bach durchströmt das gepflegte Grün, im herrschaftlichen Haupthaus bieten Speisesaal und Bibliothek kulinarische und literarische Verköstigung – «Oberoi» vom Feinsten.

Ranthambore: Spezialtipps der Autoren

Anreise und Reisezeit
Flug: Nächster Flughafen Jaipur, zahlreiche Verbindungen.
Bahn: Sawai Madhopur liegt an der Strecke Delhi-Mumbai und ist auch von Jaipur und Agra zu erreichen. Die meisten Züge halten in Sawai Madhopur. Bis zum Park etwa 15 km.
Leihwagen/Bus: New Delhi ist rund 400 km, Udaipur 360 km, Agra 200 km, Jaipur 160 km entfernt. Busverbindungen mit Jaipur, Kota und Bundi.
Beste Reisezeit: Oktober bis April.

Unterkunft
*** *The Sawai Madhopur Lodge* (H1) (Taj). Stilvolle Anlage in gepflegtem Grün, mit Erinnerungen an die Maharajas von Jaipur, die zur Jagd hier residierten. 27 Zi., 2 Suiten, bei Bedarf Zelte. Ranthambore National Park Road, Tel. 0 74 62-22 05 41, Fax: 22 07 18, E-mail: sawai.madhopur@ tajhotels.com. Buchung auch über Deutschland möglich, Tel. 08 00-1- 85 26 15 (gebührenfrei) www.tajhotels.com
*/** *Castle Jhoomar Baori* (H2) (RTDC). An einem Waldhang im Parkareal gelegenes ehemaliges Jagdhaus. 9 Zi., 2 Suiten mit Maharaja-Ausstattung (reservieren!). Prächtige Ausblicke, Service und Speisesaal eher mäßig. 7 km vom Bahnhof, Tel. 0 74 62-22 04 95, Fax: 22 12 12.
**** *Vanyavilas* (H3). 25 Luxus-Zelte, AC, Bar, Restaurant. Tel. 0 74 62-22 39 99, Fax: 22 39 90, www.oberoihotels.com

Sehen und Erleben
Jeep-Exkursionen (Okt.–Febr. 7–10 und 14.30–17.30 Uhr, März–Juni ab 6.30 und 15.30 Uhr), Buchung über Hotel, Agenturen oder das Forest Office (Project Tiger). Begrenzte Zahl von Fahrzeugen im Park erlaubt. Der Park ist von Oktober bis Juni geöffnet.

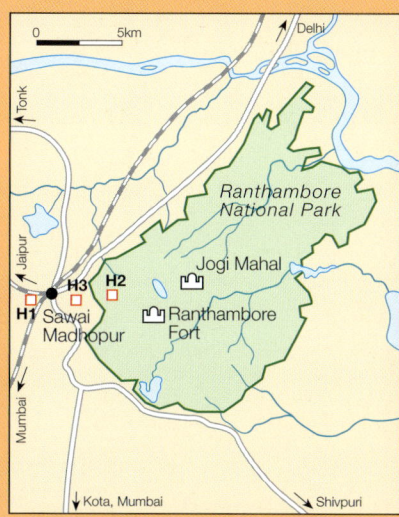

Ziele in der Umgebung
Tonk: «Goldenes Haus» (Sunehri Kothi), 19. Jh., mit Glasintarsien und Goldstuck (ca. 75 km westlich). Uniara: Stadt und Fort, mit Heritage Hotel (ca. 35 km westlich).

Auskunft
Tourist Information und Project Tiger Office, 500 m vom Bahnhof in Sawai Madhopur, Tel. 0 74 62-22 08 08.

Der Palast der tausend Bilder
Wo Rajasthan grünt und blüht: Bundi

Noch abseits der Touristenrouten erhebt sich der Palast von Bundi stufenförmig in den Hang gebaut über einem See – der Reisende wohnt stilvoll in einem Heritage-Hotel.

In den grünsten Winkel Rajasthans kommt heute erst die Avantgarde des Tourismus. Selbst vor dem überhohen Tor des Rajputenpalasts von Bundi drängen sich keine europäisch-amerikanisch-asiatischen Scharen wie täglich in Jaipur oder Jaisalmer, Jodhpur oder Udaipur. Die Balkenriegel der monumentalen Flügeltüren – stark wie Eisenbahnschwellen! – schiebt der Wärter selten zurück. Nur das niedrige Durchschlupftürchen zu Bundis Sehenswürdigkeit Nummer eins wird geöffnet, und man muss sich bücken, um hineinzugelangen. Ein uriges, unbezwingbares Verteidigungsgemäuer haben die stolzen Herren von Bundi über ihre Stadt gesetzt, haben die steile Auffahrt mit Kopfsteinen gepflastert und mit steinernen Elefanten beschirmt.

Um so märchenhafter wirkt der folgende Kontrast. Hinter rauer Schale zeigt der Palast von Bundi seine zarte Seele, und die blüht in Gärten und zahllosen Bildern. Ein wahres Schatzhaus indischer Wandmalerei ist hier zu erwandern. Saal um Saal wächst das Staunen, auf Galerien und blütenumwachsenen Terrassen findet man sich inmitten einer Fülle von Szenen von Göttern und Liebespaaren, von höfischer Eleganz, von Jagd- und Kriegsgetümmel wie in keinem anderen Palast Rajasthans.

Den heute namenlosen Malern gelang in der ersten Hälfte des 18. Jahrhunderts jene heitere Leichtigkeit, die auch in der Kunst immer das Schwierigste ist (und damals in Europa im Zeichen des Rokoko Wirklichkeit wurde). Scheinbar mühelos geht Figürliches ins Ornament über, am schönsten in den malerischen Huldigungen an den lebenslustigen Hirtengott Krishna, den Flötenspieler, der mit den Milchmädchen tanzt und als Kleiderräuber anzügliche Scherze treibt. Bundikalam heißt diese außerordentliche Malschule, deren Anfänge bis ins 16. Jahrhundert zurückreichen.

Niemand in Bundi erzählt davon so beredt wie Billu, und diesem Billu entkommt kaum ein Besucher Bundis. Deren Zahl ist ja noch bescheiden, und der schmächtige Billu tritt jedem von ihnen als

1 Steinschnitzwerk, festlich von innen und außen beleuchtet: die 84-Säulen-Halle eines Chattris (Totengedenkstätte) von 1683 an der Straße Bundi-Kota. 2 Wandmalerei in einem der Palasthöfe (Chitrashala). 3 Zuschauen bei einem Festzug. 4 Der Garh-Palast der Bundi-Herrscher aus dem 16./17. Jahrhundert thront über der Stadt im Talgrund – Blick von dem noch höheren Taragarh Fort aus dem 14. Jahrhundert.

hellwache Mischung aus Heimatforscher und charmant radebrechendem Fremdenführer entgegen: «… after you will be find India number two stone carving. Only for king's family. You couldn't find like same anywhere.» Er weiß auch: Eine Woche ist das Minimum an Lebenszeit, das man in Bundi verbringen sollte. Vor allem, wenn man zu denen gehört, die das Authentische suchen, die Orte, an denen ein gemächlicherer Gang der Zeiten den Dingen ihre Patina lässt. Bundi ruht abseits der üblichen Reiserouten im südöstlichen Zipfel Rajasthans, in einem Tal inmitten der Höhen des bis auf 1700 Meter ansteigenden Arawalli-Gebirges und bietet noch mehr als die spektakuläre Faszination der Palastpracht. Es verwöhnt mit ursprünglicher Ländlichkeit und mit dem schönen Anblick leuchtend farbiger Saris vor sattem Grün, mit Seen und Baumschatten. Auch an heißen Tagen erfrischt oft ein leichter Windhauch.

Zur Lebenskunst in den Hitzemonaten April bis September gehören in dieser Landschaft die tief in den Boden gegrabenen Stufenbrunnen. Im dämmrigen Licht zwischen Säulen und steinernen Skulpturen steigt man zur Wasserfläche hinab, 20 Meter und mehr. Die Galerien und Treppen sind Kunstwerke, die an die Kupferstiche des Italieners Piranesi erinnern. Der Stufenbrunnen («baoli» oder «baori», auch «bawadi») ist aus der Hitze der Subtropen geboren, eine Architektur für Wasserholer und Schattensucher. Kein Zufall also, dass Bundi auch «Stadt der Stufenbrunnen» heißt, mit über fünfzig erhaltenen und halb verfallenen. Den Schönheitspreis verdient wohl der unbekannte Architekt, der den «Raniji ki Baori» 1699 über 60 Meter tief anlegen ließ.

1 Ein liebenswürdiges Meisterwerk der Bundi-Malschule im Chitrashala (Pavillon der Gemälde) des Garh-Palastes, **2** wie auch diese Mondscheinszene und **3** der Sonnengott Surya. **4** Bis auf den letzten Quadratzentimeter ausgemalt: Chitrashala mit den typischen Grün- und Braun-Farben der Bundi-Malschule. **5** Bundi ist heute eine Provinzstadt in bäuerlicher Region: Ochsenkarren-Rennen beim Utsav-Fest. **6** Musiker mit üppigem Turban – Rajasthan ist berühmt für seine Turbane. **7** Blumen-Festzug der Frauen. **8** Wunderschöne Pavillonarchitektur der Maharaos von Bundi außerhalb der Stadt.

Haustüren 2 Meter über dem Straßenpflaster? Das hat seinen Grund: Mächtig strömt zur Monsunzeit der Regen, so mächtig, dass der Tempelteich überfließt. Der liegt samt dem Tempel, der dem Regengott Varuna geweiht ist und mitten im Wasser steht, am Westende der Hauptstraße, und wenn die Fluten stiegen, hat man sie durch die Hauptstraße abgeleitet – dank der hochgelegten Eingänge ohne größeren Schaden für Wohnungen und Läden.

Stille unter Palmen und Mangobäumen genießt man abseits der bunten, dichtgebauten Stadt bei Shikar Buj, dem einstigen Jagdschlösschen des Maharaos. Kinder spielen, Licht fällt zwischen den Wipfeln auf das Badebecken der verlassenen Tempelstätte. Vogelrufe lassen die Ruhe noch tiefer spüren. Billu wird dafür sorgen, dass die Türen des Schlösschens geöffnet werden, man wird eintreten in die ausgeräumten Zimmer und den schönen Ausblick haben – fast wie die fürstlichen Jagdherren von einst. Und Billu wird von dem Sadhu mit dem langen Haar erzählen, der nebenan über einem Bachtal seine Hütte hat: «You like meet the sadhu?».

Seher, Selbstdarsteller, sonderbare Heilige – was sind diese Sadhus wirklich, die sich, Aussteiger in Brahmas Namen, aus dem schützenden Netz der Familie gelöst haben? Auf dem langen Weg zur geistigen Erleuchtung sind sie, oder auf dem einträglichen vom frommen Fußwanderer zum Groß-Guru, den die spendefreudigen Anhänger umdrängen. Und Tausende sind arme Teufel, die von familiären Katastrophen und/oder finanzieller Not auf die Landstraße getrieben wurden, Langzeitarbeitslose und Analphabeten mit Lendenschurz, Bettlerschale und Wanderstab.

Der Sadhu vom Shikar Buj erwies sich als freundlicher Eremit, die Augen und den Kopf voll Altersweisheit. Ein Schüler bereitete ihm schweigend das Essen. Billu übersetzte Fragen und Antworten, eifrig, wenn auch nicht ganz so präzise, wie es nötig wäre, um die reine Sadhu-Lehre in unser europäisches Denken zu transportieren. Sein Haar hatte der Sadhu zu einem fast 2 Meter langen braunen Zopf geflochten und löste das Gesteck für unsere Kamera.

Die Hotelsituation, noch vor wenigen Jahren in Bundi nur kümmerlich, ist zwar immer noch schlechter als in vielen anderen touristisch interessanten Orten Rajasthans, doch dank Mr. Mehta und seinen Söhnen gibt es jetzt das «Haveli Braj Bhushanjee», und mag-

netisch zieht es Indienfahrer mit Komfortbedürfnis und Stilgefühl an. Als die Mehtas, Grundbesitzer und Gutsherrn, die Ländereien wie die Einkünfte schwinden sahen, bauten sie den bald zweihundert Jahre alten Familiensitz in ein 18-Zimmer-Hotel um. Entstanden ist so nach bester Heritage-Art nicht etwa ein Luxushotel, sondern eine Herberge mit persönlichem Charakter und einem angenehmen Ambiente mit originalen historischen Möbeln und Bildern. Vom Eigner selbst geführt, strahlt das «Braj Bhushanjee» soviel Wohlfühl-Gastlichkeit aus, dass man den beiden Vorfahren-Brüdern heute noch dankbar ist, die um 1790 nach Bundi ge-

1 Wohnen im «Haveli Braj Bhushanjee»: Zimmer im Palaststil, mit den typischen Wandnischen, die das Design der Fenster abwandeln. **2** Das Eingangsportal glänzt im Schmuck alter Wandmalereien. **3** Handschrift mit historischem Gewicht: das Tagebuch des Bohara Tula Ram, der sich um 1800 als Berater des Maharao unentbehrlich machte und zum Premierminister avancierte. **4** Nachfahr des prominenten Tagebuchschreibers und Hausherr des «Haveli Braj Bhushanjee»: Mr. Mehta. Gemeinsam mit seinen Söhnen leitet er das Hotel. **5** Familiäre Atmosphäre mit Antiquitäten aus zwei Jahrhunderten im Speisesaal. **6** Gäste im «Haveli Braj Bhushanjee» **7** und der Gründer des Hauses auf einem zeitgenössischen Porträt. Leider sorgen die zerstrittenen Nachfahren der Maharaos von Bundi schon seit langem nicht mehr so sorgsam für den Garh-Palast wie die Eigner des «Haveli Braj Bhushanjee» für ihren ererbten Besitz. Bundi wartet auf seinen Ruhm …

rieten und den Maharao spontan für sich einnahmen. Der Ältere, Bohara Tula Ram, wurde binnen kurzem Premierminister und für seine Verhandlungskunst – es ging um die Staatsverträge mit den Briten – mit beträchtlichem Grundbesitz belohnt.

Souvenirs mit dem Charme der Urgroßväter-Zeiten, alte Ölgemälde und angegilbte Kupferstiche im «Brash Bhushanjee» laden dazu ein, sich in jene Ära der Vergangenheit Bundis zurückzuversetzen, die heute noch «Raj» heißt, zu deutsch Herrschaft, als nämlich die Briten herrschten und die Rajputen, die einheimischen Fürsten, als Helfer zu instrumentalisieren versuchten – meist mit Erfolg.

Mr. Mehta steckt voller Erinnerungen – nicht nur an die glorreichen Höhepunkte seiner Familiengeschichte –, und er sorgt dafür, dass man gut informiert ist, bevor man zu Exkursionen aufbricht. Kota zum Beispiel, einst eine Schwesterresidenz Bundis, von einem anderen Zweig der Familie beherrscht, ist heute lauter, moderner und zehnmal so groß wie Bundi. Hindus aus Pakistan suchten nach der Teilung Indiens in Scharen neue Existenzmöglichkeiten im fruchtbaren Hadoti-Land, und in den sechziger Jahren des 20. Jahrhunderts beschloss die Zentralregierung in Delhi, Kota am Chambal-Fluss – einem der wenigen in Rajasthan, die ganzjährig Wasser führen – zu einem Industriezentrum auszubauen. In der Nachbarschaft sorgt ein Atomkraftwerk für Energie.

Besuchen sollte man in Kota den mächtigen Stadtpalast über der Altstadt, einen der bizarrsten mit seinen staubigen Aktengebirgen in den unteren Etagen und dem Maharana Madho Singh Museum mit Jagdtrophäen und Privatgemächern in den oberen. Im Basar kann man die kostbaren «Kota Doiria Saris» kaufen, mit in Baumwolle eingewebten Seidenmustern. Im Chambal-Park sieht man Krokodile und an der nächsten Ecke vielleicht einen Elefanten, dem üppiger Farbschmuck auf die dicke Haut aufgetragen wird.

«Und dann fahren Sie unbedingt noch für zwei Tage zum ‹Wildlife›, in den Ranthambore-Nationalpark, der ist Tigerland, und Sie können im Jagdhaus des Maharaos übernachten, nah dem Parkeingang. Und wenn Sie nach Udaipur oder nach Jaipur weiterfahren, haben wir am Wege noch ein paar Tipps mehr für Sie, garantiert schöne, ruhige Orte ohne Touristengedränge!» verspricht Mr. Mehta. In Bundi darf man das glauben.

Bundi: Spezialtipps der Autoren

Anreise und Reisezeit
Flug: Nächste Flughäfen bei Jaipur und Udaipur, von dort tägliche Verbindungen mit Delhi, doch die Fahrt vom Flughafen auf der Straße nach Bundi dauert fast so lang wie die Bahnfahrt von Delhi nach Kota.
Bahn: Radjani-Express von Delhi nach Kota (4 Std.) und Taxi oder Bus nach Bundi (knapp 1 Std.).
Beste Reisezeit: Oktober bis März.

Unterkunft
*/** *Haveli Braj Bhushanjee* (H1). Ein Stück unterhalb des Palastes, beim Ayurvedic Hospital gelegen. Angenehme Räume in fast 200 Jahre altem Haus, aber noch nicht alle Zimmer mit eigenem Bad. Exzellenter Blick von der Dachterrasse. Gute vegetarische Küche, 18 Zi. Tel. 07 47-2 44 23 22, Fax: 2 44 21 42, interessante Website: www.kiplingsbundi.com
*/** *Ishwari Niwas Kothi* (H2). Hinter angegrauter Fassade 20 stilvoll eingerichtete Zimmer um einen Innenhof, die

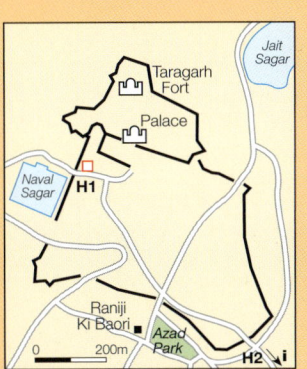

Rajputen-Familie lässt für die Gäste auch kochen. Gegenüber vom Circuit House. Tel. 07 47-2 44 24 14, Fax: 2 44 35 41.

Sehen und Erleben
Palast (mit großartiger Fülle von Wandmalereien), Stufenbrunnen (Baori, einer der schönsten ist der Raniji ki Baori, 18 m tief, im Zentrum beim Azad Park). Sar Bagh (Baumgarten mit märchenhaft umwachsenen Chattri-Pavillons der Bundi-Herrscher), Shikar Burj (alte Tempelstätte unter Palmen- und Mangobäumen).

Ziele in der Umgebung
Kota: einer der bizarrsten Paläste Rajasthans mit dem Maharana Madho Singh Museum (ca. 40 km südöstlich). Jhalawar mit dem heute von Regierungsbüros genutzten Garh Palace – exquisite Wandbilder, Skulpturen- und Malerei-Museum – und der Wasserburg Gangron Fort (12 km nördlich). Der Ranthambore-Nationalpark (siehe Seite 122) ist per Bus über Sawai Madhopur zu erreichen (rund 150 km, Straßenschäden), mit der Bahn über Kota.

Auskunft
Tourist Information Office, Circuit House Campus, Bundi, Tel. 07 47-2 26 97.

Wählen Sie Ihren Palast!
Udaipur – die Königin der Seen

Die schönste Großstadt Rajasthans, vielleicht sogar die schönste Indiens, breitet sich mit Gärten und Palästen über den Ufern ihrer vier Seen aus – ein Ort der Muße, des Marmors und der Maler.

Man irrt, wenn man Rajasthan für ein Wüstenland hält. Das trifft zwar für weite Gebiete des Nordens zu, aber im Süden, im Land Mewar um Udaipur, breitet sich Wald in den Tälern des Arawalli-Gebirges aus, liegen Felder zwischen großen, meist künstlich aufgestauten Seen. Im Pichola Sagar und im Fateh Sagar, den beiden größten Seen Udaipurs, spiegeln sich Paläste. Viele Reisende haben Udaipur «romantisch» genannt, einige Engländer beschworen zum Vergleich sowohl Venedig, wegen des Wassers und der Brücken, wie den Rhein, wegen der trutzigen Burgen auf den Höhen. Sicher ist: Nicht vergessen wird man eine Mondnacht im Dachrestaurant über dem Lake Pichola, wenn sich die Palastlaternen in der schwarzglänzenden Kühle spiegeln, von den Ufern tönt Musik, der See platscht leise gegen die Treppen am Wasser… eine Stimmung, die das Herz bewegen kann.

Udaipur, die «Stadt des Sonnenaufgangs», heute von rund 400 000 Bürgern bewohnt, wurde erst 1568 gegründet. Kurz vorher hatte Mogulkaiser Akbar die ältere Hauptstadt der über das Land Mewar herrschenden Sisodia-Fürsten, die Festung Chittorgarh, gestürmt und gründlich zerstört. Eine neue Residenz musste gebaut werden, und es war nicht der Bauherr allein, der den Standort dafür wählte: Es heißt, der Sisodia-Fürst Maharana Udai Singh habe sich eines Rates erinnert, den ihm ein weiser Einsiedler gegeben hatte – Jahre zuvor, als der Fürst am Pichola-See auf der Jagd war: Hier solle eine neue Hauptstadt errichtet werden.

Die neu gegründete Stadt wuchs kräftig nach kriegerischen Jahren, in denen der noch heute als Held gefeierte Maharana Pratap sich 1576 in der Schlacht bei Haldighati (nördlich von Udaipur) gegen die Großmoguln behauptet hatte. Noch besser entwickelte sich Udaipur in den friedlichen Zeiten, die aufgrund eines Vertrags mit des Mogulkaisers Akbars Sohn Jehangir folgten. In Jahrhunderten gewachsener Reichtum ist bis heute in Palästen und den Herren-

1 In den Altstadtgassen: Menschen, Mopeds, buntbemalte Kühe. **2** Erker, Zinnen, Dachpavillons des großartigen Stadtpalasts. **3** Im Stadtpalast wie in der Stadt Udaipur begegnet man dem Sonnensymbol: Die Maharanas von Udaipur stammen, sagt die Überlieferung, vom Sonnengott ab. **4** Im Hotel «Jagat Niwas»: preisgünstiger Ausblick auf den Pichola-See. **5** Abendmusik auf der Terrasse des Palasthotels «Fateh Prakash», im Hintergrund das berühmte «Lake Palace».

häusern der Altstadt, den so genannten Havelis, zu erleben, augenfälliger Beweis für die wenig bekannte Tatsache, dass herausragende Mitglieder der Sisodia-Dynastie Kunst und Architektur in ähnlichem Maß gefördert haben wie ihre viel bekannteren und sprichwörtlich unermesslich reichen Mogul-Rivalen.

Die Sisodias nehmen mit ihrem Titel «Maharana», zu deutsch «Großkönig», in der Rangordnung der indischen Fürsten den höchsten Platz ein. Sie führen ihren Stammbaum 76 Generationen zurück, und die Sage leitet die Herkunft der Familie von der Sonne ab – überall sieht man die Sonnenscheibe auf ihren Bauten. Nie verheirateten die Sisodias ihre Prinzessinnen mit Mogul-Sultanen, wie es ihre fürstlichen Kollegen um des Vorteils willen taten. Sie verschlossen sich auch, soweit es irgend möglich war, britischen Einflüssen. Obwohl die Sisodia-Dynastie seit 1818 einen Vertrag mit der Kolonialmacht hatte, damals zum Schutz gegen die Marathen-Überfälle, verweigerte sie die Teilnahme an den Maharaja-Versammlungen mit den britischen Vizekönigen. Die Sisodia-Familie wohnt noch heute in einem Teil des Stadtpalastes, sie finanziert karitative und kulturelle Stiftungen.

Für Udaipur sollte man reichlich Zeit mitbringen. Angenehm ist es, abseits von allem städtischen Getriebe entspannte Udaipur-Atmosphäre in einem Hotel am Stadtrand oder luxuriös im «Lake

1 Einst das Lustschloss des Maharana Jagat Singh II., seit 1963 ein exklusives Hotel und seit 1971 den Taj-Hotels zugehörig: das «Lake Palace»-Hotel. Die Khush-Mahal-Suite, eine von 17 Suiten, überrascht zu jeder Tageszeit mit neuen Lichteffekten der farbigen Fenster. 2 Private Luxus-Atmosphäre, der ungestörte Friede und die Romantik eines Inselpalasts – dieses Erlebnis möchte der «Lake Palace» seinen Gästen bieten, ob in den Innenhöfen 3 oder den Salons, 4 vom Sonnenaufgang bis in die Nacht – hier der «Lake Palace» im Abendlicht. 5 Marmor, Miniaturen, Polster und Palmblätter: die Empfangshalle. 6 In der Mogul-Tradition: Einlegearbeiten mit Perlmutt, Glas und Steinen.

Palace» zu genießen. Reizvoller als fast überall sonst ist aber auch ein Stadtquartier, mit den zu Fuß erreichbaren Basaren und Kunsthandwerkerquartieren, mit Besuchen am pittoresken, bunt belebten Chand Pol über den Ghats der Wäscherinnen und in den blühenden Parks der Fürsten.

Ob dann die Hoteladresse am Rand der Stadt oder in der Stadt liegt – in jedem Fall locken Ziele in der Umgebung noch in alle Himmelsrichtungen und über dem Lake Pichola ein Inbegriff orientalischen Reichtums, der City Palace. Eigentlich besucht man nicht einen Palast, sondern mit den zahllosen Hallen, labyrinthischen Höfen, Gängen, Kemenaten, Spiegelkabinetten und filigranen Balkons ein halbes Dutzend Paläste und insgesamt den größten Palastkomplex Rajasthans. Immense fürstliche Herrlichkeiten breitet das Palastmuseum aus: Skulpturen aus dem 5. bis 8. Jahrhundert, Wandgemälde und Miniaturmalereien, Waffen-, Glas- und Porzellansammlungen, Darstellungen der fürstlichen Tigerjagden, ehrwürdige alte Inschriften, Elefantensitze, Pretiosen aus dem Staatsschatz, auch Kuriosa wie einen Rolls-Royce-Oldtimer mit aufklappbarem Verdeck. Dazu passt die Überlieferung, dass der Maharana sich unter einem der wuchtigen Tore regelmäßig mit Gold aufwiegen ließ. Dieses einträgliche Ritual vollzogen auch andere Rajasthan-Herrscher; unterschiedlich ist überliefert, ob die so gesammelten Werte dem persönlichen Vermögen oder dem Staatsschatz oder auch einem Sozialfonds für die Armen und Bedürftigen zugute kamen.

So weitläufig ist der Palast, dass heute auch zwei luxuriöse Hotels noch darin Platz haben. Im opulenten Fest- und Bankettsaal, der ehemaligen «Durbar Hall» (Ratshalle) versinken die Schuhe in weichen Teppichen. Eine Treppe höher ist die «Crystal Gallery» zu bestaunen, samt Thronsessel und Bett alles aus britischem Kritallglas, über hundert Jahre alt – und nie benutzt. In den Restaurants wird

der Glanz der Kristall-Lüster nur noch von der Pracht der wundervollen Aussicht über den Lake Pichola übertroffen. (Zu den Hotels «Fateh Prakash» und «Shiv Niwas» siehe auch S. 136/137).

In der weiten Wasserfläche des Pichola-Sees liegt blendend weiß wie ein geheimnisvolles Schiff das «Lake Palace», oft als Palasthotel aller Palasthotels bewundert und immer wieder als Filmkulisse bewährt. Ein schnelles Motorboot bringt die Gäste an das Ziel ihrer Sehnsüchte, und wer hier kein Zimmer hat, sollte einen Tisch im Edelrestaurant reservieren – so exklusiv ist das Haus und so lang die Liste prominentester Gäste, dass nur ein Besuch an der Bar oder reine Schaulust nicht zum Eintritt legitimieren.

An der seeabgewandten Seite des Stadtpalastes erstreckt sich mit winkeligen Gassen die Altstadt, belebt und recht gut erhalten. Viele der Häuser sind kleine Paläste mit Innenhöfen und bunten Fenstern, früher gehörten sie Gefolgsleuten des Fürsten. Martialisch wirken die massiven Tore der Stadtmauer, noch immer mit scharfen Spitzen gegen etwa angreifende Kriegs-Elefanten gespickt.

Für den Besucher ist die Altstadt eine Fundgrube schöner und begehrenswerter Dinge: attraktiver Schmuck, Email-und Silberarbeiten, aus Holz Geschnitztes, Wandbehänge, gestickt, aus Brokat, mit Spiegeldekor, Stoffe aus Seide und Baumwolle, auch Handdruck-Stoffe, Teppiche aus Kaschmir und Hunderte, Tausende von Miniaturmalereien. Man wird in die Werkstätten gebeten, in denen sehr feine Miniaturmalerei nach alter Art kopiert wird, mit haarfeinen Pinseln; die Technik wird erklärt, während man den Gästen Tee anbietet. Hinter dem Stadtpalast in der Lake Palace Road reiht sich Atelier an Atelier, ein Laden an den anderen.

Wer Mewar-Volkskunst in ihrer kreativen Vielfalt sehen will, geht oder fährt zu dem nördlich der Altstadt gelegenen «Bharatya Lok Kala Museum», das von einer privaten Stiftung zur Bewahrung und

Dokumentation der Kunst des ländlichen Mewar-Raumes gegründet wurde, auch der Kunst der «Tribals», der Ureinwohner. Im Museumshof treten täglich Tänzer oder Puppenspieler auf.

Stimmige Ergänzung dazu bietet das «Shilpgram», ein Kunsthandwerker-Dorf, das 5 Kilometer nördlich am Stadtrand die Besucher mit allerhand Unterhaltung lockt – Zauberkunststücken, Tanzvorführungen und Kamelritten. Vor allem lassen sich die Schnitzer, Weber, Maler und Keramiker bei der Arbeit zusehen und bieten ihre Produkte zu meist günstigem Preis an.

Udaipur ist mit grünen blumengeschmückten Parks gut versorgt, den Schönheitspreis gewinnt aber wohl das «Sahelion ki Bari» – zu deutsch etwa «Garten der Ehrenjungfrauen»: ein höfisches Bougainvillea- und Rosen-Paradies mit Lotusteich, Springbrunnen und Pavillons, beliebt als Treffpunkt.

Eine Tafel erinnert an einen Landsmann: Wer kennt noch Max Müller? In Indien Millionen, obwohl der deutsche Oxford-Professor vor über hundert Jahren gestorben ist und Indien nie gesehen hat. Aber er war der erste, der die heiligen Schriften der Hindus übersetzte und herausgab («The Sacred Books of the East»). In Indien ist Max Müller (1823–1900) berühmter als Goethe, die «Goethe-Häuser»

1 Der Stadtpalast der Sisodia-Fürsten von Mewar in Udaipur wuchs binnen drei Jahrhunderten aus mindestens vier Palästen – zwei davon sind heute Hotels. **2** Blick von einem Tempelhügel auf die Seenlandschaft, die im Süden des «Wüstenstaats» Rajasthan um Udaipur entstand. **3** Harmonie von Licht, Architektur und Baumgrün: ein Palasthof. **4** Über einer Seeterrasse: das «Fateh Prakash». **5** Der Kristallsaal mit seinen opulenten Lüstern war Schauplatz der Ratsversammlungen.

heißen darum «Max Müller Bhawan», und Zehntausende lernen dort deutsch. Und was steht nun auf der Tafel im «Sahelion ki Bari»? Sätze, die Müller über Indien gesagt hat: «Wenn ich die ganze Welt überschauen sollte, um das Land herauszufinden, das am üppigsten mit all dem Reichtum, der Kraft und der Schönheit ausgezeichnet ist, die von der Natur verliehen werden können, – in manchen Teilen ein wahres Paradies auf Erden! –, ich würde auf Indien weisen. Wenn ich gefragt werden sollte, unter welchem Himmel der menschliche Geist einige seiner besten Gaben am weitesten entwickelt, am gründlichsten über die größten Fragen des Lebens nachgedacht und Lösungen gefunden hat, die alle Aufmerksamkeit der Jünger Platons und Kant verdienen – ich würde auf Indien weisen.» Ein wenig umständlich gesagt, aber nachdenkenswert!

Schön ist auch eine träumerische Bootsfahrt über den Fateh Sagar

oder ein Ausflug zu den leergeräumten Mauern des alten Berg-forts, dessen schmale Treppen noch zu ersteigen sind und zum Blick über Udaipurs gastliche Stadt- und Seenlandschaft führen.

Zum Pichola-See kehrt man immer wieder zurück. Wochen könn-te man verbringen, um sämtliche Aussichtsterrassen und Fernblick-balkone rund um den See auszuprobieren. Von der Suite in einem der beiden Palasthotels im City Palace bis zum preisgünstigen Dachrestaurant-Dinner über einem schmalen Treppenhaus in der Altstadt finden sich Dutzende reizvoller Möglichkeiten. Als Foto-motive locken – neben zahllosen anderen – die großen farbigen Fassadenbilder in der Altstadt: geschmückte Elefanten, Reiter zu Pferd, Pfauen. Solche Bilder entstehen noch heute, wenn Feste

gefeiert werden, und sie sind darum viel besser, frischer erhalten als die historischen Wandgemälde der Shekawati-Region im Norden Rajasthans (siehe Seite 171 f.).

Doch von den Balkongalerien des «Lake Pichola Hotel», die jedem Gast seinen eigenen kleinen privaten Aussichtsplatz bieten, ist der Ausblick zur Nachtzeit vielleicht am schönsten? Längst haben die Wäscherinnen direkt gegenüber am Gangaur-Ghat ihre Arbeit ein-gestellt, das rhythmische Geräusch der auf die Stufen geschlagenen Wäsche ist verstummt. Nur manchmal läutet stattdessen ein Tem-pelglöckchen, heftig und unmelodisch. Lackschwarz glänzt der See, spiegelt blinkend die Lichter der Altstadt, und kleine Boote bringen die Gäste heim zum Landeplatz des «Lake Palace»-Hotels.

Seit dem Beginn des neuen Jahrtausends hat Udaipur am Ufer des Lake Pichola noch ein Hoteljuwel für maximale Ansprüche mehr – und ein zweites öffnete seine Portale eine gute halbe Autostunde nördlich, in großartig schöner Landschaft über dem Dorf Delwara. Mit dem ****/***** «Udaivilas» präsentiert die Oberoi-Gruppe ein wieder bravourös und individuell konzipiertes Beispiel ihres luxuriösen Resort-Konzepts. Das 120000 Quadratmeter große Gartengelände mit zwei großen Swimmingpools, die winters auch geheizt werden, erstreckt sich nahezu vis-à-vis vom «Lake Palace» (siehe S. 135). Terrassen und Pavillons inmitten blühender Pflanzen, edle Materialien der Ausstattung, kulinarische Erlebnisse, freundlicher Service und das Angebot von professionellen Ayurveda-Behandlungen stimmen den Gast auf noble Genusstage ein (www.oberoihotels.com). Wer Luxus lieber in ländlichem Ambiente genießt, wählt das ***/**** «Palastfort Devi Garh», ein romantisches Gemäuer, das sich wie aus einem Ritterroman über der gebirgsumschlossenen Tallandschaft erhebt. Im Innern dominiert modernes Design in der vielstöckigen historischen Burg, ihren 23 Suiten und sechs Zelten – ein Kontrast, der in Indien vorerst einzigartig ist. Möglich wurde er dank der kreativen Energie oder Poddar-Familie und des 24jährigen Designers und Innenarchitekten Rajiv Saini aus Mumbai (www.deviresorts.com).

Verlockendes Reiseziel ist nicht nur die Stadt Udaipur, sondern auch das übrige südliche Rajasthan. Viele Tage kann man immer

noch neue Entdeckungen machen, hier nur einige Beispiele: Molela ist ein noch ländliches Keramikerdorf, dessen Erzeugnisse auch nach Europa und in die USA exportiert werden – vom Ganesha-Souvenir bis zu großen Pferden und wandhohen figürlichen Reliefplatten aus gebranntem und kräftig farbig bemaltem Ton. Hier kann man leicht die Bekanntschaft der Dorfkünstler machen.

Im Jaisamand Sanctuary, dem Wildschutzgebiet 50 Kilometer südöstlich von Udaipur, leben Leoparden, Wildschweine, Chinkaras (indische Gazellen) und Krokodile; der 160 Quadratkilometer große künstliche See wurde schon im 16. Jahrhundert aufgestaut. Auf den Hügeln um den See blieben noch marmorne Chattris erhalten, auch ein Palast, der jetzt Hotel ist. Man kann Boote leihen, um die vielen Vogelarten an den Ufern und auf den Inseln zu beobachten. Chittorgarh, die alte Festungs-Hauptstadt, liegt auf dem 180 Meter hohen Felsen über dem Gambheri-Fluss, 100 Kilometer östlich. Da die Straße von Udaipur nicht die beste ist, dauert die Fahrt lang.

1 Morgensonne am Pool des «Shiv Niwas Palace Hotel», 2 und im gleichen Hotel für gehobene Ansprüche das Schlafzimmer einer Suite. 3 Der Chef der Sisodia-Familie, Maharana Arvind Singh von Mewar, zeigt im Palastmuseum auch eine erlesene Oldtimer-Kollektion von «Vintage Cars». 4 Vor historischem Wandbild im «Shiv Niwas»: Das Frühstück wird serviert. 5 Ob bei Tag oder beleuchtet zur Nacht: Die kunstvoll durchbrochenen Steinfenster des «Shiv Niwas Palace» sind ein Fest für die Augen. 6 Militärkapelle vor dem Palast.

Bequem ist es, zu Füßen der Festung Chittorgarh zu übernachten. Ihre Ruinen sind bis heute Symbol für den Abwehrkampf der Mewar-Rajputen gegen muslimische Eroberer. Dreimal verübten die Einwohner vor der drohenden Niederlage kollektiven Selbstmord, die Männer im Kampf, Frauen und Kinder auf dem Scheiterhaufen. Heute sieht man die Reste von Palästen, Teichen, leeren Tempeln. Bewundertes Baudenkmal ist der reich mit Hindu-Skulpturen geschmückte 37 Meter hohe Siegesturm, den man ersteigen kann. Ein anderer Turm ist mit Figuren von Jain-Heiligen geschmückt. Auch romantische Sagen sind auf dem Festungshügel zu Hause. Die der Fürstin Padmini erzählt, der Sultan Ala-ud-din Khilji habe versprochen, die Belagerung der Festung zu beenden, wenn er die berühmte Schönheit nur einmal ansehen dürfe. Von einem Pavillon aus, durch einen Spiegel, wurde ihm das gewährt. Aber wie zu erwarten, gab sich der Sultan damit nicht zufrieden. Er war um so begieriger, die Festung zu erobern, ließ stürmen, siegte, fand aber

nur noch Tote vor. In den Pavillon kann man sich noch heute setzen und sich als Sultan fühlen, doch Padmini kommt nie wieder.

Ganz anders das Fort Bambora, südöstlich von Udaipur und auch von Chittorgarh nicht allzuweit entfernt: Hier haben Menschen, die sich der Geschichte verbunden fühlen, für eine Auferstehung und Wiederbelebung gesorgt. Fort Bambora war noch Anfang der neunziger Jahre eine Ruine, heute ist es ein Heritage-Hotel, «Karni Fort» genannt. Mit seinen mächtigen Mauern, wuchtigem Rundturm, Höfen, Pavillons und Dachterrassen kann es sich als ein Musterbeispiel rajasthanischer Burgenherrlichkeit darbieten. Die

privaten Bauherren dieser Ruinen-Restaurierung, Thakur Sunder Singh und seine Frau Thakurani Chanda Kanwar of Sodawas, aus alten Rajputen-Familien, haben binnen weniger Jahre fast Unglaubliches verwirklicht – vergleicht man das Vorher und Nachher. Solcher Vergleich wird durch die Fotos einer kleinen Ausstellung im

1 Aus einer Ruine wurde ein luxuriöses Hotel südöstlich von Udaipur: «Karni Fort Bambora», mit grandiosem Ausblick von der Dachterrasse. **2** Das Fort in seiner beherrschenden Hügellage, **3** und der elegant umfriedete Swimmingpool, mit Marmorelefanten und lebendigen Pfauen. **4** Das weiträumig ummauerte Hotel-Areal über dem Dorf Bambora. **5** Zum Träumen schön: eines der nur zehn Gästezimmer im Palast.

«Karni Fort» ermöglicht, Fotos, die beispielsweise die teils einge-stürzte Fassade des Forts, vermorschte Balken, zerstörte Arkaden zeigen. Der Thakur hatte hervorragende Steinmetze und andere Handwerker als Helfer, und schon jetzt ist es gar nicht mehr leicht, neue von alten Bauteilen zu unterscheiden.

Für das historisch inspirierte Design der Einrichtung und vor allem für ihre Farben war die Thakurani zuständig. Was sagen die Gäste dazu? «Ganz unglaublich!» und «Wie das glänzt!». Die Jacquard-seide der Stuhl- und Sofabezüge glänzt rot mit Goldmustern, die auf den Sitzpolstern in den breiten Fensternischen gelb mit kleinen roten Elementen. Die roten Satinkissen glänzen und auch der Über-wurf des runden Doppelbetts in der Suite. Die Holzteile der Stühle und der Bettstatt glänzen nicht ganz so, denn sie sind in vorneh-mem Mattgold gehalten. Schrank und Schreibtisch sind Antiqui-täten, doch auch die Wandlampen glänzen vor kleinen Spiegeln. So viele Spiegel – rund am Schrank, oval an der Wand, runde kleine Spiegel am Fußteil des Bettes, unregelmäßige Spiegelchen eingelas-sen in den Stuck der Pfeiler und der beiden indosarazenischen Bö-gen, die Sitz- und Schlafteil trennen. Sonnenlicht strömt in breiter Bahn durch die Fenster herein, und von denen sind manche kräftig farbig: rot oder blau, gelb oder grün.

Bauhaus-Architekten wenden sich vielleicht mit Schrecken ab. Aber wir sind nicht im kühlen Europa, sondern in Rajasthan, im Orient, und hier liebt man die Farben seit Jahrhunderten so feurig und voller Glanz wie die Sonne. Droben in der offenen, von leichtem Wind gekühlten Halle unter der Dachterrasse befragt, was ihnen «Karni Fort Bambora» bedeutet, antworteten Thakur und Thaku-rani mit einem einzigen Satz: «Dies ist unsere Geschichte».

Udaipur: Spezialtipps der Autoren

Anreise und Reisezeit
Flug: Flughafen Dabok (24 km), Verbindungen u.a. mit New Delhi, Mumbai, Jaipur.
Bahn: Verbindungen u.a. mit New Delhi, Jaipur (7–8 Std.).
Bus/Leihwagen: Agra (630 km), Jaipur (410 km).
Beste Reisezeit: Oktober bis März.

Unterkunft
****/***** *Lake Palace* (H1). Das berühmteste aller «Taj Lei-sure»-Hotels entstand aus ursprünglich zwei um 1750 erbau-ten Sommerpalästen auf dem Inselchen Jag Niwas.
2 Restaurants, Pool, Garten und Bar. 67 Zi., 17 Suiten, P. B. 5, Pichola Lake, Udaipur-313 001, Tel. 02 94-2 52 88 00, Fax: 2 52 87 00, E-mail: lakepalace.udaipur@tajhotels.com
/** *Shiv Niwas Palace Hotel* (H2) (HRH – Historic Resort Hotels). Ehemals Gästehaus der Maharanas im City-Palace-Komplex, edel eingerichtet, Pool, Squash und Billard, Restau-rant und «Holistic Health Center». 17 Zi., 17 Suiten, Tel. 02 94-2 52 80 16, Fax: 2 52 80 06, Reservierung Tel. 2 52 80 08, Fax: 2 52 80 12, E-mail: resv@hrhindia.com
/* *Fateh Prakash Palace Hotel* (H3) (HRH). Im City Palace, antikes Mobiliar, gepflegtes Restaurant, großartiger Ausblick. 9 Zi. und 7 Suiten, Tel. etc. wie Shiv Niwas Palace.
*** Hilton Trident (H4) (Hilton/Oberoi). Sehr ruhig am Nordufer des Lake Pichola (auch Fährverbindung mit der City). Elegant ausgestattet, attraktiver Pool im Garten, Restaurantterrasse, Bar, Fitness-Studio, Beauty-Salon. 143 Zi., Haridasji Ki Magri, Mulla Tulai, Udaipur, Rajasthan-313 001, Tel. 02 94-2 43 22 00, Fax: 2 43 22 11, E-mail: reservations@tridentudp.com
** *Lake Pichola Hotel* (H5). Direkt am See, mit Dachrestaurant und Balkonen, teils AC, Restaurant. 25 Zi. (Erweiterung ge-plant), Outside Chandpole, Tel. 02 94-2 42 03 87, Fax: 2 41 05 75.
* *Jagat Niwas* (H6). Haus aus dem 17. Jh. am Lake Pichola, schön restauriert, traditionell ausgestattet, gute Küche. 21 Zi., 24-25 Lalghat, Tel. 02 94-2 42 01 33, Fax: 2 41 85 12.
** *Karni Fort Bambora* (H7) (Karni Group of Hotels). 45 km südöstlich von Udaipur nahe Jaisamand Sanctuary und Stau-see. Romantisches, ruhiges Hotel hoch über dem Dorf Bam-bora. Luxuriöse Einrichtung in orientalisierenden Stil. Pool, Reiten, Dorf-Safari. 10 Zi., Tel. 02 94-23 22 20, Fax: 23 34 95.
* *Padmini Hotel* (H8). Chittorgarh, am Gambheri-Fluss. 16 Zi., 6 mit AC, Chanderiya Rd., Tel. 0 14 72-24 17 18, Fax: 24 00 72.

Sehen und Erleben
City Palace. Jagdish-Tempel, Bharatya Lok Kala Mandala (privates Volkskundemuseum), Saheliyon-ki-Bari (Garten aus dem 18. Jh.), Gulab Bagh (Rosengarten).

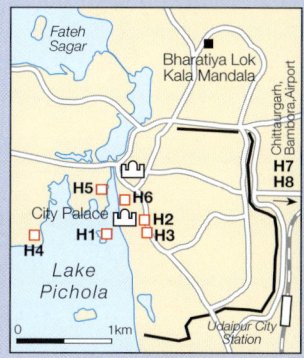

Ziele in der Umgebung
Eklingji (alter Tempelort mit reichem Skulpturenschmuck, 22 km nördlich), Molela (Ke-ramikerdorf, ca. 50 km nörd-lich), Chittorgarh (ca. 112 km östlich), Jaisamand Sanctua-ry (ca. 45 km südöstlich).

Auskunft
Tourist Reception Centre, Fateh Memorial Building, beim Suraj Pol, Tel. 02 94-2 41 15 35.

Im Sommerparadies der Maharajas
Die lichte Marmorpracht von Ranakpur

Grüne Landschaft erwandern, ihren Einklang mit einer seit einem halben Jahrtausend von Pilgern besuchten Jain-Tempelstätte erleben und meisterliche Kunst bewundern – Ranakpur ist eine Reise wert.

Im Wald wohnen, nicht in einem dunkel-dichten, sondern unter hohen Bäumen, die den Sonnenschein eindringen lassen. Durch diesen Wald, von Vogelstimmen begleitet, an kleinen Feldern, Bachläufen und Bauernhütten vorbei jeden Tag zu einem hellen Tempeldorf wandern, und schon von ferne ist vielleicht zarte Musik zu hören, Glocken und muntere Schreie von Affen dazwischen – ist das nicht eine zu märchenhafte Vorstellung, ein unglaublicher Gegensatz, wenn man an das Indien der großen Städte, an die Dörferarmut im wüstendürren Rajasthan denkt? Doch es gibt den Ort, an dem einen dieses Gefühl der heiteren Ungestörtheit umfängt: Ranakpur, das Jain-Heiligtum, rund 90 Kilometer nördlich von Udaipur im Arawalli-Gebirge. Bis zur Wüste Thar ist es weit, da hätte man erst das fast 600 Quadratkilometer große «Kumbhalgarh Sanctuary» zu durchqueren. Doch von Kumbhalgarh-Fort und seinem «Wolkenpalast», auf einem Gipfel in über 1000 Meter Höhe errichtet, blickt man an klaren Tagen bis zur Thar-Wüste.

Von wunderbarer Schönheit, von großartiger, fein ziselierter Formenfülle sind die klassischen Tempel der Jains – hier in Ranakpur wie auf dem Shetrunja, dem Tempelberg von Palitana im benachbarten Gujarat, und in Mount Abu im südlichsten Rajasthan und noch an vielen anderen Orten.

Ihre Religion bestimmt die Jains zu «Ahimsa», der Gewaltlosigkeit, der Achtung vor dem Leben – nicht nur der Menschen, sondern auch aller Tiere. Der Hindu Gandhi lehrte «Ahimsa» im Kampf um indische Unabhängigkeit. Immer wieder begegnet man Pilgern, die einen Atemschutz vor dem Mund tragen, damit sie nicht ungewollt ein Insekt verschlucken, und die mit Besenstrichen dafür sorgen, dass ihr Fuß keinen Käfer zertritt.

Vor dem Betreten der Tempel erfährt man, dass man kein Leder (weil es von toten Tieren stammt) bei sich haben darf, Schuhe ohnehin nicht, doch auch keine Ledergürtel, ledernen Taschen und

1 Ländlich schlicht, einfach und schön: Dekor im «Maharani Bagh Orchard Retreat», nach den dörflichen Vorbildern Rajasthans. **2** Dem «Furtbereiter» Adinatha geweiht: Indiens größter Jain-Tempel, mit 29 Hallen, deren Türme und Kuppeln von 1444 Säulen und Pfeilern getragen werden. **3** Ein Lächeln für den Fotografen. **4** Junger Priester beim Restaurieren. **5** Das Licht spielt mit dem überreich reliefierten Marmor, wechselt von warmem Honigton bis zu kühlem, zarten Blau.

Riemen jeder Art. Natürlich sind alle gläubigen Jains Vegetarier, sie essen auch keine Ackerfrüchte aus dem Boden, da bei deren Ernte Kleinlebewesen verletzt werden können. Jains sind aus denselben Gründen keine Landwirte. Der Ursprung des Jainismus wird von den Historikern in das 6. Jahrhundert v. Chr. datiert. Etwas früher als Buddha wurde in der Nähe von Vaishali nördlich von Patna der Fürstensohn Mahavira geboren, der als Vollender einer langen Folge von 24 «Tirthankaras» verehrt wird.

Diese heiligen Männer lehrten, wie dem Ozean von Geburt, Daseinselend und Tod zu entrinnen sei («Tirthankara» bedeutet «Furtbereiter»). Kontrolle der Sinne und Askese sollen zur Erlö-

sung (Moksha) führen. Nicht jeder Gläubige ist zur höchsten Stufe religiöser Forderungen verpflichtet, doch für alle gilt das Gelöbnis der Ahimsa, der Asteya (nicht stehlen), der Brahmacharya (Mäßigkeit des physischen Verlangens, Keuschheit), der Aparigraha (innere Unabhängigkeit von weltlichen Gütern). Zwei Sekten gibt es im Jainismus: die Digambaras (die «Luftgekleideten», sie gehen oft asketisch nackt) und die Shvetambaras («Weißgekleidete»). Jains sind in Indien wirtschaftlich sehr einflussreich, oft wohlhabend, obwohl ihre Zahl mit etwa 3,5 Millionen nur gering ist.

Nah beieinander stehen die drei Tempel auf einer kleinen Ebene inmitten waldigen Hügellands, daneben einige Gebäude mit Pilgerherberge und ein kleiner Hof, in dem regelmäßig Affen gefüttert werden. Der Haupttempel, dem ersten Jain-Tirthankara Adinath geweiht, erhebt sich mehrstöckig über seiner Terrasse mit großzügiger Freitreppe und ist symmetrisch erbaut. Auf das Heiligtum im Zentrum führen Galerien zu, die sich zu 29 luftigen, in Licht und Schatten wechselnden Hallen erweitern. Vielzählig krönen Kuppeln und Türme das Tempeldach.

Decken und Dach des Tempels, heißt es, ruhen auf 1444 über und über mit Marmorschnitzwerk bedeckten Säulen und Pfeilern. Wann hat sie jemand nachgezählt? Kein Pfeiler ist dem anderen gleich,

1 Eingebettet ins Grün der Waldhügel: die Jain-Tempel von Ranakpur, die in ihrer weißhellen Marmorpracht zu den kostbarsten Architektur-Meisterwerken Indiens gehören. Im Blick ist hier der dem «Furtbereiter» Adinatha geweihte Chaumukha-Tempel, erbaut 1439. 2 Die Schönheit der Geometrie – im Regelmaß der Achtecke, die in den Kuppeln in Kreise übergehen, wird sie sichtbar, belebt von immer neuen Formvariationen der Steinschnitzerei. Fünfzig Jahre lang, heißt es, habe im 15. Jahrhundert der Bau des Haupttempels gedauert. 3 Im Gespräch: Frau und junger Jain-Priester. 4 Wo Tempel stehen, sind kleine Läden nicht weit.

dem Sonnengott Surya geweihte Hindu-Tempel erbaut. Surya ist mit dem Sonnenrad auf siebenspännigem Wagen dargestellt.

Wer das Ganze aus einer anderen Perspektive erleben möchte, kann zu den Kuppeldächern hinaufsteigen oder auf schmalen Stufen hinunter in die Gewölbe, in deren Dunkel Führer zu den Altären geleiten – doch das ist nichts für Menschen mit Platzangst, und bei großem Andrang verzichtet man ohnehin besser.

Oder man wandert einige Wegbiegungen weiter zu einem kleinen Badesee, an der Grenze eines Wildlife Sanctuary, wo die dörfliche «Shivika Jungle Lodge» bodenständige vegetarische Mahlzeiten und außerdem drei schlichte, angenehme Zimmer anbietet. Um das

und man mag kaum aufhören, sich immer tiefer im Betrachten der Reliefs der Figuren und Ornamente zu verlieren. Tänzerinnen und Musikantinnen, Blätter und Ranken, Tirthankaras in Meditation, Heiligtümer und Szenen aus dem religiösen Leben überziehen Pfeiler, Decken und – noch einmal um einen Grad kunstvoller – das Innere der Kuppeln. Legenden, aus dem Stein geschnitten: Die Figur des Tirthankara Parshvanatha wird von einem dekorativen Baldachin aus den 1001 Köpfen einer Kobra beschirmt, Erinnerung an seine legendäre Errettung mit Hilfe der Kobra. Schlangen sind in der indischen Mythologie ja Symbole der Lebensenergie, kommen den Menschen oft zur Hilfe, und das gilt bei Hindus ähnlich wie bei Buddhisten und Jains.

Die Kunstfertigkeit der Steinmetze des 15. Jahrhunderts – der Meister, Depa, ist namentlich bekannt – ist einzigartig, und sie wurde weitergegeben. Als nach langer Vernachlässigung Ende des 19. Jahrhunderts Tempelreparaturen fällig wurden, konnte man Nachfahren jenes Meisters Depa mit der Ausbesserung betrauen.

Südlich des Adinatha-Tempels steht der Parshvanatha-Tempel, außen mit grazilen Tänzerinnen-Figuren geschmückt; im Innern findet sich ein Kultbild aus schwarzem Stein. Etwas abseits wurde gleichzeitig mit den Jain-Tempeln auf sternförmigem Grundriss der

Wohl der Gäste bemüht, veranstaltet die Eigner-Familie Safaris ins Kumbhalgarh-Wildschutzgebiet und Wanderungen zu Aussichtspunkten auf die Arawalli-Waldberge in der Umgebung.

Wenige Kilometer entfernt kennen Rajasthan-Reisende das «Maharani Bagh Orchard Retreat» als einen ihrer Lieblingsplätze, als eine nahezu ideale Unterkunft für Menschen, die ungestörte Natur lieben und das um so mehr, wenn Ambiente, Service und Menü von guter Qualität sind. Dieser einstige Obstgarten und Picknickplatz der Maharajas von Jodhpur wurde zu einem Bungalow-Hotel mit Freiluftrestaurant. Die Bungalows, mit privater Terrasse, mit Bad und hübsch möbliert, stehen in einer Baum-Gras-Blüten-Gartenlandschaft, der ihr freier Wildwuchs nicht radikal weggeschnitten wird. Ein schneller Bach unter Brückenstegen durchfließt – wenn nicht gerade extreme Dürre herrscht – das schon im Februar sommerwarme Paradies. Überall blüht das Bougainvillea-Rot, Mangobäume spenden Schatten, auf den Baumwipfeln schaukeln in ihren Silberpelzen schwarzgesichtige Languren-Affen.

Der liebenswürdige Wirt Thakur Khuman Singh pflegt diesen Ort der Ruhe und Erholung beispielhaft, sorgt für gute Küche (auch nicht-vegetarische) und gute Stimmung. Man kann im Pool schwimmen, zu Fuß abseits der Fahrstraße zu den Tempeln gehen, ausrei-

ten, Jeep-Safaris organisieren lassen – oder einfach auf dem Rattansessel vor seinem Bungalow in den Abend hinein träumen, lesen, plaudern und ab und zu von Kellnern mit den typischen roten Rajasthan-Turbanen ein erfrischendes Getränk in Empfang nehmen. Vielleicht hat man das Glück, ein Tempelfest mitzuerleben. Das wird «offiziell» natürlich mit Anwesenheit der zuständigen Honoratioren, mit viel lauter volkstümlicher Musik, religiösen Riten und dem Umzug von glitzernd geschmückten Festwagen auf dem Gelände begangen. Auch die üblichen Händler von allerhand Buntem sind dabei, und viele heitere, viele junge Menschen.

Die Tage des Frühlingsfestes im Februar sind bedeutungsvoll für die «Tribals», die sonst abseits der Hindu-Gesellschaft lebenden Stämme der Ureinwohner, der Adivasi. Sie haben bei diesen Festen nämlich «Probehochzeiten» und halten sich nicht an die Hindu-Regeln der von den Eltern arrangierten Ehepartnerwahl. Die jungen Leute werden sich einig und verschwinden im Anschluss an das Fest in der Wildnis. Sie tauchen erst nach etwa zehn Tagen wieder auf, haben auf Probe geheiratet und bleiben ein Ehepaar – oder aber, wenn das Einverständnis unter den Hochzeitern doch

1 Im «Maharani Bagh Orchard Resort»: freundlicher Zimmerservice. 2 Gespeist wird unter Naturdächern, die Küche wird gelobt, und jeder wählt am Büffet nach eigenem Geschmack. 3 Die ebenerdigen Zimmer der Bungalows sind geräumig und schön eingerichtet, mit guten Textilien und Gemälden, die sich von den üblich beliebigen Hotelbilddrucken deutlich unterscheiden. Besonders angenehm sind auch die überdachten Terrassen. 4 Streifenhörnchen fühlen sich wohl in der Keramikschale, 5 die Gäste in ihren heiter bemalten Betten und 6 in Gesellschaft der nicht ganz lebensgroßen Tonelefanten. 7 Eine Landschaft zum Spazierengehen und Wandern, abseits der Autostraße. Man trifft noch auf solche traditionelle Schöpfanlagen mit Tongefäßen – dank einem Stausee fehlt es im Tal nicht an Wasser. 8 Erntearbeit der Frauen. 9 Ein Hirte unterwegs mit magerer Herde. 10 Im Adinatha-Tempel: Ritt auf dem Marmorelefanten.

nicht so gut war, trennen sie sich in Freundschaft, ohne Nachteil für einen der Partner. Die «zivilisierten» Hindus halten diesen Adivasi-Brauch für recht wild und ungehörig, uns Europäern scheint es die bei weitem vernünftigere Sitte zu sein.

Zwei Tage nach dem Fest sind Pilger, Händler, Besucher und Festschmuck verschwunden, still glänzen die marmorhellen Tempel durch das Waldgrün, ein guter Platz zum Entspannen, Meditieren, Wohlfühlen in der Natur.

Nicht zu vergessen ein anderer Platz nah an der Natur, von Ranakpur auf schmalen Straßen mit etlichen Dorf-Durchfahrten zu erreichen: «Leopard's Lair». Der Ort Bera ist noch kaum in Reiseführern zu finden. Möglicherweise gelingt es auch dem Fahrer des Mietwagens nur auf Umwegen, die Komfort-Cottages anzusteuern, die der Grundherr Devi Singh am Rand seines in Grün gebetteten Besitzes, abseits gewohnter Touristenrouten erbaut hat. Natursteinfassaden, Designerlampen und Kunsthandwerk zeugen von Stilgefühl, gute Küche, solide Holzbetten, Kühlschrank und Klimaanlage sorgen fürs leibliche Wohl. Das Versprechen aber heißt: Leoparden. Das Abenteuer der Leoparden-Safari beginnt mit der Dämmerung, Devi Singh selbst kurvt im offenen Jeep durch die Dschungel- und Felslandschaft. Leoparden leben hier in freier Wildbahn. Die Dörfler bekommen Geld, damit sie die schwarzgefleckten Großkatzen nicht mit vergifteten Tierkadavern zur Strecke bringen. Ob man heute der Leoparden ansichtig wird? Hyänengeheul tönt aus dem Dunkel, da sind die Chancen schlecht – denn vor den Hyänen und ihrem starken Gebiss scheuen selbst Leoparden. Aber «no problem» – am nächsten Abend wird Devi Singh seinen Gästen die Tiere zeigen können, er ist sich aus Erfahrung sicher. Und vorher, bei Tageslicht, sind am See Krokodile zu sehen, auch das wird ein Naturerlebnis.

Ranakpur: Spezialtipps der Autoren

Anreise und Reisezeit
Flug: Nächster Flughafen Udaipur (ca. 90 km).
Bahn: Falna-Junction (Umsteigebahnhof) der Strecke Ajmer-Abu Road (ca. 30 km). Oder Bahnhof Udaipur.
Bus: von Jodhpur (ca. 4 Std., 160 km), Udaipur (ca. 2,5 Std.).
Beste Reisezeit: Oktober bis März.

Unterkunft
** *Maharani Bagh Orchard Retreat* (H1) (WelcomHeritage). 4 km nördlich der Tempel, schönes Gartengelände, Freiluftrestaurant, Pool, guter Service. 18 Zi. (Bungalows), Ranakpur Rd., Sadri, District Pali, Rajasthan-306 702. Tel. 0 29 34-2 85 105 und 2 85 151, Fax: 02 91-2 54 22 40. Reservierung: Welcomnet Offices New Delhi, Tel. 011-26 56 18 75, 26 86 89 92, Fax: 26 86 89 94, E-mail: welcom@ndf.vsnl.net.in
* *Shivika Jungle Lodge* (H2). 20 Min. von den Tempeln, am See, guter Service. 3 Zi. mit Bad, Restaurant, sehr einfach. Reservierung: North West Safaris, Tel. 079-26 30 20 19, Fax: 26 30 09 62. E-mail: ssibal@ad1.vsnl.net.in

/* *Leopard's Lair* (H3) in Bera, herrschaftlicher Sitz mit komfortablen Bungalows, Pool, Bar, herrlichem Baumbestand. Leoparden-Safaris, Krokodile (ca. 55 km nordöstlich), Reservierung Devi Singh of Bera, P.O. Bera, District Pali, Via Jawai Bandh, Rajasthan-305 126, Tel. 0 29 33-24 31 21; oder Kavas Jehangir Associates, Mumbai, Fax: 022-24 95 28 57, E-mail: katours@hotmail.com

Sehen und Erleben
Die Tempel von Ranakpur aus dem 15. Jh., eine der künstlerisch großartigsten Leistungen indischer Baukunst und Raumgestaltung. Mitnahme von jederlei Ledersachen nicht gestattet. Wandern und Spazierengehen. Ausreiten. Jeep-Safaris. Baden im See. Besuch des Wildlife Sanctuary.

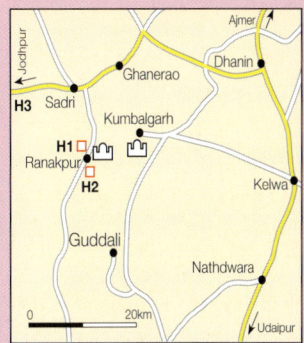

Ziele in der Umgebung
Kumbhalgarh Fort im Kumbhalgarh Sanctuary, erbaut um 1485, eines der urtümlichsten Rajasthans, mit 36 km langer Ummauerung (ca. 20 km nordöstlich). Bera, Dorf inmitten von Felshöhen, Leoparden in freier Wildbahn (ca. 60 km westlich).

Auskunft
Maharani Bagh Orchard Retreat (siehe oben).

Die Blaue Stadt und Leben in der Wüste
Jodhpur, Antiquitätenjäger und Dhurry-Weber

Mit Jaisalmer und Bikaner bildet Jodhpur das «Große Wüstendreieck»: Nicht nur Rajasthans zweitgrößte Stadt, auch die Wüste Thar und die Dörfer der Bishnois gilt es zu erkunden.

In Jodhpurs jüngstem Luxushotel, dem «Taj Hari Mandal» südlich vom Stadtzentrum, ist man auf Antiquitätenjäger vorbereitet. Am «Travel Desk» gibt es aktuellen Rat zu Einkaufsadressen, man kann sich telefonisch im Laden anmelden lassen, einen Wagen für eine Rundfahrt zu empfohlenen Läden buchen. Oder, noch bequemer und im neuen Orient wieder so üblich wie im alten: Man bittet den Händler mit einer kleinen Warenkollektion ins Hotelzimmer.

Das läuft so nicht nur bei Antiquitäten, sondern auch bei Schmuck, bei Seide-, Brokat- und Baumwollstoffen. Ein wahres Farbenfest veranstaltet Tayab Khan, «Hoflieferant» der Rathore-Maharajas, mit seinen Tüchern, Sari- und Turbanstoffen, die im Tie-and-Dye-Verfahren, der sogenannten Binde-Batik, gefärbt sind: Statt einzelne Flächen mit Wachs abzudecken, werden mit Fäden Stoffpartien abgebunden und dann gefärbt; geschickte Färber zaubern auf diese Weise Muster in allen Regenbogenfarben. Als sehr gute Adresse für handgedruckte Stoffe wird Yasin Shabuddin in Pipar genannt, etwa eine Autostunde von Jodhpur. Yasin praktiziert Blockdruck in Naturfarben, und er zeigt seinen Kunden, wie er sie aus Gelbwurz, Indigo, Granatapfelschalen und Eisenrost herstellt.

Eine Jodhpur-Spezialität unter den Antiquitäten sind Möbel, in den regenlosen Monaten an den Straßen ausgestellt und zuhauf in Hinterhöfen gelagert, zum Beispiel unterhalb des Umaid-Bhawan-Palasts. Die Tischler verstehen sich nicht nur auf Restaurierung von Schränken und Stühlen, bemalten Truhen und reichgeschnitzten Türen, sondern verwandeln einen alten Kamelkarren in eine Chaiselongue, ein hochbeiniges Bett in einen Esstisch.

Den größten Vorrat an Antiquitäten bergen die Lagerhäuser von Basni, außerhalb der Stadt gelegen. Vielleicht findet man Art-déco-Stücke oder ein Fenster mit Jugendstilglas? Oder man schaut zu, wie fast lebensgroße hölzerne Prozessionspferde mit Blattgold belegt werden und wünscht sich ein solches Prunkross für den eigenen Salon oder Garten. Und die Verpackung, Verschiffung? «No

1 In Jodhpurs mächtigem Meherangarh-Fort kann man auch auf Musiker treffen, wie seit Jahrhunderten. **2** Geduld braucht man für Mehendi – so heißt die Malerei mit Henna oder anderen Farbstoffen, mit der Frauen und Kinder sich schmücken. **3** In der Audienzhalle des Meherangarh-Forts. **4** Unter 60 Meter hoher Kuppel: die Haupthalle des jüngsten großen Maharaja-Palastes, des Umaid Bhawan in Jodhpur.

problem!» Kenner raten, beim Versand antiker Möbel unbedingt auf die fachgerechte Vernichtung holzfressender Insekten – Termiten, sogenannter weißer Ameisen – zu achten («Desinsection»). Weniger gewichtige Einkäufe tätigen Gourmets in Jodhpurs Sardar-Basar südlich des Uhrturms bei Mohan Lal Veromal, dem bekanntesten «Spice Man» – also Gewürzhändler – Rajasthans. Über vier Stufen erklimmt man seinen offenen Laden und sieht die Wände voller Fotos: Kunden aus aller Welt. Warum wohl so viele immer wieder kommen? Vor allem aus zwei Gründen: erstens, weil seine Gewürzsortimente wirklich frisch und frei von Pestiziden sind, echte «Öko»-Gewürze, zweitens, weil er Bestellungen aus dem Ausland zuverlässig liefert. Und drittens wirkt als Umsatzverstärker Mr. Mohans spontaner Charme, der jedem Verkaufsgespräch seine persönliche Wärme und Würze verleiht. Stolz zeigt er ganze Bündel von Dankes- und Bestellbriefen aus seiner zwanzigjährigen Praxis.

1 Kipling war beeindruckt: «Der Glanz eines Palastes, der von Titanen erbaut und von der Morgensonne gefärbt sein könnte», sagte der britische Indien-Kenner über das Meherangarh-Fort. 2 Unterhalb des Forts entstanden seit 1899 die Chattris des Maharajas Jaswant Singh II. und seiner Nachfolger. Auch die Porträts der Jodhpur-Herrscher werden gezeigt. 3 Maharaja-Schaukelstuhl. 4 Jodhpurs neues Taj-Hotel «Hari Mahal», mit festlicher Empfangshalle. 5 Von der Umgebung abgeschirmt durch den U-förmigen Hotelbau: der große, von Gartengrün eingefasste Swimmingpool des «Hari Mahal».

«Blue City» wird Jodhpur auch genannt, wegen der traumblauen Fassaden des Stadtviertels, das sich hoch über den Basaren und der mächtigen mittelalterlichen Stadtmauer mit ihren 101 Bastionen und sieben Toren im Schatten des riesigen Meherangarh-Forts ausbreitet. Blau ist die Farbe der Brahmanen-Kaste, doch nimmt man heute an, dass hier Wandfarben mit blauen Chemie-Zusätzen verwendet wurden, weil sie Termiten fernhalten.

Jodhpur mit seinen 850 000 Einwohnern ist eine faszinierende Mischung aus Mittelalter und Moderne – zum Beispiel hat das Meherangarh-Fort auf seiner Steilklippe als erstes in Rajasthan einen Lift. Technischer Fortschritt hat hier Tradition: Bereits im 19. Jahrhundert führte Maharaja Jaswant Singh II. Eisenbahnen ein, wenn auch die ersten noch von Kamelen gezogen wurden. Tritt man durch das Jai Pol, das Siegestor, in die Folge von Höfen und Palästen ein, dominiert in Hallen und Galerien die Tausendundeine-Nacht-Atmosphäre: Steinschnitzarbeiten in zahllosen Mustern, ein marmorner Königsthron mit goldenen Elefanten und exzellente Sammlungen von Waffen, Miniaturen, Musikinstrumenten und Juwelen.

Nur soll kein Meherangarh-Besucher eine klar gegliederte Palast-Architektur erwarten; fast unmöglich ist es, einen übersichtlichen Gesamtplan auszumachen. Selbst die Namen der Paläste haben im Lauf der Jahrhunderte gewechselt, stehen heute unterschiedlich in den Reiseführern und werden von den lebendigen Führern noch wieder anders benannt. Das Labyrinthische gehört zur Wirklichkeit des Orients. Auf Jodhpurs Fort-Hügel darf man sich darauf einlassen, die breiten Rampen zum Ausgang und zum Weg hügelabwärts sind hier überall leicht zu finden.

Vorher bestaunt man eine Kanone, die wie ein Krokodil geformt ist, den Thronsaal mit vergoldeter Decke im «Perlenpalast» (Moti Mahal) und im großen Zenana Mahal, wo die Frauen wohnten, eine Sammlung der Wiegen für die neugeborenen Rathore-Rajputen. Eine Sammlung von über hundert Turbanen zeigt, wie jede Rajasthan-Region ihre eigene Art entwickelt hat, den Turban zu binden.

Leicht zu übersehen sind im «Eisentor» (Loha Pol) im dämmrigen Torgang die bemalten Handreliefs. Wer sie wahrnimmt und ihre Bedeutung kennt, wird sie nicht mehr vergessen. Es sind Sati-Hände, zur Erinnerung an die Frauen, die sich mit ihrem toten Gatten verbrennen ließen. Vor allem Frauen höherer Kasten verübten in der patriarchalischen Hindu-Gesellschaft die Selbstverbrennung. Witwen war die Wiederverheiratung untersagt, und sie hatten und haben oft auch noch heute Ablehnung im sozialen Umfeld zu erdulden. Ein alter Shiva-Mythos erzählt von der schönen Uma (der Name bedeutet Licht, Erkenntnis), die den als Wanderbettler erschienenen Gott Shiva zu ihrem Gatten wählte und ins Feuer sprang, als ihr Priester-Vater die Ehre des Gatten verletzte. Später wurde Uma als Parvati wiedergeboren und nach langer Wartezeit wieder ehelich mit Shiva vereint. Die Erneuerer des Hinduismus im 19. Jahrhundert sahen es als eine ihrer wichtigsten Reformen an, die Wiederheiratung von Witwen zu ermöglichen.

Andere Höhepunkte eines Rundgangs sind das marmorweiße Memorial für Maharaja Jaswant Singh II. und seine Nachfolger, erbaut 1899 an der Straße, die zum Fort hinauf führt, und Jodhpurs Museen außerhalb des Forts, am glänzendsten das Privatmuseum der

1–3 Jodhpur, die «Blaue Stadt» – das gilt vor allem unterhalb des Forts. Vermutlich wurde die blaue Farbe für die Fassaden verwendet, weil sie mit ihren Zusätzen Insekten fernhielt, doch sind andere Mittel heute wirksamer. 4 Das elegante Ambiente einer Suite im «Karni Bhawan», das mit persönlicher Aufmerksamkeit als Familienhotel geführt wird.

Maharaja-Familie im Umaid Bhawan Palace: Vitrinen voller kleiner und größerer Kostbarkeiten, die zum fürstlichen Lebensstil gehören, von Jagdtrophäen bis zu einer Kollektion antiker Uhren. Kurios: Man stößt sogar auf eine Sammlung von Waschbecken.

Bei Jodhpur hat man auch ungewöhnlich gute Möglichkeiten, Menschen in den Dörfern zu begegnen. Etwa 70 Prozent aller Inder, also 700 Millionen Menschen, leben in Indiens rund 500 000 Dörfern. Besuche auf dem Land können vielleicht noch spannender sein als die Besichtigung von Rajputen-Palästen. Doch einen Führer sollte man haben, der die Dörfler kennt und ihre Sprachen spricht – wie Mr. Ayub vom «Travel Desk» des Taj-Hotels. Er bringt Besucher zum Beispiel nach Morga, wo die Menschen zwar kein eigenes Land besitzen, mit ihren Schaf- und Ziegenherden aber allmählich sesshaft geworden sind und sich steinerne Häuser bauen. Der Hausbau ist hier keine reine Männersache: Die Frauen tragen die schweren Mauersteine und reichen sie den Männern hinauf.

Nicht weit entfernt, in Jumbadi, wohnen Bishnoi, Nachkommen der Ureinwohner Indiens, in einfachen Lehmhäusern. Bishnoi heißt «29», und die Bishnoi folgen bis heute den 29 Regeln des Schutzes der Natur und der Gewaltlosigkeit, die sich der Stamm bereits im

15. Jahrhundert gegeben hat. Bäumen und Antilopen gilt ihr besonderer Schutz. In der Jodhpur-Region setzten sich die Bishnoi zum Beispiel im 18. Jahrhundert gegen eine große Baumrodungsaktion zur Wehr, und 360 Bishnoi starben, als das Militär ihren passiven Widerstand brach. Bishnoi verehren die Hindu-Götter, aber anders als Hindu-Frauen dürfen verwitwete Bishnoi-Frauen wieder heiraten. Von Hindus werden die Bishnoi auch als Kaste bezeichnet.

Die Anwesen ihres kleinen Wüstendorfes im Akaziengrün sind mit Dornengestrüpp abgeschirmt. Dem Führer mit seiner Reisegruppe wird das Tor ohne Umstände geöffnet, man begrüßt den ältesten Mann mit aneinandergelegten Händen. Die Besucher dürfen sogar die ordentliche Hütte betreten, bei der Werkzeugreparatur und beim Wäscheaufhängen zuschauen. Die Frauen lassen sich nicht stören, die Kinder machen große Augen und greifen in die Bonbontüte. Schule und Krankenhaus sind nicht weit entfernt. Ein ungewohnter Anblick: Drei alte Männer sitzen über einer Apparatur mit Glas und Flamme, sie bereiten sich Opium. Vom Staat wird ihr Opiumkonsum geduldet, zugleich aber versucht, Opiumabhängigkeit abzubauen. Die Vorgeschichte ist lang: Seit die Rathore-Rajputen von Jodhpur, noch früher vom nahen Mandore aus, große Teile

der Thar-Wüste – das Reich Marwar – kontrollierten, hatten sie Anteil an den Karawanen-Gewinnen der Marwari-Kaufleute, die außer Kupfer und Seide auch Opium über Jodhpur transportierten.

Ein Lächeln des Wiedererkennens strahlt auf, als uns der Dhurry-Weber Roopraj Prajapti am Dorfrand von Salawas begrüßt, als unangemeldete Besucher zehn Jahre nach unserem ersten Besuch. Das Dorf Salawas, etwa 26 Kilometer südlich von Jodhpur gelegen, war damals noch ein absoluter Geheimtipp. Rooprajs über neunzigjähriger Großvater lebte noch, der ihm das Weben beibrachte. Roopraj lächelt wieder, erinnernd, wie er der einzige im Dorf war, der etwas Englisch sprach. Als der Monsun ausblieb und die Missernten einander folgten, hatte er die Idee mit den Dhurries. Diese Webteppiche mit den schönen Mustern waren früher aus Ziegenhaar, jetzt stellt man sie aus Baumwolle her. Heute exportiert die Dorfkooperative «Roopraj Dhurry Udyog» in viele Länder. Roopraj sitzt mit seiner Frau wie damals unter einem Zeltdach im Freien am selbstgebauten hölzernen Webstuhl: «Ich könnte einen Laden an der Straße aufmachen», sagt er, «aber ich bin mitten in der Wüste. Ich will in der Natur leben.» Und: «Wir haben keine Vorlagen, wir müssen die Muster im Herzen haben.» Wunderschön klar und einfach sind seine pastellenen Farben, seine Muster. Vor einigen

1–5 Luxushotel im Maharaja-Stil: das «Umaid Bhawan Palace» wurde in der ersten Hälfte des 20. Jahrhunderts nach Plänen eines britischen Architekten erbaut, um in wirtschaftlicher Notzeit Arbeitsplätze zu schaffen. Vom unterirdischen Hallenbad bis zu den Suiten im Art-déco-Stil (**2**), vom Palastmuseum und zwei kleinen Theatern bis zu weitläufigen Gartenanlagen kommen die Einrichtungen heute zumeist Hotelgästen zugute. Doch wohnt auch die Maharaja-Familie im Palast.

dem Dorf Wohlstand gebracht hat. Salawas ist ein typisches Dorf, aber gleichzeitig ein ganz besonderes – eine Hoffnung.

Jodhpur empfiehlt sich mit Herbergen unterschiedlichsten Typs, vom einfachen und günstigen Paying Guest House bis zur Suite im üppigsten Art-déco-Maharaja-Palast Indiens. Mit wenig Geld indisches Leben unmittelbar kennenlernen – diese Chance bietet der Aufenthalt in einer Familie, im gemieteten Zimmer, und beim Tourist Reception Centre gibt es dazu Listen mit geprüften Adressen.

Nicht Verschwendungssucht, sondern drohende Verelendung während der Weltwirtschaftskrise 1929 motivierte Maharaja Umaid Singh, als er den «Umaid Bhawan Palace» in Auftrag und damit vielen Arbeitslosen Beschäftigung gab. 3000 Menschen haben bis 1943, heißt es, an dem 347-Zimmer-Palast gebaut. Der markant auf einer Hügelkuppe thronende Kuppelbau wird in einem Flügel weiterhin von der Maharaja-Familie genutzt, der Großteil jedoch von der Welcomgroup als Hotel mit Luxusambiente betrieben: Elefantenfiguren als Türgriffe, Pantherskulpturen am Treppenaufgang im riesigen Hallenrund, ein opulenter Speisesaal, eine «Shopping Arcade», fürstliche Gartenblicke und ein unterirdisches Schwimmbad. Nicht alle Zimmer entsprechen freilich diesem Maharaja-Luxusniveau, anspruchsvolle Gäste buchen gleich eine Suite.

Jahren hat die Kooperative einen fast 40 Meter langen Dhurry und damit einen Rekord produziert. Der Dhurry ist jetzt in London, und die Salawas-Weber sahen sich im «Sunday Telegraph». Unverändert scheinen ihre Lebensregeln, wie seit jeher: «Wir gehen langsam, aber wir gehen nie zurück», sagt Roopraj, der Mann, der

Das erst zur Jahrtausendwende eröffnete, also noch ganz neue «Hari Mandal»-Hotel der Taj-Group abseits der verkehrsgeplagten Innenstadt verwöhnt mit prachtvoller Ausstattung in Rajasthan-Tradition, einem eleganten chinesischen Restaurant «Good Earth» und einem Multicuisine-Restaurant («Marwar»), mit attraktivem Swimmingpool-Gelände und insgesamt großzügig bemessenen Dimensionen – bis hin zu den Schränken im Zimmer. In summa: ein echter Zugewinn für Jodhpurs Hotelszene.

Wie im «Hari Mandal» ist auch im kleineren «Karni Bhavan» der ausnehmend freundliche Service zu loben, dazu die private Atmosphäre, dekorativ und praktisch eingerichtete Zimmer, zum Teil mit

Four-Poster-Betten, das vorzügliche Essen, Swimmingpool und der Garten mit Barbecue-Abenden und Musikdarbietungen.

Wie an so vielen Orten sieht man auch in «Khimsar Fort» die Reisegruppen am Morgen nach ihrer Ankunft immer schon wieder

1 Begegnung mit der semiariden (halbtrockenen) Wüste Thar und ihren Bewohnern, unter denen der Stamm der Bishnoi sich durch seine seit Jahrhunderten geübte Umweltschonung auszeichnet. **2** Unterwegs mit der Mahlzeit. **3** Im Dorf Jumbadi bei Jodhpur: bei der Opium-Bereitung. **4** Frau beim Tempelort Osian, vor rund 1200 Jahren Hauptstadt eines großen Reiches. **5** Im Dorf Salawas bei Jodhpur: beim «Roopraj Dhurry Udyog» kann man Handgewebtes in schönen Farben kaufen. **6** Mehr als nur einen Tag bleiben – in Khimsar nördlich von Jodhpur lohnt es! **7** Khimsar-Frühstück in der Morgensonne. **8** Stoffladen in der Altstadt.

abreisen, nach absolvierter Jeep-Safari zur Sonnenuntergangs-
stunde auf den Sanddünen, nach dem Dinner in der romantisch
düsteren Ruine des alten Palasts und dem Gartenfrühstück in
Gesellschaft kostbar bunter Pfauen. Fort Khimsar, rund 90 Kilometer nördlich von Jodhpur, etwas abseits der Nationalstraße nach
Nagaur und Bikaner, lohnt einen längeren Aufenthalt.

Das 1523 gegründete Fort, nun in der 20. Generation im Besitz der
gleichen Familie (deren andere Zweige Maharajas von Jodhpur und
Bikaner sind), ist mit seinen Erweiterungen aus dem 18. und der
Mitte des 20. Jahrhunderts eines der stattlichsten Rajasthans und
als «Grand Heritage» klassifiziert. Rasenflächen, Obstgärten und
Gemüsebeete sorgen für Oasenfrische, ein «Healthclub» mit Massagen, Dampf- und Saunabad für die Gesundheit. Zur Unterhaltung
gibt es Croquet-Spiel, Ausritte in die Wüste zu Pferd oder Kamel,
Dorfbesuche bei Weber, Töpfer und Goldschmied und sogar ein
Privatkino. Besonders schön ist der Swimmingpool. Und zur Nacht
steigt man auf die Dachterrasse des Palasts: Wie eine Schale, wie
ein Boot wiegt sich die Mondsichel in der Schwärze. Zum Service
des «Khimsar»-Heritage-Hotels gehört ein Teleskop, das von einem freundlichen Helfer eingestellt wird. Man sieht Gebirge auf
dem Mond und Sterne wie glänzende Münzen. Auch ohne Teleskop bietet der Sternenhimmel vom Dach aus einen zauberhaften
Anblick. Tiefe Ruhe, eine authentische Atmosphäre und dazu aller
wünschenswerter Komfort – jeder, der in Khimsar war, wird diesen
Ort als Inbegriff eines indischen Traumziels in Erinnerung behalten.

Jodhpur: Spezialtipps der Autoren

Anreise und Reisezeit
Flug: Flugplatz etwa 5 km von der Stadtmitte. Verbindungen
u.a. mit New Delhi, Jaipur, Udaipur und Mumbai.
Bahn: Verbindungen u.a. mit New Delhi (ca. 11 Std.), Agra
(ca. 12 Std.), Jaipur (ca. 4 Std.), Jaisalmer (ca. 7 Std.).
Bus/Leihwagen: Zahlreiche Verbindungen, u.a. New Delhi
(ca. 600 km), Jaipur (ca. 330 km), Jaisalmer (ca. 320 km).
Beste Reisezeit: Oktober bis März.

Unterkunft
***** *Umaid Bhawan Palace* (H1) (WelcomHeritage). Maharaja-Palast aus der ersten Hälfte des 20. Jhs., großer Park, Hallenbad. 95 Zi. u. Suiten, 5 km vom Zentrum. Tel. 02 91 251 01
01 (-12), Fax: 251 01 00, umaidbhawan@amanresorts.com
/* *Taj Hari Mahal* (H2) (Taj Group). Eines der neuesten Taj-
Hotels, mit großem Pool, Besichtigungstouren, Themenaben-
den. 93 Zi. und Suiten, 5 Residency Rd., Jodhpur-324 001,
Tel. 02 91-2 43 97 00, Fax: 02 91-2 61 44 51, www.tajhotels.com

** *Karni Bhavan* (H3) (Karni Group). Heritage-Hotel mit fami-
liärer Atmosphäre. 32 Zi., teils
AC, Palace Rd., Ratanada, Jodh-
pur-320 06, Tel. 02 91-2 51 21 01
und 2 51 21 02, Fax: 2 51 21 05,
www.karnihotels.com
/* *Khimsar Fort* (H4) (Welcom-
Heritage). Romantisches Fort aus
dem 16.–20. Jh., Gartengelände,
Privatkino für Filme und HiFi, Ausritte, Wüstensafari. P.O. Khim- sar,
District Nagaur-Rajasthan (ca. 90
km nördlich Jodhpur), Tel. 0 15 85-26 23 45 (-49), Fax:
26 22 28, Reservierung: 27, Shivai Nagar, Civil Lines, Jaipur-
302 006, Tel. 01 41-2 38 23 14 (-16), 2 38 49 31, Fax: 2 38 11 50,
E-mail: khimsar@p1.dot.net.in

Sehen und Erleben
Meherangarh Fort. Jaswant Thada (Memorial für Maharaja
Jaswant Singh II.). Altstadt mit Stadtmauern, Toren, Basaren,
vor allem Sardar-Basar am Uhrturm.

Ziele in der Umgebung
Mandore, bis 1459 Hauptstadt Marwars: kürzlich restaurierte
«Hall of Heroes» oder «Schrein der 330 Millionen Götter» in
einem Parkgelände (8 km nördlich). Osian, ehemals reiche
Stadt: besonders schöne Jain- und Hindu-Tempel aus dem
8.–12. Jh. (ca. 60 km nördlich). Nagaur: restauriertes Fort
(Wandmalereien), alljährlich im Februar großer Kamelmarkt,
**WelcomHeritage-Hotel im Fort (135 km nördlich). Rohet
Garh, beschauli- cher Ort mit
ruhigem */**Heritage-Hotel
gleichen Namens, mit Pool
und Ausritten (40 km südlich).
Mehrere Dörfer der Bishnois
und anderer Stämme. Sala-
was, Dorf der Dhurry- Weber
(26 km südlich).

Auskunft
Tourist Reception Center, im
Ghoomar Hotel, Court Rd.,
Tel. 02 91-2 54 50 83 (Liste
von Paying-Guest-Adressen).

Eine Stadt wie Gold und Honig
Jaisalmer – in Indiens fernem Wüsten-Westen

Wie der Sandstein im gleißenden Licht überm Sand leuchtet!
Wie sich in den Gewölben Brokatstoffe und Silberschmuck häufen!
Wie verlockend, zu Expeditionen in die Wüste aufzubrechen!

Stundenlang fahren. Die Landschaft eintönig. Steine. Staub. Dornengestrüpp. Staub. Magere Ziegen. Staub. Wachschlaf. Hitzeflimmern. Dann: Goldflimmern. Eine Burg in den Wolken, über der stumpfen Ebene. Mauern, Türme, massiv, aus einer anderen, goldockerfarbenen Welt.

So kann man Jaisalmer das erste Mal begegnen, auf der Anfahrt durch die Halbwüste Thar. Und man tut gut daran, dieses Traumbild festzuhalten, bevor man sich nähert und die Menschen kommen, die Busse, Lastwagen, Ladenbuden, Kamele, Rucksackträger, Motorräder, das Schreien, Pfeifen, Hupen, die werbenden Handbewegungen. Die berühmte Wüstenstadt ist erreicht – ein Ort, der zur Touristenattraktion geworden ist, zu einem «Muss» für den Indien-Reisenden.

Noch vor einem halben Jahrhundert schlief Jaisalmer tief, wie auf einem anderen Planeten. Nicht einmal eine befestigte Straße gab es hierher, die wurde erst 1958 gebaut, die Bahngleise wurden 1968 gelegt. Militärische Notwendigkeiten, verursacht durch die Konflikte mit dem 1947 von Indien abgetrennten Pakistan, hatten den über 800 Jahre alten Karawanenstützpunkt Jaisalmer davor bewahrt, völlig vergessen im Staub der Wüste zu vergehen.

Danach erst kamen die Touristen. Zunächst ein Geheimtipp der Rucksack-Globetrotter, wurde Jaisalmer bald Ziel von Bustouren und «Palace-on-Wheels»-Rundfahrten. Mit ihnen kamen alle, die Restaurants eröffnen, bunten Orient-Souvenir-Handel treiben oder Kamelsafaris veranstalten wollten. Noch einmal wurde das Fort in seinem honiggelben Mauerring aus tonnenrunden Bastionen erobert, heute ist es Kern der in die Wüste hinausgewachsenen 60 000-Einwohner-Stadt. Weit ausgebreitet, schnell hingebaut liegen die Neubausiedlungen um den 76 Meter hohen Felsen des Forts. In den engen Gassen der Festung drängen die schwitzenden und auf steilen Aufgängen keuchenden «Westler». Sie stöhnen beim Besteigen der Kamele, wenn sie in Kurztrips wüstenwärts

1 Steinwälle wie ein Gebirge: die Mauern des Forts Jaisalmer im fernen Westen Rajasthans. **2** Der tägliche Gang zum Brunnen. **3** Eine Oase bei Jaisalmer: die Chattris von Bada Bagh, mit Reiter-Relief. **4** Jaisalmer, die alte Karawanenstation, bezaubert mit der märchenhaften Architektur seiner von starken Bastionen umschlossenen Altstadt, mit Durchblicken, schattigen Höfen und kostbar filigraner Steinschnitzerei.

aufbrechen, lassen höchst unvernünftig ihre Arme und Knie von der Sonne rosarot brennen.

Doch trotz all des Touristentrubels fühlt man sich beim Anblick der Traumburg in eine Wunderwelt versetzt. Von den Verwöhn-Quartieren der angenehmen Hotels kann man in die Altstadt gehen, zum Beispiel am frühen Morgen, wenn alles noch still und von einer zarten Wärme erfüllt ist. Hier gibt es die ziselierten Hausfassaden der Havelis mit ihren Erkern, Arkaden, die Straßen überspannenden Tore und Galerien zu bestaunen – von einzigartiger, überbordender Fülle ist das feine Fassadenschnitzwerk in Jaisalmer. Unkundige halten das Material der Balkone und Erker für Holz – und schon aus weichem Holz wäre das Schnitzwerk meisterhaft! Aber es ist Stein, in Hunderten von Lochmustern verzierter, durchbrochener Sandstein – Zeichen des Reichtums der Bauherren. Die Herren der Havelis waren vermögende Kaufleute, die Waren durch die Wüsten zwischen Persien, Afghanistan und China schleusten und die Kontore an vielen Orten des Orients besaßen. Ein Haveli war Familiensitz, Umschlaglager und Repräsentationspalast. Die Steinschnitzereien werfen kühlenden Schatten in die Gemächer und Lagerräume, sie waren Ausgucklöcher für die Damen des Hauses, die unsichtbar bleiben mussten. Manche Havelis werden zur Besichtigung geöffnet, in anderen kann man wohnen, klettert steile schmale Treppen zu schattendunklen Räumen und Terrassen in blendend hellem Licht hinauf.

Das Patwon ki Haveli im Norden der Altstadt hat zur Gasse hin 60 Erker-Balkone, ist voller Läden für Teppiche, Silberschmuck, Kunsthandwerk. Das Nathmalji Ki Haveli (etwas weiter westlich) ist reich mit figürlichen Steinmetzarbeiten verziert. Noch schlossartiger wirkt das Haveli des Zalim Singh nahe beim Palast mit seinen blauen Kuppeln und Arkaden im Dachgeschoss. Der Spaziergänger in der Altstadt findet immer neue architektonische Dekors.

Schließlich wird er zum inneren Fort der Bhati-Maharajas hinaufsteigen. Vier gewaltige Tore stehen am Eingang, der Steinplattenweg führt direkt auf einen Platz, an dem der Marmorthron des Maharajas steht. Als er noch herrschte, hielt er hier Audienzen und Gerichtsverhandlungen ab. Dies ist auch der Ort, an dem zweimal in

1 Sandgelb, honiggold, sonnenrötlich – das sind die Wüstenfarben von Jaisalmer, und das Grün muss man suchen. **2** Was aussieht wie Holz, ist Stein – ein wahres Wunderwerk der Steinschnitzerei: oberstes Geschoss des Salim Singh ki Haveli. **3** Das «Haus der Brokatkaufleute» (Patwon ki Haveli) erbaute sich ein Kaufmann und Händler um 1800, mit 60 Balkonen. **4** Ganja-Raucher (Marihuana). **5** Junge Frau an der Tür ihres Hauses in Jaisalmer. **6** Gäste im Hotel Jawahar Niwas. **7** Im Zeichen des Tourismus wird manches langsam verfallende Gebäude wiederhergestellt. Aber oft fehlt es doch an Geld und gutem Willen …

der Geschichte die Frauen von Jaisalmer vor drohender feindlicher Eroberung gemeinsam den Tod auf dem Scheiterhaufen wählten, um Misshandlungen zu entgehen.

Beim Gang durch den siebenstöckigen Rajmahal Palace, den vom 16. bis 18. Jahrhundert erbauten Maharaja-Palast, sind wieder kunstvolle Steinschnitzereien zu bewundern, schwere Silbertüren und

Wandgemälde, im übrigen ist die labyrinthisch verbaute Anlage leergeräumt. Im Festungsbereich kann man prächtig geschmückte Jain-Tempel des Mittelalters und Tirthankara-Statuen mit den glänzenden Edelsteinaugen aufsuchen. Von der Höhe der Zitadelle bietet sich ein vorzüglicher Überblick, auch entlang der wuchtigen Rundbastionen der Stadtmauer. Scheinbar könnten sie jederzeit an den pflanzenlosen Schutthängen ins Rutschen geraten, doch sie beweisen Standfestigkeit, seit dem 17. Jahrhundert schon.

Taucht man dann unten zur Altstadt hin in die Basare ein, gerät man in Gefahr, sich in einem wahren Kaufrausch zu verlieren. Silberschmuck, Sandelholzgeschnitztes, Brokatdecken, Kamelleder – Versuchungen überall zwischen unzählbaren Kuriositäten, Kram und Alltagsdingen. Die Händler sind auf bedächtiges Feilschen eingestellt. Wer Lust auf einen Kamelritt hat, findet hier Angebote an jeder zweiten Ecke.

Abseits der «Sights» zur Ruhe kommen, etwa den Zauber der glitzernden Pracht silberdurchwirkter Tücher und hell klingender Kamelsattelglocken nachwirken lassen – dazu ist der «Sunset Point» bei den grazilen Chattris nördlich der Ummauerung gut geeignet. Oder noch besser der Garten des Hotels Himmatgarh Palace, auf einer Anhöhe gut 2 Kilometer westlich der ummauerten Stadt. Das Fort und die zart filigrane Architektur der Chattris, der Totendenkmale, leuchten in der Abendsonne golden auf, und das Hotel lässt die Klimaanlagen in seinem Sandsteinbau wacker gegen die brütende Hitze arbeiten. Von einem Rajputen, dessen Familie ihre Ab-

stammung vom Mond herleitet, wurde der «Himmatgarh Palace» in den achtziger Jahren des 20. Jahrhunderts gegründet, er ist inmitten des Wüstensands auch mit einem Pool, einem Restaurant mit guter Küche und neuestens mit einer Bühne versehen.

Eine andere, ebenfalls westlich und noch näher zur Altstadt gelegene und doch ruhige Bleibe ist das «Jawahar Niwas» Palace Hotel, ein ehemaliges Gästehaus des Maharajas, dessen Haupthaus mit feinen Steinmetzarbeiten geschmückt und noch mit originalen Art-déco-Möbeln ausgestattet ist. Der neue Pool in originellem Design ist gut gelungen.

Noch ein Stück weiter hinaus, 6 Kilometer nach Norden, wachsen im überraschenden Grün der Bada-Bagh-Oase Mangobäume bei den Chattris der Herrscherfamilie. Es ist ein Ort der Einsamkeit

1 Unter Lüstern und alten Gemälden: Empfangshalle des «Jawahar Niwas». **2** Wappen des Maharajas von Jaisalmer – im Hintergrund: das Hotel «Jawahar Niwas». **3** Mit Blattgold geschmückt: Truhe im «Jawahar Niwas». **4** Mit Witz beworben: Reiseagentur in Jaisalmer. **5** Auffahrt zum «Jawahar Niwas». **6** Kostbar im Detail: Metallskulpturen einer Schaukel-Aufhängung. **7** Außerhalb der ummauerten Stadt entstand das moderne Komforthotel «Himmatgarh Palace» mit runden Cottages und hervorragender Aussicht auf Jaisalmer.

und Stille, wie geschaffen für das Wüstengefühl des Wunderbaren, das Erlebnis des Zeitlosen im scheinbar unbegrenzten Raum. Nur Militärposten stören manchmal.

Bleibt noch der Wunsch, tiefer in die Wüste vorzudringen. Außer den Kamelsafaris, bei denen man übrigens genügend Erfrischungsgetränke mitnehmen und Kopf und Rücken gegen die Sonne schützen sollte, sind Fahrten im Jeep interessant: zum Beispiel zu den 14 Kilometer südöstlich gelegenen versteinerten Baumstämmen des Akal Wood Fossils Park, bis zu 180 Millionen Jahre alt, oder zu den Sam Sand Dunes 42 Kilometer westlich. Die Dünen bieten oft keine Wüsteneinsamkeit, aber immer gute Fotomotive.

Die Ruinen einer Vorgängerstadt Jaisalmers erreicht man gleichfalls in westlicher Richtung, also auf die pakistanische Grenze zu: Lodurva (auch: Lodruva), die Residenz der Bhatti-Rajputen, die seit dem 10. Jahrhundert herrschten und 1156 Jaisalmer gründeten. In den siebziger Jahren des 20. Jahrhunderts wurde ein großer Jain-Tempel wiederaufgebaut, mit prächtigem Torbogen und einem «Kalpavriksha», der Darstellung eines himmlischen Baumes mit der Kraft, Wünsche der Gläubigen zu erfüllen.

Noch in Spaziergangsnähe südöstlich von Jaisalmer liegt Gadi Sagar, ein vogelreicher See mit sandsteinroten Ghats und Chattris, der von Wasser aus dem Indira-Gandhi-Kanal gespeist wird. Der kunstvolle Torbogen dort soll der Sage nach von einer Kurtisane in Auftrag gegeben worden sein. Die ehrenwerten Obrigkeiten wollten ihn abreißen lassen, da richtete sie schnell einen kleinen Tempel obenauf ein – so blieb das hübsche Bauwerk an den Freitreppen stehen. Ein Stück vom Tor entfernt ist ein Folklore-Museum sehenswert, besonders für Liebhaber volkstümlicher Musikinstrumente.

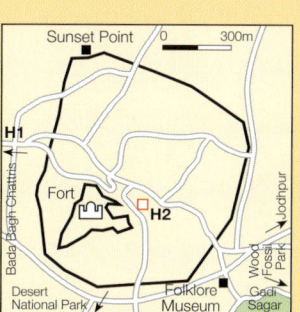

Jaisalmer: Spezialtipps der Autoren

Anreise und Reisezeit
Flug: Der nächste Flughafen ist in Jodhpur (285 km), von dort nur Busverbindung.
Bahn: Verbindung mit Jodhpur (ca. 8 Std.)
Auto: Jodhpur (285 km), Udaipur (660 km), Jaipur (638 km).
Beste Reisezeit: Oktober bis Februar. Ab März extreme Hitze.

Unterkunft
***/** *Fort Rajwada* (H1). Modernes Wüstenfort am Stadtrand mit opulenten Empfangs-, Restaurant- und Barhallen, komfortable 69 Zi. und Suiten. Jodhpur-Barmer Link Road, Tel. 0 29 92-25 32 33, Fax: 25 37 33, www.fortrajwada.com
***/** *Himmatgarh Palace* (H2). Schöner Garten und bester Blick auf die Stadt, Cottages, Pool, sehr gutes Restaurant. 40 Zi. mit AC, 1 Ramgarh Rd., Tel. 0 29 92-25 20 02, Fax: 25 20 05.
**/* *Jawahar Niwas Palace* (H3). Hauptgebäude ist ein schönes altes Haveli, Restaurantzelt, Bar und Billard, ruhige Lage. Tel. 0 29 92-25 22 08, Fax: 25 26 11.

Sehen und Erleben
In der Altstadt reich geschmückte Havelis, ein Fest der Steinschnitzkunst. Basare mit reichem Angebot an Kunsthandwerk, besonders Silberschmuck. Im inneren Fort der siebenstöckige Palast der Bhati-Maharajas und mehrere Jain- und Hindu-Tempel. Außerhalb der Mauern: der See Gadi Sagar, ein Vogelparadies umgeben von Tempeln, Treppen und prächtigem Tor, auch ein privates Folklore-Museum. Sunset Point nordwestlich der Altstadt, dort auch Viyas Chattri, weiter nördlich die kleine Oase Bada Bagh, an beiden Orten schön gestaltete filigrane Kuppel-Pavillons als Totengedenkstätten. Tanzvorführungen, Kamelausritte, im Januar/Februar dreitägiges Desert-Festival mit Kamelrennen, «Kamelpolo», Tanzvorführungen, Puppentheater etc.

Ziele in der Umgebung
Wüste Thar: Kamelsafaris und Jeeptouren – die folgenden Ziele alle westlich, auch mit normalem Leihwagen – zum Mool Sagar (7 km, ein verfallendes Sommerschlösschen in einem Park am See), zum verlassenen Brahmanendorf Kuldhera (14 km) und nach Lodurva (17 km, Ruinen der alten Hauptstadt der Bhatis, ein schöner Jain-Tempel).
Schutzgebiete der Wüste Thar: der Akal Wood Fossils Park (14 km südöstlich, siehe oben) und der Desert National Park (35 km südwestlich), mit über 3000 qkm Wüste und Halbwüste. Besuchserlaubnis gegen Gebühr beim DNP (Desert National Park Office, Barmer Rd., Jaisalmer).
Pittoreskes Fort an der Route nach Bikaner: Pokaran, über kleinem Städtchen am Rand der Wüste (110 km östlich), mit Museum und einem traditionsreichen * Hotel im Fort, gastfreundlich geführt von Narandra Singh, Hausherr in 13. Generation. 14 Zi., P.O. Pokaran-345 021, District Jaisalmer, Tel. 02 99 42-22 22 74, Fax: 22 22 79.

Auskunft
Tourist Office Govt. of Rajasthan, Station Rd., Gadi Sagar Pol, Tel. 0 29 92-25 24 06.

Großstadt im Wüstensand
Bikaner – Maharaja-Schätze und Kamelsafaris

Nicht so berühmt wie Jaipur oder Jaisalmer, ist Bikaner um so unwiderstehlicher für Indienfahrer, die Ziele abseits breiter Touristenstraßen suchen und hier Basare, Goldglanz und Sanddünen finden.

«Wir waren in Rajasthan,» sagen meine Freunde mit glänzenden Augen. «Da hat es euch also gefallen.» antworte ich, «Wart ihr in Bikaner?» «Wo? – Nein!» sagen meine Freunde, denn die meisten Touristen fahren nicht nach Bikaner. Da fange ich an, Bikaners Loblied zu singen: dass diese Stadt am Rand der Wüste Thar liegt, rund um eine mächtige Burg, die Junagarh Fort heißt und erstaunliche Paläste hinter ihren Mauern verbirgt, dass in der alten Stadt die Tauben in den Höfen verlassener prächtiger großer Häuser gurren, und dass vor etwa 80 Jahren ein Maharaja, Ganga Singh, ein Kanalsystem baute, dessen Wasser einen Teil der Wüste in fruchtbares Land verwandelte. Und dass trotzdem nahe der Stadt noch richtige Sandwüste mit goldenen Dünen anzutreffen ist, zu denen man Kamelsafaris unternehmen kann. Wer dieses Loblied gehört hat, wird beim nächsten Rajasthan-Besuch Bikaner keinesfalls auslassen.

Dazu ist es gut, noch mehr zu wissen. Bikaner liegt «abseits von allem», gut 200 Kilometer nördlich von Jodhpur und etwa 320 Kilometer nordöstlich von Jaisalmer. Die Stadt ist wenig über 500 Jahre alt und wurde als Karawanen-Stützpunkt für Warentransporte in west-östlicher Richtung gegründet, von dem aus Jodhpur stammenden Rathore-Fürsten Rao Bikaji. Der Handel machte die Kaufleute wohlhabend, ihre Familien, die heute nicht mehr hier, sondern in den großen Wirtschaftszentren wohnen, gehören zu den reichsten des Landes. Sie haben ihre Häuser, die Havelis, abgeschlossen und kommen nur selten auf Besuch. Früher zog der Reichtum Räuber und fürstliche Rivalen an, darum waren das Fort und die Stadtmauern nötig, die heute noch die Altstadt umschließen.

Blassrosa oder dunkelpurpur, je nach Licht, sind die Mauern des Junagarh-Forts, das auf einer nur geringen Bodenerhebung liegt, aber doch eines der wenigen indischen Forts ist, das nie erobert wurde. Hat man die Burg durch das klobige, riesenhaft gemauerte

1 In und um Bikaner, Palast- und Dorfleben im Wechsel: hier die Mauern und Höfe des Junagarh-Forts in Bikaner, **2** dort das Mädchen in der Wüste Thar, **3** hier die Palastminiatur des Gottes Krishna, **4** dort der Bauer mit dem Kamel. Bikaner ist bekannt für seine «Camel Research Farm». **5** «Heritage Hotel»-Glanz im «Bhanwar Niwas», einem ehemaligen Kaufmanns-Haveli, das der Besitzer Sunil Rampuria mit erlesenem Mobiliar wohnlich machte.

Suraj Pol (Sonnentor) betreten, staunt man über umständlich verschachtelte Wege zwischen den 37 Palästen, Pavillons und Tempeln, findet entlang enger Durchlässe und Stiegen immer noch andere Höfe, Balkons, Galerien und Türme in verwirrender Anordnung. Der Schmuck der Fassaden ist feinste Steinschnitzerei aus dem 16. bis 18. Jahrhundert, der Zeit, als Bikaner blühte.

Die verschachtelte Architektur im Fort diente natürlich der Sicherheit des Herrschers: Eindringlinge verlaufen sich leicht in der Hast ihrer bösen Absichten. Spiegel sind in engwinkligen Räumen so angebracht, dass sie vom Ruhesitz aus jedes Kommen und Gehen zeigen, das Bett des Fürsten steht auf ganz niedrigen Silberfüßen, damit kein Mörder darunter lauern kann (wie es der Sage nach einem Vorfahren des Maharajas geschah). Im Schutz der zinnenbe-

wehrten Gemäuer draußen häufte sich die Pracht des labyrinthischen Dynastensitzes drinnen: Kristallglas und verschwenderisch aufgetragenes Blattgold, Chinaporzellan und holländische Kacheln. Die üppige Blumenornamentfülle der Krönungshalle aus dem 17. Jahrhundert lässt an Pietra-dura-Einlegearbeit denken, erst bei genauem Hinsehen erkennt man sehr feine Malerei auf poliertem Kalkgrund – leider schwer vor Verfall zu schützen. Chandra Mahal, der Mondpalast, und Anup Mahal, der Wolkenpalast, zeigen juwelenschweren Reichtum – und eine überschäumende Lust an Dekoration mit Spiegeln, Bildern, leuchtenden Farben, mit chinesischen Tapeten und Rajputen-Malerei.

Darstellungen des eigenen höfischen Lebens mit Polospiel, Elefantenturnieren und Gärten waren beliebt, Bilder kühlender Schneeberge sollten das Wüstenklima erträglich machen. Man nimmt es beim Blick aus den Palastfenstern wahr: Wenn nicht mit hohen Kosten bewässert wird, versanden und verdorren die Gärten.

Im Palastmuseum noch mehr Juwelen, luxuriös gearbeitete Howdahs (Elefanten-Tragthrone), Repräsentationswaffem, auch ein kurioses Doppeldeckerflugzeug aus dem Ersten Weltkrieg, Zeugnis

der Waffenfreundschaft der Maharajas mit den Kolonialherren. Vorzügliche Beispiele der Miniaturmalerei stammen aus viel älterer Zeit, als zahlreiche Maler, die der strenggläubige Großmogul Aurangzeb vertrieben hatte, in Bikaner ein Exil und Förderung fanden. Trotz seiner Abseitslage, die ja auch Zuflucht sein kann, legt sich Bikaner heute schon weithin weiß glänzende Neubauviertel zu, zählt bereits über eine halbe Million Einwohner. Wer sich vom Getümmel der Fahrradrikschas, Busse und Kamelkarren nicht abschrecken lässt, entdeckt in den Basarvierteln beim Kote Gate und im Bara Basar allerhand sonderbare Gebrauchswaren, die auf Märkten andernorts nicht auftauchen. Stunden kann man hier verbringen beim Erforschen des Fremden, Überraschenden.

1 Eingang zum Karni-Mata-Tempel – wer vermutet hinter solcher Pracht Hunderte von Ratten? In Deshnok bei Bikaner haben sie als Inkarnationen gestorbener Dichter ein Tempelrefugium. **2** Das Frühlicht steigert die Palastfassaden zum leuchtenden Rot: der Lalgarh Palace draußen vor der Stadt, noch kaum ein Jahrhundert alt und heute ein Hotel der WelcomGroup. **3–5** Bei den Ratten von Deshnok, sie sind gut gefüttert und harmlos. **6** Kamelkarawanen machten Bikaner reich. Bis heute gehören sie zum Alltag und zu den Festen der Wüste. **7** Seltener in den Wüstendörfern anzutreffen: Frauen am Spinnrad.

In den ruhigeren Gassen der Altstadt sind die Havelis der Kaufmannsgeschlechter zu bewundern, und vielleicht ist eine der Türen zufällig offen und lässt einen Blick auf galerieumschlossene Innenhöfe in rotem geschnitztem Steinwerk zu. Manchmal erlaubt ein freundlicher Majordomus, einzutreten in Interieurs mit der Hinterlassenschaft von Generationen nach Art von Ali Babas Schatzhöhle. Tauben und Katzen nutzen als einzige die stillen Höfe, niemand schaut durch die staubigen Fenster, nur gerüchteweise ist von den Kunstwerken in den Havelis Khajanchi und Kothari zu hören. Welch architektonische Pracht träumt da vor sich hin! Ausnahmen gibt es auch hier. Das Haveli «Bhanwar Niwas» wurde von seinem Besitzer Sunil Rampuria mit Kunstverstand in ein Heritage-Hotel verwandelt. Indisches und Europäisches vermischen sich im Stil der erlesenen Einrichtung, wie es seit dem 19. Jahrhundert in den Häusern der Marwari-Kaufherren üblich war. Gold und Marmor erfreuen die Augen, Abendmusik im Arkadenhof die Ohren, die exquisite vegetarische Küche labt Zunge und Gaumen. Fürstlich wohnt der Gast im «Lalgarh Palace», der 1900 bis 1920 als neuer Wohnsitz vor der Stadt von dem britischen Architekten

Sir Swinton Jacob für die Maharajas erbaut wurde. Bar, Billard, Park und Pool gehörten zum West- wie zum Maharaja-Standard.

Auf dem weiten Palastgelände bietet neuerdings als eigenes kleines Luxushotel das «Lakshmi Vilas» seine exzellent dekorierten Räume an – nur elf, und jeder ein kleines Fest des traditionellen Designs, mit Schnitzereien und Malereien an Wänden und Decken.

Als drittes Hotel steht im Lalgarh-Komplex noch das preisgünstigere «Maan Vilas» zur Wahl, von Gartengrün umgeben. Ein Museum haben die Gäste des «Lalgarh Palace» im Haus: das Shri Sa-

1 Nostalgischer Komfort, opulente Architektur des «Lakshmi Niwas» (im Komplex des «Lalgarh Palace»), **2** edel auch die Beschläge der Türgriffe aus geschliffenem Glas. **3** Zum Abend tönt Livemusik, im Innenhof des «Bhanwar Niwas» in der Altstadt, **4** im «Lakshmi Niwas» zeigt ein Säbeltänzer seine Artistik. **5** Noch mehr Interieurs, die Auswahl an Heritage-Hotels um Bikaner ist erstaunlich groß: Suite im «Bhanwar Niwas», **6** ein Korridor mit modellierten Steinbögen im «Lalgarh Palace», **7** ein einfacheres Zimmer im «Gajner Palace», der schön am See gelegen und liebevoll mit historischen Möbeln und Bildern ausgestattet ist, eine knappe Autostunde westlich von Bikaner. **8** Wann hat man zuletzt unter Sternen geschlafen? Kamelsafaris mit kundigem Führer von Bikaner aus sind sehr zu empfehlen, **9** nur Vorsicht beim Frühstückmachen: sonst gibt es Sand im Morgenkaffee!

dul Museum mit einer Fotodokumentation Maharaja Ganga Singhs, des Kanal-Erbauers. Manche der Erinnerungsstücke sind etwas staubig und oft rührend, auch die armen ausgestopften Tiger.

Die Wüste erleben! Alles kann man in der Camel Research Farm über Kamele erfahren – zum Beispiel, dass die bewährten Lastenträger erst seit wenigen Jahrzehnten als Zugtiere genutzt werden, mit speziellem Zaumzeug und breiten (Flugzeug-)Reifen am Wagen. Wüstensafaris auf Kamelrücken oder doch motorisiert sollte man sich nicht entgehen lassen, der Service in Bikaner ist meist besser als bei Massenangeboten andernorts. Und dann die Ausflüge in weitere Entfernung! Keine Angst vor heiligen Ratten: Hunderte huschen im Karni-Mata-Tempel im Städtchen Deshnok umher, sitzen um eine riesige Reisschüssel, laufen den Besuchern über die Füße, was Glück bringen soll. Man sagt, sie seien wiedergeborene Dichter. Ihr Geruch ist allerdings nicht für jede Nase erträglich.

Mehr Tiere gibt es im Gajner-Nationalpark am Gajner See. Der See ist ein Vogelparadies, besonders im Winter machen Zugvögel hier Station. Ringsum in den dichten Waldungen hausen die Nilgai-Antilope, das zarte Chinkara-Wild, Blackbucks mit den gedrehten Hörnern, Wildschweine, auch Wüsteneidechsen. Am See liegt malerisch das Hotel «Gajner Palace», voller nostalgischer Erinnerungen an die britische Zeit: Stilmöbel, alte Bilder, Golfplatz. Die Zimmer sind renoviert und der Service ist gut, im Jeep können Gäste durch den Wald zu den Tieren finden.

Bikaner: Spezialtipps der Autoren

Anreise und Reisezeit
Flug: Flughafen derzeit ohne regelmäßige Flüge. Nächste Flughäfen Jaipur und Jodhpur, mit zahlreichen Verbindungen.
Bahn: Zugverbindungen mit Delhi, Jaipur und Jodhpur.
Bus/Auto: Busbahnhof 3 km nördlich, vorher aussteigen (falls man nicht von Norden kommt). Busverbindungen mit Delhi (ca. 550 km, 11 Std.), Jaisalmer (ca. 320 km, 7 Std.).
Beste Reisezeit: Oktober bis März.

Unterkunft
*** *Lalgarh Palace* (H1) (HRH). Im hundertjährigen Palast der Rathore-Maharajas in weiträumigem Gelände, Tennis, Pool, Croquet, Billard. 38 Zi., Tel. 01 51-2 54 02 01, Fax: 2 52 22 53.
/* *Lakshmi Niwas* (H2). Sehr ansprechendes kleines Hotel mit Gärten, Billard, dekorative Ausstattung, Restaurant, im Lalgarh-Areal. 11 große Zi., Tel. 01 51-22 02 77, Fax: 2 52 52 19, E-mail: laxminiwaspalace@123india.com

/* *Bhanwar Niwas* (H3). Haveli in der Altstadt, zum Heritage-Hotel umgewandelt. Teils luxuriöse Räume, gute Küche, Bar. 26 Zi., Rampuria Street, nach «Rampuria Haveli» fragen. Tel. 01 51-2 20 10 43, Fax: 2 20 08 80, www.bhanwarniwas.com
* *Bhairon Vilas* (H4). Preisgünstiges Heriage-Hotel mit vielen Spiegeln und Polstern, Restaurant und Laden. 18 Zi., gegenüber dem Junagarh-Fort, Tel. 01 51-2 54 47 51, Fax: 2 52 04 35, www.hotelbhaironvilas.tripod.com

Sehen und Erleben
Fort Junagarh, labyrinthischer Palastkomplex, kostbare Ausstattung. Havelis in der Altstadt. Bhandasar Jain-Tempel, Baubeginn 1468, noch vor der Stadtgründung (im Südwesten der ummauerten Altstadt). Kamel-Safaris mit Birendra Singh Tanwar, Tel. 01 51-2 54 47 51, E-mail: birendra@realbikaner.com, oder mit «Camel-Man», Tel. 2 52 93 44.

Ziele in der Umgebung
Devi Kund Sagar, stimmungsvolle Maharaja-Gedenkstätte (Chattris) an einem künstlich angelegten See (8 km östlich). Camel Research Farm (10 km südöstlich). Deshnok Karni Mata («Rattentempel», 33 km südlich). ** Gajner Wildlife Sanctuary, ehemaliges Jagdgebiet des Maharajas (32 km westlich, mit Hotel «Gajner Palace»).

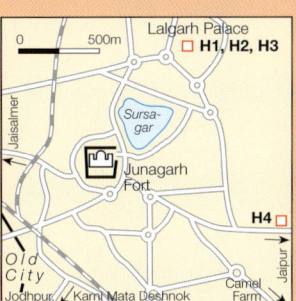

Auskunft
Tourist Reception Center, beim RTDC Dhola Maru Hotel, südöstlich vom Puran Singh Circle, sehr hilfreich, Tel. 01 51-52 74 45.

Die Bilderwelt der «gemalten Städte»
In Mandawa und im Shekawati-Land

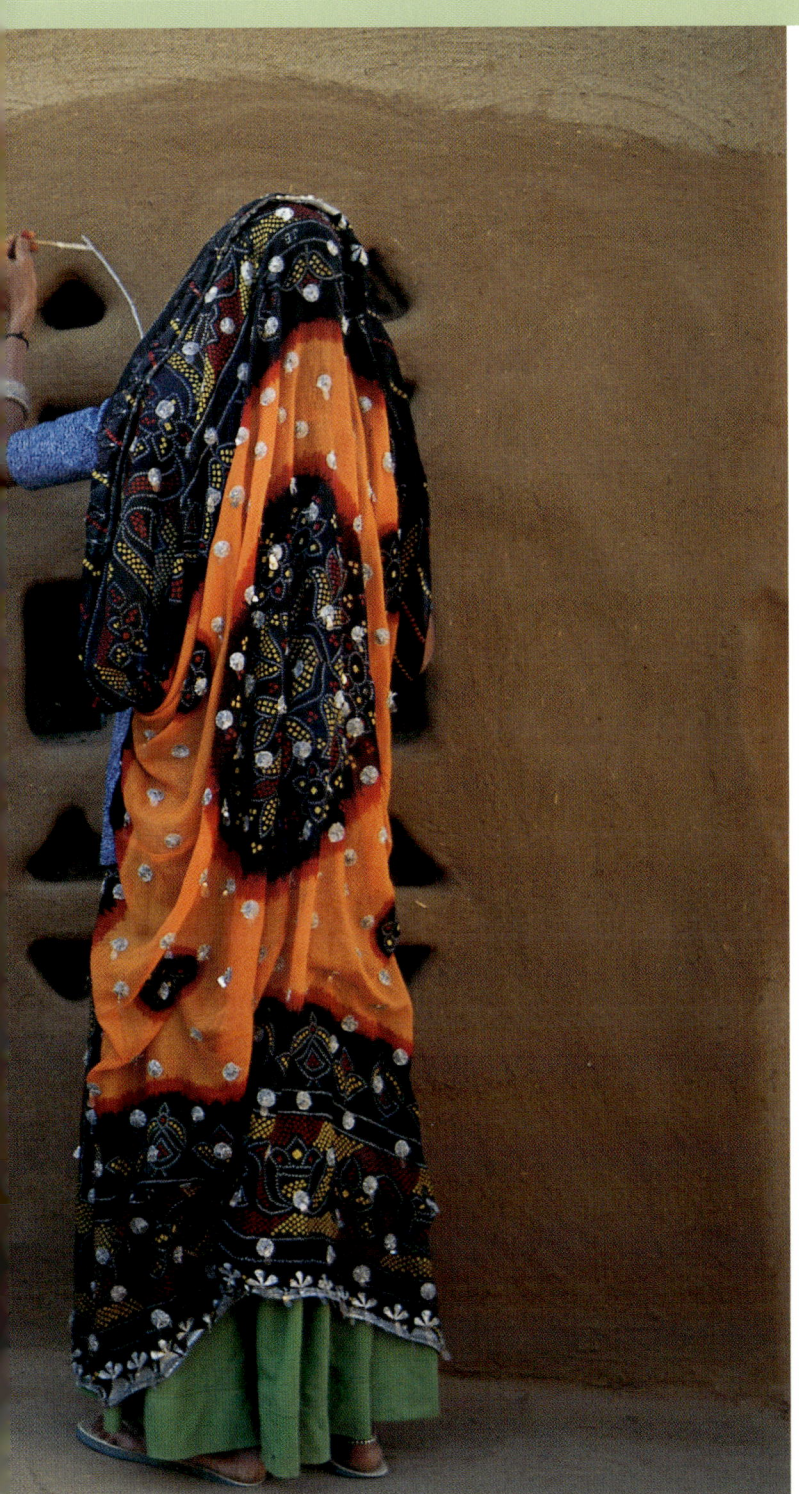

Bilderbuchbunt bis unters Dach bemalt sind die Fassaden der alten Häuser von Karawanenkaufleuten im Nordosten Rajasthans. Shekawati ist eine Welt für sich.

Neben dem Schlagloch-Asphaltstreifen wächst Akaziengrün aus dem gelbgrauen Sand, der in diesem Wüstenland östlich von Bikaner und nördlich von Jaipur fast allgegenwärtig ist und auch in den kleinen Städten die Straßen überweht. Kamelkarren, Ochsenkarren kommen einem entgegen, in den Dörfern stehen weiße kubische Häuser, eine Moschee, aber auch die Chattris, die zierlichen Totengedenk-Pavillons der Hindu-Herrscher.

In zwei, drei Städten macht der Fahrer Halt, und rundum leuchtet eine phantastische Bilderfülle, wie sie sonst in Indien nirgends begegnet. Mit ungemischten Farben, naiv erzählfroh und detailreich sind die Fassaden der Außenmauern wie auch die umbauten Innenhöfe und Galerien bemalt, ein Haveli übertrifft immer noch das andere mit den Bildern von Krishna und Ganesh, von Tänzerinnen, Musikanten und Kriegern, auch von Kolonialherren mit Tropenhelmen, von «Technikwundern» wie Eisenbahnen, Telefon und Flugzeugen. Manche, aber nur wenige Bilder leuchten frisch renoviert, andere sind verblasst, kaum noch zu erkennen, wieder andere sind – ein Anblick, der verstört – grob übermalt und überkritzelt oder meterhoch mit Werbeplakaten und Parteiparolen überklebt.

«Wie lange wird es dieses große, einzigartige Freilichtmuseum Shekawati noch geben?», fragen wir abends in kleiner Runde unter den Gartenlichtern vom «Castle Mandawa», «was kann getan werden zur Rettung dieser Bilder? Wo bleibt der Denkmalschutz?». Es trifft sich gut, ein Gast aus New Delhi ist dabei, vom Tourismusministerium, auf Inspektionsreise, hört sich die Fragen und die Klagen an, über die Bildervernichtung und auch über die Schlaglochpisten und die städtische Kanalisation – «mittelalterlich, eine Katastrophe», sagt unser Gastgeber, Rangir Singh, aus Mandawas Maharaja-Familie. Das Problem ist aber nicht ein untätiger Denkmalschutz, darüber gibt es rasch Einverständnis. Der Schaden kommt aus der Gleichgültigkeit, vor allem der Gleichgültigkeit der Haveli-Eigentümer und

1 Tausende von Indien-Reisenden sind dem Rajasthani mit dem augenzwinkernden Lächeln und dem stolzen Turban schon begegnet, haben seinem abendlichen Fackelzug im «Castle Mandawa» applaudiert. **2** Naiv-bunte Fassadenmalerei an einem Haveli in Mandawa. **3** In Nawalgarh ist im Podar Haveli außer der Schule auch ein Museum untergebracht, u.a. mit Marionetten. **4–5** Im «Desert Resort» bei Mandawa schmücken die Dorffrauen Türen und Wände, alle Jahre neu.

aus der Gesetzeslage. Was tun, wenn die Eigentümer, Nachfahren der im 18. und 19. Jahrhundert reich gewordenen Karawanen-Kaufleute, ihre Firmen und Wohnsitze längst nach Mumbai oder Kolkata verlegt haben und weder bereit sind, die alten Familienhäuser samt Bilderschmuck zu verkaufen, noch für ihren Erhalt zu sorgen? Nach geltendem Recht kann kein Denkmalschutzamt die Haveli-Eigner zwingen, tätig zu werden. Der Gast aus dem Ministerium in Delhi, ein Herr mit einem Auge für Qualität und einem Händchen für Diplomatie, verspricht dennoch, sein Bestes zu versuchen. Vielleicht lockt man die Besitzer der Havelis mit Steuernachlässen zum Engagement für ihr Eigentum?

Für die Menschen in Shekawati geht es um ihre Existenz. Erst als einzelne Globetrotter aus dem Westen auf die bunten, von anonymen Malern zwischen 1750 und 1930 geschaffenen Bildererzählungen stießen und die Nachricht davon nach Europa und Amerika brachten – das war vor zwanzig, dreißig Jahren – begann im wüstenkargen, bis dahin unbekannten Nordosten Rajasthans ein Tourismus der kleinen Zahl.

Heute lassen sich alljährlich Tausende Besucher verzaubern von den Forts und Städtchen, die von Jaipur aus in kaum mehr als etwa vier, fünf Autostunden zu erreichen sind, aber oft noch mondweit

1 Ausblick über Mandawa, für den Tourismus der Shekawati-Hauptort. **2** Sorgsam restauriert: «Podar Haveli» in Nawalgarh. **3** Wer unter solchem Torbogen Wache steht, schaut freundlich in die Shekawati-Welt. **4** Fast schon eine Kultadresse: «Castle Mandawa». **5** Noch schöner wohnen: die «Peacock Suite» im «Castle Mandawa», **6** und zärtliche Wandmalerei. **7** Fahrzeuge sind ein Vorzugsmotiv der Shekawati-Maler. **8** Noch ein Blick in das üppig ausgemalte «Podar Haveli».

schließen oder sich samt Leihwagen einem Führer anvertrauen mag, kann sich bei Cooper besten Rat für die persönliche Shekawati-Planung holen. In etliche Havelis darf man gegen eine kleine Spende eintreten, manche sind zu Museum, Schule oder Hotel umfunktioniert (und dann besser gepflegt).

Ilay Cooper erkundete das Land in den siebziger Jahren mit dem Fahrrad. In Mandawa gibt es heute ohne Umstände Räder auszuleihen, man kann auch mehrtägige Kamelsafaris oder Ausritte unternehmen, beispielsweise zum Tal-Chappar-Wildschutzgebiet. Dort sind Indiens größte Herden der Blackbuck-Antilopen zu beobachten, außerdem Gazellen und Wüstenkatzen. Für Pferdelieb-

haber ist der «Roop Niwas Palace» bei Nawalgarh wahrscheinlich die beste Adresse, ein stattliches Landgut mit rund 40 Pferden und stilgerecht eingerichteten Zimmern.

Ruhebedürftige Reisende, die nicht so viel Tatendrang verspüren, können einfach ein paar Tage in dem freundlichen Städtchen Mandawa bleiben. Da ist man mehr als andernorts im Shekawati-Land auf Gäste eingestellt, mit Restaurants, vielerlei Läden und beachtlichem Kunsthandwerk, mit Guides und gut einem Dutzend Havelis, die zu besichtigen oder auch als Hotels zu bewohnen sind. In ein veritables Antiquitätengewölbe kann man hinabsteigen, nur zwei, drei Straßenecken vom «Castle Mandawa» entfernt, und entdeckt im Shekawati Art Palace unter vielerlei Kram vielleicht sogar Kunst, Götterbronzen oder Miniaturmalerei.

Wunderschön und romantisch sind im «Castle Mandawa» auf den Balkons und Terrassen morgens wie abends Wohlfühlstunden zu erleben, mit dem Blick auf Rasengrün zwischen einem riesigen Banyanbaum und leuchtendem Bougainvillea-Rot. Ganz entspannt kann man hier auf einem breiten Kissen im Fensterbogen eine Lektürestunde einlegen, an eine Säule mit Blattornament gelehnt. Zur Nacht tritt man in den Palasthof voller Lichter hinaus, geht zwischen hohen Bäumen auf die weißgedeckten Dinner-Tische zu.

abgeschieden wirken. Eine Anzahl von Forts sind in Hotels verwandelt worden, in denen die Wüstenstille des Bilderlandes mit zivilisatorischem Komfort zu erleben ist. Shekawati («Land von Shekas Clan», nach Rao Shekha, einem Abkömmling der Kachhawahas von Jaipur im 15. Jahrhundert) könnte aber total ins touristische Abseits zurückfallen. Es müsste wieder dürftig von Ziegenherden und Ziegelbrennerei leben, wenn sein Bilderschatz der «gemalten Städte» noch zehn, zwanzig Jahren länger vernachlässigt und zerstört wird, bis zum unwiederbringlichen Verlust.

Über «die am intensivsten gemalte Region Indiens, wenn nicht der Welt», erfährt man viel in Ilay Coopers Buch «The Painted Towns of Shekawati». Wer sich nicht einer organisierten Rundfahrt an-

Neben seinem Rattansessel hat man ein eisernes Becken mit glühenden Holzscheiten stehen, gegen die Kühle unter dem Sternenhimmel.

Zum «Castle Mandawa» gehören auch Inszenierungen, vom begrüßenden Torwärterpaar mit hohen Turbanen bis zum Abendritual: Plötzlich erklingt Musik, ein weißbärtiger Tänzer führt ein siebenköpfiges Gefolge an, Saitenspieler und Trommler, Licht-, Schild-, Schwert- und Fahnenträger, und macht die zeremonielle Runde durch Garten und Restaurantzelt. Im Winter, wenn die Januarnächte auch in Rajasthan empfindlich kühl werden können, tritt derselbe Tänzer auch in der Palasthalle auf. Ungezählt die Gäste, die ihn fotografierten und sich noch lange an seine Kleidung, an seine Hüftschwünge, und an sein Sphinx-Lächeln erinnern. So attraktiv ist das «Castle Mandawa» insgesamt, dass immer wieder ein neuer Flügel des verwinkelten Forts mit Gastzimmern geöffnet,

dort wieder ein Hof mit Wandmalereien geschmückt, da ein Gartenstück neu angelegt wird.

«Jeder Mensch braucht etwas Wüste», sagte Sven Hedin, der berühmte Asien-Forscher. Für Ausflüge in die Dünen West-Shekawatis ist das «Desert Resort» ein stimmiger Ausgangspunkt, unter gleicher Leitung wie das «Castle Mandawa». Außerhalb der Stadt

1 Die Lehmwände, das Strohdach: im «Desert Resort» bei Mandawa ist die Dorfbehausung luxuriös überformt, die Architekten entwarfen das wohl komfortabelste moderne Quartier in der Shekawati-Region. 2 «Desert Resort»: dörfliche Nähe 3 und eine breite Bettstatt, umrahmt von Rajasthan-Dekor. 4 Frauen malen an einer Türumrahmung, setzen Ornament an Ornament wie beim Teppichweben oder beim Häkeln. 5 Eine Wand, gegliedert durch Nischen, von denen keine einer anderen ganz gleich ist. Allgegenwärtig sind die rahmenden Dekorbänder. 6 Einfache Zeichen für Vögel, Kamele, dazwischen eine kleine Menschenfigur – das ist weit zurückreichende Rajasthan-Tradition. 7 Diese Laternen sind aus Lehm, nicht so haltbar wie eine mit hoher Temperatur gebrannte Keramik, aber doch schön anzusehen.

auf einer leichten Anhöhe über der sandigen Ebene als Gartenoase mit Swimmingpool angelegt, bietet das «Desert Resort» Zimmer und komfortable, hübsch ausgestattete Rundhütten. Frauen bemalen die Lehmbauwände mit weißen Blumenranken, Tierfiguren und abstrakten Elementen, wie es in vielen Dörfern Rajasthans und fast in allen Regionen Indiens üblich ist.

Von diesen Zeichnungen (Mandala, in Südindien Rangoli oder Koalm genannt) der Frauen auf dem Boden und an den Außenwänden haben außerhalb Indiens lange nur wenige Menschen gewußt. Verschieden von Region zu Region wie die symbolischen Muster und Figuren sind auch die Gewohnheiten, wie oft die kurzlebigen Zeichnungen aus Kalk, Kreide oder Reismehl erneuert werden. Im Süden Indiens gehört für viele Frauen das Zeichnen auf dem Vorplatz wie das Gebet, das damit verbunden ist, zu jedem neuen Morgen. Im Westen, auch in Rajasthan, schaffen die Frauen ihre Zeichnungen nur an religiösen- und Familienfesttagen.

Der Amerikaner Stephen P. Huyler, der als Ethnologe diese rituellen Bilderwelt erforscht hat, bringt in seinem Buch «Die Bilder Indiens» auf den Punkt, wie sich die erzählfrohen, bunten Fassadenmalereien an den Havelis im Shekawati-Land von den zumeist weißen Zeichnungen der Frauen unterscheiden: «Die Männer, die in Indien Wandmalereien an Haus oder Tempelwänden anbringen, sind professionelle Maler. Ihre Arbeiten bilden ihren Lebensunterhalt und sollen Jahrzehnte, wenn nicht gar Jahrhunderte überdauern. Die flüchtige Kunst der indischen Frau, jene Verzierung der Decken und Böden, mit denen die Götter um Schutz angerufen werden, ist der lebendige Ausdruck ihrer Daseinsform.» Denn «die Frauen … sichern durch die gewissenhafte Erhaltung der überlieferten Sitten und Gebräuche das Wohlergehen der Familie».

Mandawa und Shekawati: Spezialtipps der Autoren

Anreise und Reisezeit
Flug: Nächster Flughafen ist Sanganer Airport bei Jaipur (ca. 170 km).
Bahn: Verbindungen mit Delhi (ca. 7–9 Std.,), Jaipur (ca. 4 Std.), Bikaner (ca. 7 Std.).
Bus/Leihwagen: Delhi-Mandawa ca. 250 km (Bus Delhi-Nawalgarh ca. 8 Std.), Jaipur-Mandawa ca. 170 km.
Beste Reisezeit: Oktober bis März.

Unterkunft
*/** **Castle Mandawa** (H1). Das seit Jahren führende Maharaja-Hotel im Shekawati-Land, märchenhaftes Ambiente aus dem 18. Jh., großer Gartenhof, beliebte Station von Gruppenreisen, Frühstück unter dem übrigen Standard. 70 Zimmer, teils mit Himmelbetten, AC oder Deckenventilator. Restaurant und Bar. Tel. 01 59 72-2 31 24, Fax: 2 31 71 www.castlemandawa.com
** **Desert Resort** (H2). In Lehmarchitektur erbautes Bungalowdorf. 59 Zi. und Rundbungalows, 20 mit AC, 6 Suiten, Restaurant und Garten, Tel. 01 59 72-2 31 51. Und: * **Mandawa House**, kleines Hotel in Jaipur, Tel. 01 41-2 38 19 06, Fax: 2 38 22 14.
* **Heritage Mandawa** (H3). Einfache Ausstattung in historischer Architektur, Innenhof, kleines Restaurant. 14 Zimmer teils mit Gemälden von Mary-France Lambert. Mandawa, Tel 01 59 72-2 37 42 und 2 37 43, Fax: 2 31 71.
* **Roop Niwas Palace** (H4). Großzügige Anlage in freier Landschaft nahe Nawalgarh, Pool, Gestüt. 30 Zi., Deckenventilator, Restaurant. District Jhunjhunu Raj.-333 042, Tel. 01 59 74-2 20 08 und 2 41 52, Fax: 2 33 88, Res. auch 01 41-2 62 29 49.

Sehen und Erleben
Reizvolle Havelis in Mandawa (am besten mit Führer) – u.a. Gulab Rai, Saraf (beide von 1870) und die Häuser Sneh Ram, Newatia und Murmuria, auch das Gonkea-Doppel-Haveli Ladhuram Tarkeswar. Zudem der Stufenbrunnen Harlalka Baoli. Wer nicht im «Castle Mandawa» wohnt, sollte es zu einem Drink aufsuchen und sich das ehemalige Fort ansehen.

Ziele in der Umgebung
Dundlod (mit Fort und Palast), Nawalgarh (chaotisches Basar-Gedränge, aber schöne Malereien), Lachhmangarh (mit dem Ganeriwala Haveli), Sikar (mit mehreren Tempeln) und Fatehpur (stattliche Havelis mit interessanter Malerei, aber sehr schlechte Straßen), Mahansar (Raghunath-Tempel).

Auskunft
Kein staatliches Tourist Office, in den Hotels nachfragen.

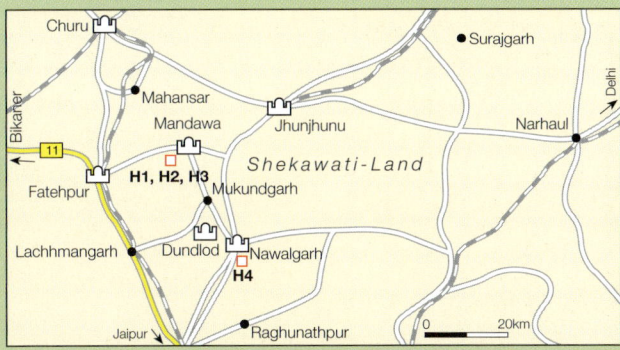

Ein Tempel so golden wie keiner
Bei den Sikhs in Amritsar

Nach unruhigen Zeiten ist die Hauptstadt des Punjab wieder Ziel Abertausender friedlicher Sikh-Pilger geworden, die hier ihr höchstes Heiligtum verehren. Gäste sind im Goldenen Tempel willkommen!

Bewegt und voller Erwartung kamen wir das erste Mal nach Amritsar, in den achtziger Jahren. Amritsar ist die Stadt des Goldenen Tempels, eines der schönsten und kostbarsten Gebäude der Welt. Aber auch das Zentrum einer Religion voller menschlicher Widersprüche zwischen dem Streben nach Ausgleich, Heiligkeit, Versenkung – und dem Entschluss zur gewaltsamen Behauptung, der Gefahr des Fanatismus der Irregeleiteten.

Die Landschaft, durch die man auf Amritsar zufährt, ist weit und fruchtbar, belebt von moderner Landwirtschaft und effektiv planenden Menschen. Der Punjab gehört zu den indischen Bundesstaaten mit dem höchsten Pro-Kopf-Einkommen. Weiße Bauten glänzen in den Dörfern und Städten, die nicht den gewohnten Tempeln Indiens gleichen. Es sind die Gurudwaras, die Tempel der vor bald fünf Jahrhunderten gegründeten Sikh-Religion.

Sikhs sind auf den ersten Blick zu erkennen: Sie tragen sorgfältig gebundene Turbane oder, wenn sie sehr jung sind, einen Haarknoten in einem Tüchlein auf dem Kopf. Sie glauben an einen einzigen Gott und verehren ihr heiliges Buch, Granth Sahib, eine Sammlung von Liedern und Lehren der zehn historischen Gurus (Gründer) ihrer Religion. Der erste, Guru Nanak, strebte eine Verschmelzung islamischer und hinduistischer Glaubenslehren an, erkannte den Weg zum Einssein mit Gott in Uneigennützigkeit, Selbstbeherrschung und Mäßigung; die Hindu-Gliederung der Gesellschaft in Kasten gibt es bei den Sikhs nicht.

Unter dem Druck blutiger Verfolgung während der Mogulherrschaft verpflichtete der zehnte und letzte Sikh-Guru, Gobindh Singh (1675–1708), seine Anhänger zur wehrhaften Hingabe an Gott (Khalsa) und zu den fünf «K»: Kesha (ungeschnittenes Haupt- und Barthaar), Kangha (Kamm), Kara (stählernes Armband), Kachi (Kniehosen) und Kirpan (Dolch). 1984 erschütterte der Terrorismus im Streit um die Gründung eines Sikh-Staats Kalistan den indi-

1 Mit dem Schwert auf Pilgerschaft – die ursprünglich gewaltlose Sikh-Religion verpflichtete unter dem Druck der Gegner ihre Anhänger zur Wehrhaftigkeit. **2** Jedes Fenster goldgerahmt: Blick aus dem «Hari Mandir», dem Goldenen Tempel. **3** Der «Kirpan», der Dolch – eines der fünf «K», die jeder Sikh mit sich führen oder beachten soll. **4** Filigran: die Tempelsilhouette. **5** Den Tempel im See statt am Ufer zu errichten, war 1573 bei Baubeginn ein neues Konzept. 1604 begann der Gottesdienst.

schen Staat, es kam zu einer bis dahin undenkbaren Eskalation. Der Goldene Tempel, in dem sich Separatisten verschanzt hatten, wurde von indischem Militär gestürmt. Die Ende der achtziger Jahre noch deutlich sichtbaren Spuren der Kämpfe rund um das Tempelgelände sind inzwischen verschwunden.

Jeder Besucher erlebt diesen extremen Kontrast: Eben noch hat man im verkehrsüberlasteten Gassengewirr der Altstadt gesteckt, eingekeilt zwischen Fahrradrikschas, Bussen, Lastwagen und Lastträgern – und Minuten später findet man sich umfangen von einer Atmosphäre der Schönheit, der inneren Ruhe und zugleich gesteigerter Wachheit und Wahrnehmungskraft.

Der Goldene Tempel ist offen für jeden. Barfuß durchschreitet man das klare Wasser in einer Marmorrinne, geht durch eine Eingangshalle, hört schon Musikklänge – und steht vor einem der schönsten Anblicke, die Indien bieten kann.

Das Weiß des Marmors, das Gold des Tempelkubus über der silbrigen Wasserfläche, das Grün von drei heiligen Bäumen und viele buntgekleidete Pilger und Pilgerinnen auf dem Geviert der breiten Marmorpromenade um den «Nektarteich» sind eine Augenweide. Die Raumproportionen von Tempel, Wasserbecken und den Arkadengängen der weiß strahlenden umgebenden Gebäude erfüllen Seele und Sinne mit Wohlgefühl.

Den ganzen Tag umhüllt eine Klangwolke meditativer Musik, von Gesang, Trommeln und Saitenspiel den Tempel und seine Besucher. Über einen Marmorsteg mit vergoldeten Laternen geht man mit der stetig voranschreitenden, in den Tempel drängenden Reihe der Pilger. Das Untergeschoss ist aus Marmor, darüber glänzt alles in Gold – Gesims, Baldachine, Fensterbögen und Kuppeln. Das ist die islamische Prägung des Sikhismus: keine Götterbilder, aber Blüten und Fruchtkörbe in kostbarer Einlegearbeit in Marmor, seidene

Teppiche und Vorhänge und bemalte Wände. Unablässig liest ein Priester aus dem Granth Sahib vor, dem heiligen Buch, das auf seidene Decken gebettet liegt. Blüten und Geldgaben werden von den Gläubigen davor niedergelegt.

Der Goldene Tempel stammt in seiner heutigen Gestalt aus der Zeit des Sikh-Herrschers Ranjit Singh, der das Gebäude nach 1803 mit vergoldeten Kupferplatten bedecken ließ. Allein die Mittelkuppel soll mit 100 Kilogramm reinem Gold bedeckt worden sein. Die

Vergoldungen werden immer wieder restauriert, reiche Sikhs aus aller Welt spenden dafür. Spenden finanzieren auch die hallengroßen Küchen und Speisesäle. Man glaubt es kaum: Bis zu 40 000 Mahlzeiten werden täglich gratis und ohne Unterschied der Religion ausgeteilt. Modern ist der Tempel auch: Jeden Tag stehen im Internet Worte des Gurus (www.sikhnet.com/GoldenTemple).

Welches Erlebnis beim Goldenen Tempel ist das schönste? Die Antwort ist leicht: die langen, feierlichen Riten der Gesänge und Lesungen in einer Vollmondnacht, wenn um das Goldlicht des Tempels auch der Mond und Lampen sich vielfach im schwarzen Wasser widerspiegeln. Unvergessliche Verzauberung!

Alles übrige in der Stadt verblasst vor der Pracht des Goldenen Tempels, doch mehrere Hindu-Tempel, der Park des Maharajas und etliche Basarviertel lohnen zusätzliche Tage. Den Lärm und die Staurisiken des hektischen Verkehrs muss man in Kauf nehmen.

1 Wächter auf den polierten Steinplatten um den «Nektarteich». Jeder Pilger umschreitet den viereckigen Teich, im Uhrzeigersinn. **2** Vor dem Betreten der Eingangshalle zum Tempelbezirk quert man barfuß eine Wasserrinne. **3** Vorlesen ohne Unterlass: Granth Sahib, das heilige Buch der Sikhs. **4–5** Zwischen den Säulen kann man gut spielen, und das rituelle Bad darf Spaß machen – Sikhs zeigen viel Toleranz und Freundlichkeit. **6** Der Goldene Tempel ist erst seit 1830 rundum vergoldet, auch ein Großteil seiner Architektur samt der Brücke, über die täglich Tausende gehen, stammt in heutiger Gestalt aus dem 19. Jahrhundert.

Ein Wermutstropfen in all der Schönheit ist die Erinnerung an den mörderischen Übergriff der britischen Kolonialmacht: Im Jallianwallah Bagh, einem ummauerten Garten, ließ am 13. April 1919 General Dyer sechs Minuten lang in eine dichtgedrängte Menge schießen, die friedlich zu einem Fest versammelt war und keinerlei Fluchtmöglichkeit hatte. 379 Inder starben, über tausend wurden verwundet, auch viele Frauen und Kinder. Die Untat ist bei der Gedenkstätte dokumentiert, im Jahr 2000 wurden Garten und Memorial neu gestaltet. Statt die Opposition einzuschüchtern, hatte der Massenmord gegenteilige Wirkung: Indiens Freiheitsbewegung gewann um so mehr Sympathien und Zulauf.

Eine Probe demonstrativer indisch-pakistanischer Koexistenz, die auf hoher politischer Ebene den Kaschmirkonflikt derzeit zumindest zu entschärfen sucht, ist das allabendliche Einholen der Fahnen an der Grenzstation der Straße zwischen Amritsar und Lahore, der Hauptstadt des pakistanischen Punjab. Hunderte von Indern nehmen eigens dazu eine halbe Stunde Anfahrt von Amritsar in Kauf,

1 Für Blumen wie für Nutzpflanzen hat Mrs. Bhandari in ihrem Garten Platz, angenehm und praktisch, wie auch ihr «Guest House» eingerichtet ist. **2** Klimaanlage, bequeme Betten, hinreichend helles Licht und alles blitzsauber – es muss nicht immer ein Hotelpalast sein. **3** Beim Frühstück zwischen Haus und Garten: Gäste aus Norddeutschland, die zur Sikhgemeinschaft übergetreten sind. **4** Mrs. Bhandari auf der Wendeltreppe ihres Wohnhauses – schon ihre Mutter gründete das «Guest House». **5** Badezimmer mit Blumen. **6** Hinter dem Schild «Commando Bridge» findet man die Küche. **7** Der handbemalte Briefkasten. **8** Delikater Gesundheitstrank zum Tagesanfang. **9** Silbernes Relief im Goldenen Tempel: Saitenspiel für einen Sikh-Guru.

Hunderte von Pakistani kommen von Lahore. Im knallenden Stechschritt absolvieren die hochgewachsenen Grenzer hüben und drüben ihre exakt synchron eingeübte Fahnenchoreographie. Offensichtlich ist die intensive Zusammenarbeit beider Seiten bei der Vorbereitung des Zeremoniells – doch zugleich unüberhörbar das wilde Geschrei und Brüllen von Parolen auf den Tribünen diesseits und jenseits der Grenze: krasse Ausbrüche von Nationalismus, jeden Abend wieder.

Um so erfreulicher ist die menschliche Wärme und praktische Vernunft, mit der in «Mrs. Bhandari's Guesthouse» die Chefin von ihrer «Commando Bridge» aus – der Küche nämlich – humorvoll resolut den weitläufigen Hausstand dirigiert und den Gästen in jedem Detail alles zum Besten richtet. Längst wäre eine Ehrenmedaille vom Tourismusministerium fällig! Mrs. Bhandari, die sich in Deutschland im Hotelfach ausbilden ließ, bringt in ihrem weiträumigen Garten Kinderspielplatz, Swimmingpool und Gemüsebeete unter, ihre Gäste finden in einfachen Bungalows alles Notwendige vor, und am Rand des Grundstücks stehen zwei Büffelkühe für den täglichen Milchbedarf. Den Grundstein zu diesem Muster eines indischen Gästehauses legte übrigens schon Mrs. Bhandaris Mutter; sie erwirkte als unzureichend versorgte Witwe eines verdienten Bürgermeisters die Erlaubnis, inmitten eines Grünareals mit Offizierswohnungen eine Pension aufzumachen.

Wer dem Gartenparadies der Bhandari-Ladys dennoch ein Hotel vorzieht, wird sich in Amritsar vorerst vergeblich nach Fünf-Sterne-Luxus umschauen. Empfehlenswert ist das «Ritz», das unlängst von Grund auf renoviert wurde und seither wieder eine gute Adresse ist, von den Zimmern bis zu Restaurant und Bar.

Amritsar: Spezialtipps der Autoren

Anreise und Reisezeit
Flug: Der Rajasansi Airport ist 15 km entfernt vom Stadtzentrum. Verbindungen u.a. mit New Delhi.
Bahn: Verbindung u.a mit New Delhi (ca. 6 Std.), mit Pathankot (ca. 2,5 Std.), Lucknow (ca. 16,5 Std.), Varanasi (ca. 22 Std.), Mumbai (ca. 32,5 Std.).
Bus/Leihwagen: Delhi (ca. 450 km), Shimla (ca. 380 km), Dharamsala (ca. 200 km), Chandigarh (ca. 225 km), Pathankot (ca. 110 km).
Beste Reisezeit: September bis März, im Januar/Februar jedoch manchmal empfindlich kalt.

Unterkunft
* Mrs. Bhandari's Guest House (H1). Fließend deutsch sprechende Eigentümerin. Gutes Essen für Hausgäste, kein TV, kleiner Pool, familiäre Atmosphäre. Keine Kreditkarten! 9 Zi. mit AC und Bad, im Winter Heizmöglichkeit. 10 The Cantonment, Tel. 01 83-2 22 85 09, Fax: 2 22 23 90, www.bhandari_guesthouse.tripod.com. Frühzeitig reservieren!
** Ritz (H2). Gute Lage in der Neustadt, neu eingerichtet. 50 Zi. mit AC, helles Restaurant, Bar. Plaza 45, The Mall, Tel. 01 83-2 22 66 06, Fax: 2 56 60 27, E-mail: ritz@del3.vsnl.net.in (In der Nähe des Goldenen Tempels nur wenige, meist einfache Hotels).

Sehen und Erleben
Der Goldene Tempel (Hari Mandir) steht jedem offen. Von der Straße isoliert durch die zum Tempel gehörenden Gebäude, die den Tempelteich umgeben; nur von dessen Ufern aus ist Fotografieren erlaubt. Aus dem heiligen Buch wird tagsüber ununterbrochen vorgelesen; um etwa 22 Uhr (winters 21 Uhr) wird es in feierlicher Prozession in das Akal Takht, den Sitz des obersten Sikh-Gremiums, und morgens um 4 bzw. um 5 Uhr zurück in den Tempel getragen. Jallianwallah Bagh, Park und Gedenkstätte des Massakers britischer Truppen an Hunderten von Indern. Etwa zehn Gehminuten vom Goldenen Tempel entfernt. Lakshmi-Narayan-Tempel, nach dem Vorbild des Goldenen Tempels erbaut, nebenan Durgiana-Tempel aus dem 16. Jh. Ram Bagh, Park mit seltenen Pflanzen und einem kleinen Museum in einem Sommerhaus des früheren Maharajas, nördlich der Altstadt.

Ziele in der Umgebung
Taran Taran, schöne feierliche Atmosphäre um einen älteren Sikh-Tempel mit Teich in einer kleinen Stadt (25 km südlich).

Auskunft
Das *Information Office* am Eingang des Goldenen Tempels ist gut organisiert und sehr hilfreich. Kompetente Führer vermittelt auch Mrs. Bhandari im gleichnamigen Guest House (siehe oben), z.B. Mr. Balit, der außerdem Leiter einer Sprachschule ist und als Fotograf arbeitet.

1

2

3

4

5

Muslimarchitektur, Musiker und Mutiny
Lucknow – Abglanz der legendären Nawabs

Lucknow war seit dem 18. Jahrhundert Residenz der legendär reichen, aus Persien stammenden Nawabs von Oudh – auf den Spuren ihrer Kultur sind genussvolle Tage zu erleben.

Vor dem Frühstück ein Spaziergang am Gomti-Fluss, am grünen Stadtrand von Lucknow? Eine gute Idee! Morgensonne glänzt auf einem der merkwürdigsten Gebäude Nordindiens: Prunkvoll ist die barockisierende Fassade, bekrönt von antikisierenden Statuen, zierlichen Obelisken, grotesk starrenden Löwen. Der Bau- und Schlossherr Claude Martin, in Lyon geboren, verfügte vor seinem Tod im Jahr 1800, eine Schule solle darin eingerichtet werden – und tatsächlich begegnen einem hier Schüler. Sehr schade, dass Claude Martin sie nicht sehen kann, noch bedauerlicher, dass man den ebenso hochdekorierten wie geschäftstüchtigen General und Geldgeber der Nawabs nicht nach seinem abenteuerlichen Leben befragen kann. «Wann haben Sie nach Ihrer Ankunft in Indien», würde man sich erkundigen, «das Glück beim Schopf gepackt? Sie kamen unbemittelt, im Jahr 1751, als einfacher Soldat, später haben Sie im großen Stil Geschäfte mit Indigo gemacht, sie haben Krieg geführt, Geld verliehen, einmal dem Nawab 250 000 Pfund?»

Lucknow hat als Ort einst extremen Reichtums und einer alten, dem Genuss zugewandten Kultur einen sagenhaften Ruf. Die von den Nawabs protegierten Musiker riefen persisch-indische Kompositionsstile ins Leben, die ihr Echo noch heute im Musikleben haben, bis hin zu den allabendlichen Musikerauftritten in der Mehfil-Bar des «Taj Residency» Hotels. An vielen Orten ist dafür gesorgt, dass das kulinarische Erbe der glanzvoll-tragischen Geschichte der Nawabs von Oudh bei Lucknows Köchen nicht in Vergessenheit gerät. Lucknows Oberschicht hält auf die überkommene gute Lebensart ihrer Stadt.

Doch Lucknow liegt mit seinen grünen Flussufern, mit Sehenswürdigkeiten voll seltsamer und schauriger Geschichten, mit Märkten orientalisch kostbarer Waren nicht an den vielbefahrenen Touristenwegen. Die meisten reisen von Delhi nach Süden, nach Agra, oder nach Südwesten, nach Jaipur, statt nach Südosten, nach Luck-

1 Britische Kanone aus der Zeit der Mutiny. **2** Kuppeln unter dem muslimischen Halbmond-Symbol: Abendrot über der Chota-Imambara, einer Moschee von 1837. **3** Junge Frau in Lucknow. **4** Das Nobelhotel «Taj Mahal» am Stadtrand: nächtlicher Garten mit Pool und Palmen. **5** Opulenter Grabbau für den Muslim Sa'adat Ali Khan von 1814 – eines der wenigen historischen Gebäude Lucknows, das die Kämpfe zwischen Indern und Briten von 1857 fast unbeschadet überstanden hat.

now, der Hauptstadt des Bundesstaats Uttar Pradesh. Rund 2 Millionen der insgesamt etwa 166 Millionen Einwohner des Bundesstaates leben in Lucknow. Gerade hier ist unverfälscht Indisches, nicht für ausländische Gäste «Ausgestelltes» zu beobachten.

«Sie müssen die Bara Imambara ansehen!» Der klingende Name bedeutet «das große Heiligen-Mausoleum». Dass es ein monumentales Grab in der Stadt gibt, heißt: Dies ist ein islamisch geprägter Ort. Seine Herrscher, die Nawabs von Oudh, gehörten der schiitischen Glaubensrichtung an, wie auch viele der heutigen Bewohner. Sie verehren Hussein, einen Nachfahren des Propheten

Mohammed, der von Rivalen ermordet wurde. Zum Fest Muharram werden «Tazias», mit Silber und Glitzerstein verzierte Nachbildungen von Husseins Grabstätte, in ekstatischen Prozessionen durch die Stadt getragen.

Die große Imambara gab im späten 18. Jahrhundert ein Nawab zur Arbeitsbeschaffung für die während einer Hungersnot verarmte Bevölkerung in Auftrag. Ihre Schönheit strahlt die Bara Imambara als Teil eines größeren Architektur-Ensembles aus. Dazu zählen unter anderem der dekorative Torbau Rumi Darwaza, nach dem Vorbild eines Stadttors von Istanbul entworfen, zwei große sonnenhelle Gartenhöfe, mit Wasserbecken und Springbrunnen, eine Moschee und opulent langgestreckte Freitreppen. Im Dachgeschoss über dem 15 Meter hohen freitragend konstruierten Hallengewölbe der Imambara verbinden halbdunkle Quergänge die langen Außengalerien, den Touristen als Labyrinth zur Besichtigung empfohlen und von den Guides mit Schauergeschichten von verirrten Besuchern ausstaffiert. Der Ausblick von den Dachgalerien lohnt sehr, aus dem Labyrinth findet man auch ohne Führer schnell wieder hinaus und hinab; Liebespaare brauchen vielleicht länger.

Noch ein zweiter Imambara-Park mit farbenprächtig blühenden Pflanzen um einen schmalen, zierlich überbrückten Kanal, auch Paläste und Moscheen, ein kühlender Stufenbrunnen, Basare und

Tore wie aus Tausendundeiner Nacht können das Besichtigungsprogramm in Lucknow anreichern.

Fast all dies entstand im goldenen Jahrhundert der Nawabs von Oudh, imposanter oder zumindest übergewichtiger Fürstengestalten, deren altersdunklen Porträts man noch in der Picture Gallery in einem ehemaligen Palast begegnet. Ihrer Ära setzte der britische Generalgouverneur Marquess von Dalhousie ein ultimatives Ende:

gegen die kolonialistische Ausbeutung, Ungerechtigkeit und Anmaßung. Kein anderer Platz der Mutiny ist so authentisch, wenn auch denkmalpflegerisch und gartenbaulich geschönt erhalten wie Lucknows Residency. Heute sprechen viele Inder statt von Mutiny vom «First War of Independence», vom ersten indischen Unabhängigkeitskrieg.

Monatelang litten die Menschen, die sich zum Sitz des britischen Gouverneurs geflüchtet hatten – unter ihnen 550 Frauen und Kinder – in zivilen, schwer zu verteidigenden Bauten unter Mangel an Nahrung, Krankheiten und Artilleriebeschuss. Woran sie gestorben sind, bezeugen halbversunkene Grabsteine auf dem britischen

Friedhof: an Durchfallerkrankungen, Tuberkulose, Fieber, Sonnenstich, Windpocken – nur einer unter vielen «was killed in action». Die 2001/02 neu eröffnete Ausstellung von Bildern und Dokumenten berichtet von erschütternden Einzelheiten.

Den Schock von damals, samt der blutigen britischen Vergeltung nach der Niederschlagung des Aufstands, hat Lucknow längst überwunden. Die Augen der Besucher nehmen den Nachglanz der Nawab-Kultur in den Bazaren von Aminabad und Chowk wahr, sie kosten die Düfte von «attar», Parfümessenzen nach jahrhundertealten Rezepten, sie bewundern «chikan»-Stickereien auf zartestem Batist und feinen Goldschmuck nach überliefertem Design. Lucknow pflegt die Tradition des höfischen Tanzes Kathak und der höfischen Musik, die als kostbares Erbe indischer Vergangenheit gelten. Die exquisite Lucknow-Küche bemüht sich besonders um schmelzend zarte Fleischgerichte, auch um Reis, der mit Rosinen und Mandeln verfeinert wird, und um sahnige Desserts.

Das 1995 in weiträumigem Gartengelände erbaute Hotel «Taj Residency» serviert solche legendären Speisen der Nawabs in seinem Edelrestaurant «Oudhyana». Die glänzend weiße Kuppelarchitektur des Hotels vor dem palmenumstandenen, kristallklaren Swimmingpool suggeriert nostalgisch-feudale Pracht. Stimmig schaffen die weiträumige Empfangshalle mit ihren Säulenpaaren

1 Lucknows Nawab Asaf-du-Daula ließ den Hallenbau der «Bara Imambara» 1784 zur Arbeitsbeschaffung errichten. 2 Yoga-Übungen im Park der 1857 zerstörten Residency. 3 Märchenhaft: verkleinerte Nachbildung des Taj Mahal neben dem Wasserbecken der «Chota Imambara». 4 Rikscha-Fahrer an der Einkaufsstraße Hazratganj. 5 Junge Frau in Lucknow. 6 Lucknow ist ein Textil-Zentrum. 7 Ein Memorial des Freiheitskampfes gegen die Kolonialherrschaft: Ruinen der Residency.

Mit der Annexion des Staates Oudh im Jahr 1856 wurde der Herrscher kurzerhand abgesetzt und verbannt.

Dies wurde zu einer der Ursachen der Tragödie, deren Tatort man knappe 2 Kilometer südöstlich nahe dem Gomti-Ufer besichtigen kann: Die Ruinen der (britischen) Residency zeugen von der Belagerung und den Leiden vieler tausend Briten 1857 während des Aufstands der indischen Soldaten (Sepoys) der Kolonialarmee

und Porträts perlengeschmückter indischer Würdenträger wie auch das kunstreiche Dekor der Zimmer eine Atmosphäre märchenhaften Orients. Der moderne Komfort reicht vom Internet bis zum Fitness Center mit Whirlpool, Massage und Dampfbad. Der Taj-Hotelpalast liegt nördlich vom Gomti-Fluss, zehn Autominuten von der Innenstadt, «das einzige wirklich ruhige Haus in Lucknow», merken dankbar Gäste an, die sich auskennen.

Wer nicht wie ein Nawab zahlen kann, ist etwa mit dem «Hotel Gomti» des UPTDC im Stadtteil Hazratganj einfach, aber gut bedient, besser als mit vielen anderen staatlich geführten Häusern. Restaurant und Bar sind auch bei den Einheimischen beliebt. Eine Besonderheit: Im Gomti bekommt 10 Prozent Rabatt, wer mit seiner Unterschrift verspricht, keine Polyäthylentüten mehr zu verwenden – Teil einer Initiative, Plastikabfälle zu vermeiden, von denen die goldene Ära der Nawabs nichts ahnte.

Hat man sich lange genug umgehört in Lucknow, weiß man bald mehr über jenen eingangs erwähnten Franzosen Claude Martin aus dem 18. Jahrhundert. Und man erfährt auch: Schon vor Martins Ankunft in Lucknow gab es dort französische Hugenotten. Vor der religiösen Verfolgung in ihrer Heimat waren sie nach Nordindien,

1 Modern mit dem Glanz der Nawab-Palasttradition: das «Taj Residency» (früher: «Taj Mahal Hotel»). **2** Eine Halle von festlich-großzügigen Dimensionen, mit Gemälden, Marmorböden, Gartenausblicken. **3** Über 130 000 Quadratmeter Hotelpark und Landschaftsgarten mit schönem Pool bietet das Hotel. **4** Rund um die Uhr freundlicher, kompetenter Service. **5** Historische Uhr mit Sternzeichen – Astrologie spielt in Indien eine wichtige Rolle. **6** Musiker in der «Mehfil-Bar». **7** Kulinarische Köstlichkeiten. **8** Stilvoll bis ins Detail. **9** Durchblick zur Chota Imambara.

ins Reich der Moguln und Nawabs geflohen. Als militärische Ausbilder und Artillerie-Experten waren sie sehr willkommen.

In der zweiten Hälfte des 18. Jahrhunderts baute zwar die britische Ostindien-Kompanie ihren Einfluss in Oudh zielstrebig und erfolgreich aus, doch ohne die Franzosen von ihren Positionen verdrängen zu können – schon gar nicht Claude Martin, der bei der British East India Company zum Offizier avanciert war. Nun trat er mit Protektion der Briten in den Dienst des Nawabs Asaf-ud-Daula. Zu seinen Aktivitäten gehörte schon vorher die kartographische Vermessung von Oudh, das einträgliche Amt des Steuereinnehmers und die Verwaltung des britischen Militärarsenals. Martin entschied über Ankäufe aller Materialien, etwa von Salpeter für die Schießpulver-Herstellung, und er gründete eine Pulverfabrik. Seit 1778 war er auch für das Arsenal des Staates Oudh verantwortlich. Vom Armee-Einkäufer wurde er zum Finanzier und Grundbesitzer, mit Häusern und Liegenschaften bis nach Kolkata und Varanasi. Am Gomti-Fluss ließ er Basargebäude bauen und Waren aus Kaschmir, China und Europa importieren. Als Exporteur handelte er mit Textilien, Zucker, Lapislazuli und vor allem mit Indigo.

Zum schwerreichen, politisch einflussreichen Geschäftsmann avanciert, wurde Martin auch kulturell aktiv. Dreißig Jahre nach seiner Ankunft als mittelloser Einwanderer war er aufs beste über die Ideen der europäischen Aufklärung orientiert, er sammelte Gemälde aus Indien, Bhutan, China und Europa, Bücher und Instrumente, experimentierte mit Dampf und Elektrizität. Schon bald nach der Ballonfahrt der Brüder Montgolfier 1783 in Paris ließ er den ersten Heißluftballon über Lucknow aufsteigen.

Kein Wunder, dass Lucknow-Liebhaber bis heute in «ihrer Stadt» den Spuren der Vergangenheit nachspüren und immer noch Unbekanntes wiederentdecken. Eine «Stadt der Träume» nennt man Lucknow. Es ist eine Stadt sonderbarer Wirklichkeiten.

Lucknow: Spezialtipps der Autoren

Anreise und Reisezeit
Flug: Amausi-Flughafen, Verbindungen mit New Delhi, Kolkata/Calcutta, Mumbai/Bombay, Varanasi/Benares.
Bahn: Wichtiges Bahnkreuz, u.a. Agra (8 Std.), Allahabad (3,45 Std.), Kolkata (ca. 21 Std.), New Delhi (6,45 Std.), Varanasi (5,25 Std.).
Bus/Leihwagen: u.a. New Delhi (ca. 500 km), Agra (ca. 360 km), Varanasi (ca. 300 km), Khajuraho (ca. 320 km).
Beste Reisezeit: Oktober bis März.

Unterkunft
**** *Taj Residency* (H1) (Taj Group). Das Spitzenhotel Lucknows, luxuriös mit reicher Innenausstattung, ruhig in parkähnlichem Garten, Tennis. 110 Zi., Suiten und «Superior Rooms», Vipin Khand, Gomti Nagar, Tel. 05 22-2 39 39 39, Fax: 2 39 22 82, E-mail: residency.lucknow@tajhotels.com
* *Hotel Gomti* (H2) (UP Tourism). Zentral, mit Restaurant, Bar, gutem Service. 80 Zi., teils AC, 6 Sapru Marg, Tel. 05 22-2 22 06 24, Fax: 2 21 26 59, 2 23 26 59, E-mail: gomtiupt@sancharnet.in. Dort auch UP-Tourist-Office.

Sehen und Erleben
Bara Imambara und Chota (Hussainabad) Imambara (schiitische Mausoleen). Rumi Darwaza, repräsentatives Tor. Uhrturm und Galerie Baradari mit den Porträts der Nawabs. Residency: Gedächtnisstätte der Kämpfe und Belagerungen beim Sepoy-Aufstand 1857. Martinière: Eliteschule, Gebäude in originellem Stil-Mix. Basarviertel Aminabad (alt) und Hazratganj (moderner): Parfüms, Handwerkskunst. Golfplatz bei der Martinière.

Ziele in der Umgebung
Faizabad, alte Residenz der Nawabs mit Fort, Marmor-Mausoleum (124 km östlich). Ayodhya, legendärer Geburtsort des Gottes Rama, eine der sieben heiligen Hindu-Städte, prähistorische Ausgrabungen. Die militanten Auseinandersetzungen um die Zerstörung der Babri-Moschee scheinen beendet (ca. 135 km östlich, bei Faizabad). Chitrakut, Pilgerort und «Hügel der vielen Wunder», der Überlieferung des «Ramayana» nach das Exil Ramas und seiner Gefährtin Sita am Mandakini-Fluss, einfache Unterkünfte (ca. 285 km südlich). Nationalpark Dudhwa (ca. 220 km nördlich). Über Gorakhpur Bahn- und Zugverbindungen nach Nepal.

Auskunft
UP Tourist Reception Center, 3 Nawal Kishore Rd., Chitrahar Building, opp. Prince Complex, Tel. 05 22-21 13 19, Fax 22 17 76. Auch nördlicher beim Gomti-Hotel (siehe oben).

Über 50 Sechs- und Siebentausender zählt Uttaranchal: Das Bhagirathis-Massiv hat drei davon.

Der Norden

Im Land der hohen Pässe
Ladakh: vom Industal ins Königreich Zanskar

«Klein-Tibet» bietet mit großen Gebirgshorizonten und friedlichem Dorfleben intensive Himalaya-Erlebnisse für Kultur- und Wanderfreunde – ladakhische Gastlichkeit inbegriffen.

Der Flug nach Leh ist spektakulär und im doppelten Sinn atemberaubend, liegt doch die Hauptstadt Ladakhs 3500 Meter über der Gangesebene. Scheinbar unüberwindlich stellen sich bald nach dem Abflug von Delhi oder Chandigarh die Gipfelriesen des Himalaya in den Weg. Höher und höher zwingen sie das Flugzeug, das schließlich nur wenige hundert Meter über den höchsten Schneehängen dahingleitet. Schon im 4. Jahrhundert beschrieb der chinesische Pilger Fa Hsien Ladakh als ein Land, «in dem der Schnee nie schmilzt». Je nach Flugroute ist dem Reisenden ein Blick auf das mächtige Nun-Kun-Massiv gegönnt – mit über 7000 Metern höchste Erhebung Ladakhs.

Kurz vor der Landung ändert sich die Landschaft dramatisch. Die Bergketten weichen dem Industal, das sich rund um Leh, die Hauptstadt Ladakhs, zu einem breiten Becken ausdehnt. Noch ein Blick aus der Höhe auf das Kloster Spituk, und man betritt eine andere Welt – nur gut eine Flugstunde von Delhi entfernt.

Das oberste Gebot lautet nun: Akklimatisierung! Die Luft hier oben ist trocken und sauerstoffarm. Der Körper braucht einige Tage, bis er sich umstellt. Die wenigsten haben Zeit und Muße, auf einem drei Wochen währenden Trek von Manali nach Leh zu wandern. Eine doch mit gewissen Unbequemlichkeiten verbundene Alternative ist die 485 Kilometer lange Straße von Manali nach Leh. Zwei Tage braucht der Bus, um Pässe wie den 5325 Meter hohen Taglang-La zu überwinden.

So wichtig die indischen Impulse für die kulturelle Entwicklung und das religiöse Leben Ladakhs waren, dominierend blieb bis heute der Einfluss Tibets. Im Westen spricht man oft von «Klein-Tibet», und tatsächlich gehörte Ladakh zum Großtibetischen Reich, bis zu dessen Untergang im 9. Jahrhundert.

Leh war als Kreuzungspunkt der Himalaya-Karawanenrouten von großer strategischer Bedeutung. Oft waren die Karawanen jahre-

1 Gelukpa-Mönche (Gelbmützen) unterwegs in Zanskar. **2** In Ladakh zu Hause, eine von rund 175 000 Ladakhis. **3** Ein Wildbach wie ein Wasserfall – hinüber muss der Trekker, samt Rucksack. **4** Ein Schmuckstück unter den Lastwagen – mit Passagieren auf dem Dach. **5** Im Kloster Lamayuru (124 Kilometer westlich von Leh) wird ein Tempelfest gefeiert, die Priester und Mönche, dem lamaistischen Buddhismus zugehörig, haben ihre prächtigsten, farbenreichsten Gewänder angelegt.

lang unterwegs und viele überwinterten in Leh, bevor sie sich über himmelhohe Pässe aufmachten nach Afghanistan, Persien, Sinkiang oder Lhasa. Die Zeiten der großen Karawanen sind längst vorüber, Lehs strategische Bedeutung ist geblieben. Heute ist die Stadt einer der Hauptstützpunkte der indischen Air Force.

In den Gassen der Stadt merkt man davon wenig. Mit gut 10 000 Einwohnern ist Leh ein größeres Dorf, das sich inzwischen bestens auf die Bedürfnisse der wachsenden Besucherscharen eingestellt hat. Immer wieder vernimmt man ein freundliches «Jhulee», den ladakhischen Willkommensgruß. Gelegentlich folgt der Hinweis auf eines der vielen kleinen Guest Houses mit Familienanschluss. Wer

etwas vom Alltag der Ladakhis mitbekommen möchte, ist dort gut aufgehoben. Beim gemeinsamen Abendessen – vielleicht hat die Hausfrau Momos, eine Art tibetische Ravioli, oder Thukpa, Nudelsuppe mit Fleisch, zubereitet –, mag ein Becher Chhang (Hirsebier) die kulturelle Kluft zwischen Ost und West überbrücken und allerlei Wissenswertes für Gast und Gastgeber zu Tage fördern. Dölma, die stets gut gelaunte Wirtin einer besonders gemütlichen Herberge, erzählt von Sengge Namgyal, dem berühmtesten König Ladakhs, der Anfang des 17. Jahrhunderts die Hauptstadt endgültig nach Leh verlegte. Der Löwenkönig – Sengge heißt Löwe – ließ den neunstöckigen Palast erbauen, der wuchtig und mit schräg ansteigenden Mauern auf einem steilen Felsen oberhalb der Stadt thront. Das ganz in der tibetischen Architekturtradition verwurzelte Gebäude erinnert mit seinen über 100 Räumen nicht nur zufällig an den Potala in Lhasa. Dölma weiß zu erzählen, dass die gewaltige Residenz der Dalai Lamas erst ein halbes Jahrhundert später entstanden und von Sengge Namgyals «Geschenk an Leh» beeinflusst wurde.

Leh eignet sich ausgezeichnet als Ausgangspunkt für Tagesausflüge zu den Klöstern im Industal. Die Gompa (Kloster) von Thikse beispielsweise liegt nur 19 Kilometer südöstlich der Hauptstadt auf

1 Großartig, urtümlich, gigantisch – alle Worte bleiben schwach vor der Himalaya-Bergeinsamkeit (hier bei Reruk). **2** Hoch über dem Talgrund von Leh: Kloster Spituk, im 11. Jahrhundert gegründet. Zum Klosterbesitz gehören Masken und Bilder, die aus dem Potala-Palast in Lhasa gerettet werden konnten. **3** Ladakhi-Tanz – im Schmuck von Silber, Perlen und Türkisen. **4** Buddha-Bildnis im Kloster Thikse, etwa 20 Kilometer von Leh. **5** Heilige Schriften und rituelles Gerät im Kloster Spituk. **6** Straße in Zanskar mit Chörten, Gedächtnisschreinen. **7** Tempelfest mit den alphornähnlichen «Rang-dung»-Blasinstrumenten.

einem Hügel inmitten der Indusebene. In dem gleichnamigen Dorf sieht man Ungewöhnliches: Die Frauen und Mädchen tragen Kopftücher. Der Grund dafür ist, daß gut ein Drittel der Bewohner Muslime sind, deren Vorfahren im 16. Jahrhundert nach Ladakh einwanderten, als der damalige König Jamyang Namgyal eine Prinzessin aus Baltistan (im heutigen Pakistan) heiratete.

Thikse hinterlässt einen bleibenden Eindruck. Weißgetünchte Chörten, Gedächtnisschreine, stehen am Fuß des Klosterbergs. Sie sind bis heute wichtige Kultobjekte. Oft werden die sterblichen Überreste und Habseligkeiten großer Lamas dort aufbewahrt. Andere sind leer und sollen den Gläubigen an den erleuchteten Geist Buddhas erinnern. Auf halber Höhe des Klosterbergs schmiegen

sich die Wohnungen der gut 100 Mönche an den Hang, darüber erhebt sich das mächtige, um 1450 gegründete Gelbmützenkloster. Ein gewundener Pfad führt hinauf in den Klosterhof. Ein Novize mit einer großen Kanne Buttertee im Arm ist auf dem Weg zur Morgenmeditation, die gerade begonnen hat. Der Versammlungsraum ist erfüllt vom vielstimmigen Gemurmel der Mönche. Über zwei Stunden rezitieren die Gelukpas (Mönche vom Orden der Gelbmützen) ihre Gebete, immer wieder wird Buttertee und Tsampa (geröstetes Getreide) gereicht. Kaum zu glauben, daß diese Szenen sich nicht in Tibet abspielen, sondern in Indien.

Von Leh aus kann man — mit Trägern und einem Führer, im Gepäck Zelte, Schlafsäcke, Lebensmittel und eine verlässliche Wanderkarte — in die Hochtäler Zanskars weiter ziehen, in das einstige winzige Königreich, das jahrhundertelang mehr Mythos als Wirklichkeit zu sein schien. Nur wenige wussten, dass es überhaupt existiert. Verborgen hinter schwer zugänglichen, mehr als die Hälfte des Jahres verschneiten Pässen leben die 8000 Bewohner von November bis Juni auch heute noch in völliger Abgeschiedenheit.

Das Leben in den drei Tälern Zanskars ist hart, aber von tiefer Naturverbundenheit und Gelassenheit geprägt. Bevor sich in Zanskar der tibetische Buddhismus ausbreitete, hing die Bevölkerung

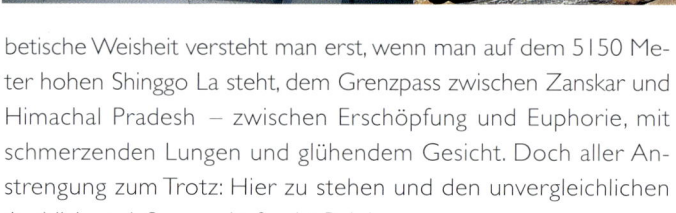

der Bön-Religion an. Die Menschen glaubten an eine beseelte Natur, in der Bäume, Steine und Seen von Göttern bewohnt sind. Medial veranlagte Schamanen konnten im Trancezustand diese Götter beherrschen. Auch nach Einzug des Buddhismus wurden alte Vorstellungen bewahrt und in die neue Religion übernommen. Die Fahrt nach Padum, Hauptort Zanskars und Ausgangspunkt für eine Trekkingtour, ist mühsam und nur in mehreren Tagesetappen zu bewältigen. Unterwegs mit Jeep, Bus und auf dem letzten Teilstück sogar auf einem Truck, kann man Station machen in Lamayuru, mit Glück dort vielleicht ein buntes Tempelfest erleben und in Mulbekh, nahe Kargil, das über 1300 Jahre alte Relief des Maitreya-Buddha besichtigen. Nach einer Woche ist Padum und damit der Ausgangspunkt für den Weg nach Darcha erreicht.

Die Wanderung ist anstrengend, eine wirkliche Herausforderung, letztlich jedoch auch eine aktive Erholung für Körper und Geist. Die grandiose Bergwelt strahlt große Ruhe aus und hilft dem reizgeschädigten Geist, im Angesicht der Naturschönheiten zur Konzentration zu finden. Hier werden die Dimensionen zurecht gerückt. Hier scheint der Mensch göttlicher Inspiration näher als irgendwo sonst, hier begreift auch der letzte Egomane, dass der eigenen Herrlichkeit enge Grenzen gesetzt sind.

«Wenn ein Tal nur über einen hohen Pass zu erreichen ist, kommen lediglich gute Freunde oder schlimme Feinde.» Diese alte tibetische Weisheit versteht man erst, wenn man auf dem 5150 Meter hohen Shinggo La steht, dem Grenzpass zwischen Zanskar und Himachal Pradesh – zwischen Erschöpfung und Euphorie, mit schmerzenden Lungen und glühendem Gesicht. Doch aller Anstrengung zum Trotz: Hier zu stehen und den unvergleichlichen Ausblick genießen zu dürfen, ist Belohnung genug.

1 Eine Stadt, vielleicht nur ein größeres Dorf? Leh breitet sich im fruchtbaren Industal zwischen rauen Bergflanken aus – und wird vom Zustrom der Touristen ökologisch überfordert, zum Beispiel bei der Trinkwasserversorgung. 2 Atemberaubend: der Blick aus dem Flugzeugfenster auf dem Weg von Leh nach Delhi. 3 Bei Kargyak: Mani-Mauern (Gebetssteine). 4–5 Viele neue Hotels sind in Leh in dem Vierteljahrhundert seit der Öffnung Ladakhs für den Tourismus (1974) entstanden, doch Leh ist vorerst kein Ort für Luxushotels. Für gehobene Ansprüche am empfehlenswertesten, vor allem wegen der ruhigen, familiären Atmosphäre: das «Shambala».

Solange es kaum Infrastruktur gibt in diesem entlegenen Teil Indiens, ändert sich am Leben der Zanskaris wenig. Doch die Straße Padum – Darcha wird längst gebaut. In fünf Jahren rollen vielleicht schon Lastwagen über den Shinggo La. Noch begegnen die Bewohner des letzten Refugiums der tibetischen Kultur dem oft zweifelhaften Segen des Fortschritts mit Argwohn. Aber wie lange wird dies so bleiben? Man wünscht sich fast, dass sie von großen Veränderungen verschont bleiben.

Den französischen Zanskar-Kenner Olivier Föllmi müssen ähnliche Gedanken beschäftigt haben, denn der König von Padum tröstete ihn einst: «Seien Sie nicht traurig. In Zanskar haben wir immer nach den Lehren des Buddha gelebt. Diese Lehren gründen sich auf die Vergänglichkeit aller Dinge. Es ist Teil der natürlichen Ordnung, wenn sich Zanskar verändern sollte.»

Olaf Krüger

Ladakh: Spezialtipps der Autoren

Anreise und Reisezeit

Flug: In der Hauptsaison (Juli und August) täglich von Delhi, Chandigarh (3 Flüge/Woche), Jammu (1 Flug) oder Srinagar (3 Flüge) mit Indian Airlines. Rechtzeitig buchen!
Bus: Von Delhi bis nach Manali (14–18 Std.) und weiter nach Leh (entweder direkt in 24–26 Std. oder mit Übernachtung in zwei Tagen). Die Anreise über Srinagar nach Leh ist wegen der politischen Situation in Kaschmir nicht zu empfehlen.
Beste Reisezeit: Mitte Mai bis Mitte Oktober. Die Passstraße von Manali nach Leh ist meist nicht vor Ende Juni befahrbar.

Unterkunft

** *Shambala.* Beste Adresse, familiäre Atmosphäre. 20 Gehminuten (1,5 km) von der Stadt im Vorort Skara. Ruhige, angenehme Umgebung, großzügige Anlage zwischen Bäumen, Terrasse, geöffnet Anfang Mai bis Ende Oktober (bei Bedarf im Herbst geheizt), Multicuisine-Restaurant. 26 Zi., Tel. 0 19 82-25 20 67 oder 25 11 00, E-mail: ladakh_shambala@vsnl.com
** *Galdan Continental.* Zentral, gepflegte Gartenanlage, ordentliche Zimmer, freundliche Angestellte. Post Box No. 47, Leh Ladakh-194 101, Old Fort Road, Tel. 0 19 82-25 21 73 oder 25 34 36, Fax: 0 19 82-25 24 14.
** *Omasila Hotel.* Im Vorort Changspa-194 101, schöner Garten. 30 Zi. und 5 Suiten, Tel./Fax: 0 19 82-25 21 19.

Sehen und Erleben

Palast und Namgyal Tsemo Gompa. Shanti Stupa mit bestem Blick über Leh und Umgebung (oberhalb des Vororts Changspa). Ökologie-Zentrum, Sitz der Ladakh Ecological Development Group, die auf die Wasserknappheit, Bodenerosion und Abholzung aufmerksam macht und sich für den Erhalt der ladakhischen Kultur einsetzt; mit Handwerkszentrum.

Ziele in der Umgebung

Gelukpa-Kloster Spituk (13 km westlich). Weltberühmte, 1000 Jahre alte Tempel in Alchi (64 km westlich). Kloster Lamayuru in spektakulärer Lage (124 km westlich). In Mulbekh (190 km westlich): Felsskulptur des Maitreya Buddha (7. Jh.). Tibetisches Flüchtlingslager Sonamling in Choklamsar mit Teppichweberei und SOS-Kinderdorf (9 km südöstlich). Königspalast von Shey (16 km südöstlich). Kloster Thikse mit Maitreya-Figur und schönen Ausblicken auf die Indusebene, (19 km südöstlich). Kloster Hemis, größtes und reichstes Kloster Ladakhs (45 km südöstlich). Zanskar: Südlich an Ladakh angrenzende Region, Anreise mit Jeep bzw. Bus über Kargil oder zu Fuß in ca. 9 Tagen von Lamayuru nach Padum. Die Region bietet ausgezeichnete Trekkingmöglichkeiten.

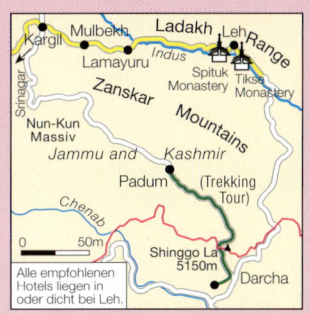

Beste Auskunft

Tourist Reception Center, 3 km südlich vom Zentrum Richtung Flughafen, Tel. 0 19 82-25 22 97, *Tourist Counter* neben dem Tourist Bungalow an der Fort Rd. Himalayan Folkways & Chandertal Tours, 20, The Fridays, East Dean, Near Eastbourne, East Sussex BN 20 ODH, England.

Im Angesicht des Himalaya
Kangra-Tal: Sommerpaläste und das erste Heritage-Dorf

Fast 7000 Meter hoch steigt die «Schneewohnung», der Himalaya, an, am Fuß der Bergriesen wachsen Dattelpalmen und Banyanbäume, Bambus und im Frühling frische Erdbeeren – Kontraste der Natur, die in Himachal Pradesh immer neu bezaubern.

Dreifach kann man in einem Urlaub die hinreißend schöne Himachal-Pradesh-Landschaft erleben, in drei Heritage-Hotels, jedes ist mit einem ausgeprägten eigenen Charakter. Reist man von New Delhi oder Chandigarh aus an, stehen wie ein starker Torriegel die Mauern und Zinnen vom «Fort Nalagarh» in den Ausläufern des Himalaya über der Ebene. Die Chandela-Rajputen, verwandt mit den Herrschern von Khajuraho (siehe Seite 74 ff.), erbauten sich die an einen Hang gelehnte opulente Palastfestung in fünf Wohnebenen. Das begann im frühen 15. Jahrhundert; fast ein halbes Jahrtausend später fügte der gegenwärtige Raja einen ungewöhnlich großen Swimmingpool hinzu, ließ den Diwan-i-Khas, die Audienzhalle von 1618, zum Speisesaal umgestalten und Gärtner die Höfe in Oasen voller blühender Bougainvillea verwandeln. Kommen Granada- und Alhambra-Erinnerungen auf? Von Erkern und Balkonen genießt man weite Ausblicke, die Zimmer sind komfortabel im historischen Ambiente, diskret mit Klimaanlage und Fernsehgerät ausgestattet. Die Badezimmer verwöhnen teils mit luxuriösen Ausmaßen von 32 Quadratmetern, teils muß man in kleinere Gemächer einige Stufen hinabsteigen. Naturfreunden seien Wanderungen im waldigen Hügelland, Picknick-Ausflüge im Wagen zu einem benachbarten Fort mit Himalaya-Fernblick und Bootsfahrten empfohlen.

Wer von Chandigarh mit dem Auto kommt, kann eine Pause in einem der schönsten Mogul-Gärten Nordindiens einlegen, in Pinjore. Oder in Chandigarh selbst moderne Bauten kennenlernen wie nirgendwo sonst in Indien, nämlich die Schalen- und Rampen-Architekturen, mit der Le Corbusier (1887–1965) nach der Teilung des Punjab zwischen Indien und Pakistan die neue Punjab-Hauptstadt gestaltete, ein Symbol radikaler West-Orientierung im jungen unabhängigen Indien. Vielen Kritikern missfallen die genormten

1 Immer wieder überrascht, wie stark die Farben in der reinen Luft der Himalaya-Vorberge leuchten: Gebetsfahnen beim Kloster Tashijong, im oberen Kangra-Tal. **2** Tigerfell im «Taragarh Palace», heute ein Heritage-Hotel der WelcomGroup. **3** Überall im Kangra-Tal anzutreffen: die farbig geränderten Mützen der Himachalis. **4** Das buddhistische Symbol «Rad der Wiederkehr» am Tashijong-Kloster der Exiltibeter. **5** Herrenhaus-Atmosphäre im Heritage-Hotel «The Judge's Court» in Pragpur.

Stadt- und Wohnstrukturen bis heute, und sie polemisieren heftig und ausdauernd gegen die als kalt und technokratisch empfundene Stadt vom Reißbrett. Chandigarh ist heute Doppelhauptstadt der beiden Bundesstaaten Punjab und Haryana. Von den Bürgern, das weiß man aus mehreren Befragungen, wird Le Corbusiers Schöpfung zumeist jedoch hoch geschätzt – wegen des vielen Grüns, wegen der Überschaubarkeit, wegen der Luft, die soviel besser ist als in den meisten Städten Indiens. Eine Hauptlast trägt aber auch Chandigarh wie die anderen indischen Städte: Auch hier ist die Übervölkerung ein großes Problem – und darunter leidet die Lebensqualität enorm.

Wieder ganz anders ist das Dorf Pragpur – von Nalagarh 150 Kilometer weiter im Norden – mit dem Heritage-Hotel «The Judge's Court» zu erleben: nämlich dörflich und ländlich inmitten des fruchtbaren Kangra-Tals. Der Beas-Fluss, der bei Manali im Kullu-Tal entspringt, strömt nicht weit vom Dorf silbrighell über Sand- und Kiesbänke durchs Hügelland. Nicht nur der alte Familiensitz «The Judge's Court» inmitten seiner Obstgärten am Rand des Dorfes ist als «Heritage Country Manor», als «Kulturerbe-Landsitz» qualifiziert, Pragpur darf sich sogar «Indiens erstes Heritage-Dorf» nennen. Weil das Dorf Pragpur, wie die Regierungsurkunde von 1997 bescheinigt, «mit seiner Architektur ... eines mittelalterlichen Ambientes von höchstem Wert für das Kulturerbe und den Tourismus» ist. Genau besehen: vielleicht nicht gerade mittelalterlich, aber tatsächlich von außerordentlichem ästhetischen Rang. Das Steingitter-Dekor der Fenster, die kopfsteingepflasterten Gassen,

die Bambusstäbe der «Digbals», der Schutzgötter, an den Fassaden, der ummauerte «tank», der Dorfteich mit seinen Fischen, die Dorfläden und eine für verwaiste Mädchen gestiftete Schule, dazwischen immer wieder Gärten – Pragpur ist eine Ausnahme-Schönheit unter Indiens Dörfern.

Vielleicht ist der Ort von günstiger Energie bestrahlt? Die uralte Stadt Kangra soll schon in Alexanders des Großen Kriegsberichten erwähnt worden sein, das Königreich Kangra sich neben Kaschmir als das stärkste im West-Himalaya behauptet haben. Später usurpierten fremde Mächte das paradiesische Tal unter den Schneegraten der Dhauladhar-Kette: die Mogulkaiser, der Sikh-Herrscher des Punjab, Ranjit Singh, und die Briten.

Die Gründer des Dorfes Pragpur, sagt die Überlieferung, wählten im 17. Jahrhundert den Platz im Kraftfeld dreier «Shaktipeeth»-Tempel, also «Energie aussendender Stätten»: des vergoldeten Jawalamukhi-Tempels, der Lichtgöttin gleichen Namens geweiht, des nach dem Erdbeben von 1905 neuerbauten Brajeshwari-Deva-Tempels im einst legendär reichen Städtchen Kangra (rund 35 Kilometer nördlich von Pragpur) und des Chintpurni-Tempels.

1 Herrliche Weite, wunderbare Stille der morgendlichen Landschaft im oberen Kangra-Tal. Im Hintergrund: die Dhauladhar Range. 2 Kostbare Architektur am Rand des Städtchens Baijnath: der Vaydinatha-Tempel aus dem 8. Jahrhundert. 3 Werkstatt der Schriftschnitzer im Tashijong-Kloster, eine Entdeckung für Liebhaber des Holzschnitts. 4 Ein Maharaja-Schlösschen, um 1930 als Sommersitz erbaut: «Taragarh Palace», heute ein gepflegtes Heritage-Hotel. 5 Jagdtrophäen im «Taragarh Palace», 6 ein Kronleuchter im Art-déco-Stil und 7 edles Wild als Tischdekor zum Dinner.

Aus Pragpurs Gründerfamilie, die ihren Stammbaum von den Kuthiala Sud über drei Jahrtausende hin aus vedischen Zeiten ableitet und bis heute das Gut «The Judge's Court» besitzt, stammt auch jener Richter Jai Lal (geboren 1878), der in der britischen Ära eine außerordentliche Karriere in Shimla und Lahore machte. Dort gehörte Jai Lal dem High Court des Punjab an, bewohnte aber in seinen freien Wochen den Landsitz bei Pragpur, der Schreibtisch steht noch an seinem Platz. Gut dokumentiert sind die Arbeiten jener Jahrzehnte, die mit Röhrenleitungen die Wasser-Fernversorgung des Dorfes sicherten. Stahlrohre aus England ersetzten die offenen Holzleitungen.

Spricht man über Pragpur mit Vijai Lal, dem gegenwärtigen Eigentümer des als «Heritage Country Manor» klassifizierten Hotels «The Judge's Court», lernt man einen eleganten und liebenswürdigen Herrn kennen, der wechselnd im Kangra-Tal und in seiner Stadtwohnung in New Delhi lebt. Nach der Restaurierung des über hundertjährigen Herrenhauses ist er rund um die Uhr beschäftigt mit Aktivitäten für sein Gut, das Dorf – wo er noch in einem zweiten historischen Gebäude Gäste aufnimmt, auch der Dalai Lama nächtigte schon dort – und für den Kangra-Tourismus.

Seine Gäste finden bei ihm manches, was sie fast überall sonst in Indien zur Zeit noch vermissen: zum Beispiel Beschreibungen von Wanderungen im Stunden- und Tages-Umkreis, anschaulich und genau. Auf verwandtem Gebiet, aber für Automobilisten, war ein anderes Familienmitglied tätig: Unter der Fülle von silbergerahmten Erinnerungsfotos in den Salons von «The Judge's Court» entdeckt

man einen großen Chef der indischen Automobilindustrie, der den ersten erfolgreichen indischen Geländewagen produzierte, den «Mahindra».

Vijai Lal, diesen Eindruck nimmt man mit, wird noch viel für die Heritage-Idee bewegen, über seinen Nahbereich hinaus, wo er Sponsoren für das Heritage-Dorf motiviert, das Dorfkomitee berät und den Webern und Silberschmieden hilft. Er hat auch den Fremdenführer des Dorfes ausgebildet – wieder ein Kapitel für sich, ein sehr indisches, denn das gab dem Mann, der tragisch seinen Sohn, seine Frau und seinen Beruf verloren hatte, einen neuen Lebensanfang. Weil Indiens Denkmalschutzbestimmungen bis jetzt nicht sehr streng sind, Eigner nicht zur Erhaltung gezwungen werden können und noch manches Haus im Heritage-Dorf verfällt (siehe auch Seite 143 f.), ist das Arbeitspensum, das auf die Freunde der überlieferten Kultur wartet, insgesamt ziemlich gewaltig.

Pragpurs Gästebuch ist jedenfalls Seite um Seite des Lobes voll: «One of the last paradises of Asia's wonderful nature, great mountain view, a place really to relax and enjoy» schreibt jemand aus Köln, und aus Passau: «Wir haben den Aufenthalt bis zur allerletzten Sekunde genossen!»

Wo die königliche Familie von Kaschmir ihr Quartier aufschlug und Jawaharlal Nehru als Ministerpräsident den Garten genoss, werden sich sicher auch moderne Reisende wohl fühlen. «Taragarh Palace» zählt nicht zu den alten Maharaja-Palästen, wurde erst um 1930 als Sommerschlösschen erbaut, strahlt aber mit seinen historischen Gemälden, Gartenschaukeln und üppigen Jagdtrophäen den Charme der alten Adelswelt aus.

Noch großartiger, weil viel näher gerückt als in Pragpur, sind von Taragarhs Terrassen die Ausblicke auf die riesigen Schneeflanken über den leuchtend grünen Feldern und den dunkleren bewaldeten Hügelketten zwischen Tal und Hochgebirge. Wanderlust rührt sich, wenn nicht gleich zu den Viereinhalbtausend-Meter-Pässen des Dhauladhar-Gebirges, dann doch auf Tageswanderungen zu den Dörfern und Tempeln des Kangra-Tals.

Eine Stunde östlich von Taragarh ist am Rand des Städtchens Baijnath der seit etwa 800 n. Chr. bestehende Vaidynatha-Tempel erhalten, mit großem Nandi-Bullen und einem der zwölf Jyotirlingams, die aus Shivas Energie geschaffen worden sein sollen. Über der Talbreite auf der anderen Seite des Flusses haben Exiltibeter sich ein Dorf und einen bunten Tempel, den Tashijong Gompa, gebaut. In ihrer Druckerwerkstatt kann man meisterlich geschnitzte Druckstöcke erwerben, heute auch in Indien eine Seltenheit.

Auf schmalen Straßen fährt man an den Hügelflanken entlang in andere Nebentäler, so mediterran und reich an Gräsern, Blüten, Büschen und Bäumen wie mancher Winkel im Toskana-Frühling. Kunst und Kunsthandwerk blühen hier auch. In dem Dorf Andretta

1 Nalagarh ist eine mittelgroße indische Stadt wie viele, 2 hoch über dem Ort aber empfängt das «Fort Nalagarh» als Heritage-Hotel seine Gäste in einem verlockend schönen Ambiente aus Palastarchitektur, Gartenhöfen und weiten Ausblicken von der Terrasse. 3 Die Bar: schwere Polstermöbel und satirische Gesellschaftsporträts. 4 Der Aufstieg zum Tempelhügel über dem Fort wird belohnt: mit dem Blick über die Vorgebirge des Himalaya und die nordindische Ebene. 5 Am Dorfteich von Pragpur im Kangra-Tal, des ersten «Heritage Village» in Indien. 6 Wassergefäße. 7 Waisenmädchen in ihrer Schule in Pragpur.

lebte der Maler Sardar Sobha Singh und hinterließ ein Ein-Raum-Privatmuseum mit seinen hyperrealistischen oder romantisch verklärenden Porträts und Landschaftsbildern. Zehntausendfach sind sie fürs indische Publikum reproduziert worden.

Zwei Ecken weiter in Andretta wohnt das indisch-britische Künstlerpaar Mansimran und Mary Singh. In ihrem Garten und Atelier unterrichten sie ihre Schüler, nicht nur Touristen, sondern auch Dörfler, und stellen ihre «studio pottery» von großer, einfacher Schönheit und die vom All India Handicrafts Board geförderte «village pottery» in ihrem Museum aus. Schon Mansimran Singhs Vater, Sardar Gurcharan Singh, geboren 1896, war einer der kreativsten Erneuerer der uralten indischen Keramiktradition, ein großer Künstler und Lehrer. Sein Werk setzen Mansimran und Mary Singh fort, seit nun schon bald zwei Jahrzehnten in der arkadischen Landschaft zu Füßen der Himalayaketten. Wer auf dem Weg zum professionel-

len Keramiker ist, kann sich in Andretta zu einem Kurs von zwei bis drei Monaten anmelden.

Seit über vierzig Jahren residiert hoch in einem Gebirgstal nördlich von Kangra der XIV. Dalai Lama, der «Papst des Ostens», wie manche ihn nennen. Am 17. März 1959 musste der Dalai Lama, damals ein junger Mann von 24 Jahren, vor den chinesischen Truppen fliehen, die in Tibets Hauptstadt Lhasa und in drei großen Klöstern nach einem Volksaufstand ein Blutbad angerichtet hatten. Das Exil im Doppelort Dharamsala-McLeod Ganj, das Indiens Ministerpräsident Jawaharlal Nehru dem jungen Dalai Lama damals anbot, ist seither ein neues geistiges Zentrum von weit über 100 000 geflüchteten, in verschiedenen Regionen Indiens ansässigen Tibetern geworden. Tempel und Klöster, wissenschaftliche und soziale Institu-

tionen des tibetischen Buddhismus in Dharamsala öffnen ihre Türen bereitwillig auch Besuchern aus der nicht-buddhistischen Welt. Noch immer wächst der Strom der Touristen nach Dharamsala. Das Bergdorf McLeod-Ganj, das sich im Hochtal auf rund 1750 Meter Höhe an den Waldhängen und steilen Straßenserpentinen ausbreitet, war ein idyllischer Ort. Doch inzwischen ist McLeod-Ganj

1 Ein beispielhaft renoviertes Herrenhaus im Dorf Pragpur, das dem Welcom-Heritage-Hotel «The Judge's Court» angeschlossen ist. **2** Historische Betten im «The Judge's Court»: geschnitzt und gedrechselt. **3** Musik zum Dinner im Garten: Dudelsackspieler in Livree. **4** Originales Porträt des Richters, der dem Landsitz den Namen gab. **5** Ein Bett mit Miniaturmalerei. Hausherr Vijay Lal bestellte zur Ergänzung der historischen Einrichtung Möbel von Tomlin und Lazarus aus Kolkata/Calcutta und Mumbai/Bombay. **6** Frühstück beim Obstgarten des «Judge's Court». **7** Junge Keramikerin in der «Andretta Pottery».

zum Opfer geworden – ausgeliefert einem Bau-Boom und Shopping-Gedränge, so dass die spirituelle Ruhe von einst dahin ist. Das Herz wird einem schwer, wenn man die kahl geschlagenen Hänge, die fast ausnahmslos herabgewirtschafteten Hotels vor Augen hat, vier- und fünfstöckige gesichtslose Billig-Neubauten.

Die Berge im Umkreis bewahren ihre Schönheit, und besuchenswert bleiben der Kalachakra-Tempel und das Namgyal-Kloster bei der Residenz des Dalai Lama. Wo die aus ihrer Heimat geflohenen Tibeter bauen, entsteht Tibetisches auf indischem Boden. Beste handwerkliche Arbeit, kräftige, leuchtende Farben zeichnen Baugestalt und Innenarchitektur aus – zum Beispiel im 1995 zur Erhaltung der tibetischen Kultur eröffneten Norbulingka Institute. Nicht ganz leicht ist es abseits der Straße zu finden, bietet aber genug für einen halben Tag und mehr: Tempel, Thangka-Malschule, ein Museum tibetischer Kostüme und Kunsthandwerk-Abteilungen, Bibliothek, Gästehaus und Forschungszentrum.

Wohnt man lieber in luftigen Höhen und in der Nähe der Dalai-Lama-Residenz in McLeod-Ganj, ist die beste, ja die einzig wirklich empfehlenswerte Adresse derzeit das «Chonor House Hotel». Es ist dem Norbulingka Institute angeschlossen, schön ausgestattet und wird tadellos unterhalten.

Kangra-Tal: Spezialtipps der Autoren

Anreise und Reisezeit
Flug: Günstigster Flughafen Chandigarh (35 Min. von New Delhi). Der Flughafen Gaggal war 2001 noch geschlossen.
Bahn: Nächste Bahnhöfe Chandigarh und Pathankot. Eine Schmalspurbahn verbindet die Orte des Kangra-Tals.
Leihwagen: Beste Anfahrt von Chandigarh oder New Delhi, auch von Shimla und Amritsar.
Beste Reisezeit: März/April bis September/Oktober.

Unterkunft
** *The Fort Nalagarh* (H1) (WelcomHeritage). Palast im Himalaya-Vorgebirge, Pool, Tennis. 15 Zi., District Solan, Himachal Pradesh-174 101, Tel. 0 17 95-22 30 09, Fax: 22 30 21, E-mail: fortresort@satyam.net.in, oder über WelcomHeritage (S. 235).
** *The Judge's Court* (H2) (WelcomHeritage). Landsitz, erbaut um die Wende zum 20. Jh., familiäre Atmosphäre, Reiten, Angeln. Gemüse und Ost aus eigenem Anbau. 10 Zi., Pragpur, District Kangra, Himachal Pradesh-177 107, Tel. 0 19 70-24 50 35, Fax: 24 53 35, www.judgescourt.com, oder über WelcomHeritage, s.o.

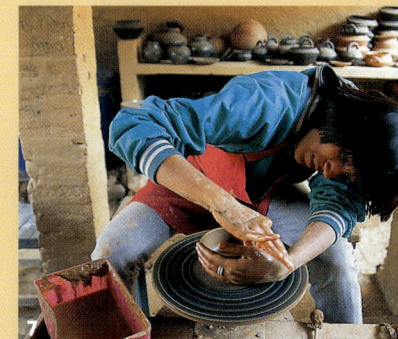

** *Taragarh Palace* (H3) (WelcomHeritage). Sommerschloss aus den dreißiger Jahren des 20. Jhs., in Waldgelände und Teegärten in ca. 1000 m Höhe, Mountainbike-Verleih. 16 Zi. und Suiten, P.O. Taragarh, District Kangra, Himachal Pradesh-176081, Tel. 0 18 94-26 30 34, Fax: 26 35 23, E-mail: taragarh@vsnl.com
** *Chonor House Hotel* (H4). Nahe dem Tempel des Dalai Lama, sehr gut geführt, Restaurant mit tibetischer Küche, Garten. 12 Zi., Dharamsala, Thekchen Choeling Rd., Tel. 0 18 92-22 10 06, Fax: 22 14 68, E-mail: chonorhs@vsnl.com

Sehen und Erleben
Trekking, Reiten, Angeln. Heritage-Dorf Pragpur. Kangra mit Brajeshwari-Deva-Tempel und Fort. Jawalamukhi-Tempel. Vaidynath-Tempel (9. Jh.) in Baijnath. Tashijong Gompa. Andretta mit Museen: Keramik-Museum von Mansiran und Mary Singh und Gemälde-Museum zum Andenken an Sardar Sobha Singh.

Ziele in der Umgebung
Dharamsala: Tempel bei der Dalai-Lama-Residenz und Norbulingka-Zentrum. Trekking im Dhauladhar-Gebirge. Bei der Anreise von Süden Chandigarh (Le Corbusier) und Gärten von Pinjore.

Auskunft
In den genannten Hotels und im Norbulingka-Institut: www.norbulingkainstitute.org

Wo Kipling und die Vizekönige wohnten
Waldluft weht um Shimlas Höhen

Von einem Dorf zur Großstadt ist die einstige Sommerhauptstadt der Kolonialregierung gewachsen und dabei nicht schöner geworden. Warum lohnt die Reise nach Shimla trotzdem wieder?

Der Architekt, der den Grand Plan für New Delhi entwarf, Sir Edwin Luytens, kam in den zwanziger Jahren nach Shimla, tat nur einen Blick auf die Stadt und brach los: «Wenn einem jemand sagte, Affen hätten das gebaut, könnte man nur antworten: was für wunderbar verrückte Affen – wenn sie's noch einmal machten, müsste man sie erschießen.» Seither ist Shimla, gern auch «Queen of the Hill Stations» genannt, in die Jahre gekommen und hat Slums angesetzt. Zum «Ersatz-England», das der Höhenort mit seiner erfrischenden Kühle für viele Briten bis zur indischen Unabhängigkeitserklärung geworden war, taugt Shimla nicht mehr.

Über hunderttausend Menschen haben ihre Wohnungen in drangvoller Dichte an den Steilhängen, und die Zuwanderer werden noch immer mehr. Die Arroganz der Kolonialherren ist von der Rücksichtslosigkeit der Spekulanten abgelöst worden, die sich um Bauvorschriften, Erdbebenschutz, Hygiene offensichtlich keinen Deut scheren. Zeitweise stockt der gesamten Stadt in einem einzigen Verkehrsstau der freie Atem, und die Nerven von Fahrern, Anwohnern und Polizisten werden dünngeschliffen. Stundenlange Stromausfälle verschärfen die Situation. Warum soll man gerade Shimla als Reiseziel vorschlagen?

Die Schönheit der Landschaft in den Vorgebirgen des Himalaya ist der eine Grund, ihre immer noch ursprünglich anmutenden Waldgebirge vor dem schneeglitzernden Panorama der Himalaya-Ketten. Der andere Grund ist die historische Rolle als «Summer Capital» der britischen Generalgouverneure und Vizekönige, die der abgelegenen Bergsiedlung in jedem neuen Sommer zu Hauptstadtrang verhalfen. Das Shimla von heute lädt zur Spurensuche ein. Wer mit eigenen Augen mehr über die britische Kolonialherrschaft erfahren will, als er in Büchern liest, ist in Shimla an der richtigen Stelle. Vor allem links und rechts der Mall, die entlang des Höhenkamms zum Rückgrat und zur Lebensader Shimlas wurde, nur ihrer Länge wegen in «Eastern Mall» und «Western Mall» geteilt.

1 Eisenbahntechnische Meisterleistung: Seit 1903 dampft der «Toy Train» nach Shimla hinauf. **2** Die Großeltern des heutigen «Woodville Palace»-Hausherrn in den dreißiger Jahren. **3** Im Schatten turmhoher Kiefern: der «Woodville Palace» der Maharajas von Jubbal, einer der ältesten Familien Indiens. **4** Schwimmbad im jüngst mit großem Aufwand erneuerten Oberoi-Hotel «The Cecil» in Shimla.

Die ersten Briten schlugen ihre Zelte vor bald zweihundert Jahren auf, um 1815/16. Schon um 1830 wurde um den 2455 Meter hohen Stadthügel Mount Jako über der Eastern Mall von Männern aus dem Gebirge die noch heute benutzte Straße zum Gipfel und dem Hanuman-Tempel droben gebaut. 1840 speisten britische Sommergäste bereits schottischen Lachs und Sardinen aus dem Mittelmeer in Shimla und plauderten über die Frühjahrsmode in London – kaum mehr als hundert Europäer, umgeben von mindestens 3000 Angehörigen der Bergstämme. «Manchmal wundere ich mich, dass sie uns nicht allen die Köpfe abschlagen, ich will nicht mehr sagen», steht im Tagebuch-Brief Emily Edens, einer Schwester des Generalgouverneurs Auckland. Ihr sechsjähriger Aufenthalt fiel in die Zeit der britisch-afghanischen Konflikte, und ihre Anmerkung über das Köpfeabschlagen war nicht nur spaßig gemeint.

1864 hatten sich die britische Vormacht und Shimlas bescheidene Infrastruktur dann so vorteilhaft entwickelt, dass die unter Calcuttas Hitze stöhnende Regierung das Experiment wagte, mit ihrem 10 Meilen langen Tross nach Shimla umzuziehen. Die Mühsal der Reise – über 2000 Kilometer! – war härter als heute auch nur vorstellbar, der Aufenthalt in den Bergen anfangs mehr ein Feldlager als eine Sommerfrische. Aus dem Experiment wurde trotzdem eine feste Gewohnheit (bis 1939!), trotz allen Klagens und Höhnens der Presse, wie unerträglich schwerfällig und unergiebig die Regierung

arbeite. Die feuchte Hitze in Calcutta war nicht auszuhalten, bis zur Erfindung des künstlichen Klimas.

In Shimla dagegen lebte es sich immer besser und bald so gut, dass bei den in der Ebene zurückgebliebenen Briten der Verdacht aufkam, droben in Shimla werde von April bis Ende Oktober nur gefeiert statt regiert. Einer, der mitspielt in dieser Szene aus Polospiel und Flirts, Tennis und Tratsch und zugleich als unbestechlicher Augenzeuge agierte, war der junge Rudyard Kipling. Aus Lahore, wo er als Redakteur beim «Civil and Military Gazette» mit Arbeit überhäuft war, bekannte er einem Freund seine Indien-Faszination:

Tempel, und Süße und Dunkelheit, Schmutz, Lust und Grausamkeit, und über allem unzählbare Dinge voller Wunder und Faszination.» Für einen Monat durfte er aus der sommerlichen Glut Lahores in die Himalaya-Kühle Shimlas ausweichen, und im August 1883 schrieb der später berühmte Autor des «Dschungelbuchs» aus Shimla nach England: «Der Monat war ein Karussell von Picknicks, Tanzereien, Theaterspielen und so fort – und ich flirtete mit der aufgestauten Energie eines Jahres.» Frauen waren in der Gesellschaft Shimlas in der großen Überzahl, viele Offiziers-Strohwitwen, deren Gatten von ihrem Dienst festgehalten wurden.

Zu den Hotels, die Geschichten erzählen könnten, gehört das «Woodville Palace Hotel» in seinem Park unter turmhohen Baumkronen ganz im Südosten der Mall. Ein moderner Anbau entsteht, das Haupthaus jedoch blieb wie ein Museum alter Zeiten erhalten, mit steinernen Balustraden draußen und Jagdtrophäen drinnen, kuriosen Sammlerstücken und einer Kollektion von Prominentenfotos, die bei Sammlern blassen Neid provozieren kann, zum Beispiel mit dem Widmungsbild Clark Gables für die Großmutter des Hausherrn oder dem Foto Marlene Dietrichs, das sie einmal nicht als blauen, sondern als «schwarzen Engel» zeigt. Der Eigner ist Maharaja von Jubbal und ein guter Erzähler der Geschichten seines überaus traditionsstolzen Hauses.

Ein Waldspaziergang auf das umtriebige Zentrum zu führt auch zu zwei Hotels, die an die Anfänge von Indiens brillantester Hotelkarriere erinnern. Im heutigen «Cecil's» fand 1922 der junge Mohan Singh Oberoi auf der Flucht vor einer Cholera-Epidemie seine erste Anstellung, im «Oberoi Clarke's Hotel» wurde er Partner des Besitzers – so begann der Aufstieg der Oberoi Group. Im Jahr 2001 war der 103-jährige Mohan Singh noch immer ein aktiver Oberoi-Chef. Nach jahrelangem Leerstand verwöhnt das «Cecil's», glanzvoll renoviert, wieder seine Gäste – modern hinter denkmalgeschützter Fassade, in bester, autofreier Stadtlage. Wer in Bach J. Karkarias Oberoi-Biographie «Dare to Dream» nachliest, findet

«Ich bin in dieses Land verliebt, und schreiben will ich darüber, … (über) meinen Platz, wo ich die Hitze und die Gerüche und die Öle und Gewürze erlebe, und Gewölk vom Räucherwerk der

1 Einst trutzige Sommerresidenz des britischen Vizekönigs: die 1888 erbaute Viceregal Lodge auf einer Anhöhe über Shimla, heute vom Indian Institute of Advanced Sciences genutzt. 2 Im Umkreis der Mall: unter spitzen Giebeln Erinnerungen an Merry Old England. 3 Grandios schön: Ausblick von den Balkonen des «Cecil's» auf Berg und Tal. 4 Die rund 150 Jahre alte Christ Church an markantem Platz im Stadtbild Shimlas, 5 mit neogotischen Glasfenstern. 6 Eine der wenigen Fußgängerzonen Indiens: Shimlas Mall, Schauplatz zahlloser Anekdoten aus der Kolonialzeit. 7 Grüner Talgrund westlich von Shimla.

die Anfänge des späteren Hotel-Tycoons Rai Bahadur Mohan Singh Oberoi nicht sehr weit von der klassischen Vom-Tellerwäscher-zum-Millionär-Karriere. Im schon damals berühmten Hotel «Cecil's» fragte er nach einem Job und wurde vom Portier vor die Tür gesetzt, mit dem Bescheid: «Nichts frei». Doch fing Oberoi den Manager ab, der zur Mittagspause aus dem Hotel trat. Oberoi machte eine gute Figur, erklärte, über jede Art von Job im «Cecil's» froh zu sein, und wurde zum Vorstellungsgespräch am Nachmittag bestellt. Erst eine halbe Stunde später fiel ihm ein, dass er nicht einmal seinen Namen gesagt hatte. Wie sollte er den Portier dazu bewegen, ihn beim Manager zu melden? Auch das gelang, und für 50 Rupien im Monat bezog Mohan Singh Oberoi seine erste eigene Wohnung, ein Zimmer von 3 mal 2,70 Meter am Fuß des Stadthügels.

Kaum zu glauben, aber Tatsache: Oben auf dem Hügel halten Shimlas Bewohner ihre Mall als eine der vorerst noch wenigen Fußgängerzonen Indiens frei von dem Autoverkehr, der den Rest der Stadt verstopft und vergiftet. Das war so schon zu Vizekönigs Zeiten, als nur ihm, dem obersten Militärchef und dem Gouverneur des Punjab Wagen erlaubt waren. Zu hoffen steht, dass die teils noch originalen und pittoresken Häuser längs der Mall in nächster Zeit wieder frischere Farbe erhalten, wenn das Geld schon nicht

zur denkmalschutzgerechten Renovierung reicht. Schon wegen der vielen Honeymooner, die sich Shimla als Ziel ihrer Hochzeitsreise wählen …

Direkt zur Mall trägt die Besucher von der Unterstadt übrigens ein Lift mit Zwischenstation hinauf. Und seit 1903 dampft der «toy train», eine Schmalspurbahn (Schienenbreite 76 Zentimeter!) gemächlich durch 103 Tunnel, über 800 Viadukte, durch 900 Kurven und gewinnt auf 95 Kilometer Streckenlänge über 1400 Meter Höhendifferenz. Damals, um 1900, ist in einem zeitgenössischen Lexikon nachzulesen, hatte Shimla, «seit 1864 ständige Hauptstadt des britisch-indischen Kaiserreichs (…) auf einem schön bewaldeten Bergrücken des zentralen Himalaya, (…) im europäischen Stil gebaute Häuser, einen schönen Palast des Vizekönigs, ein Stadthaus etc., mehrere Kirchen, ein Kloster, höhere Schulen für Knaben und Mädchen, Hospital, ein magnetisch-meteorologisches Observatorium, 2 Brauereien, 3 Banken und 13 836 Einwohner (8484 Hindu, 2489 Mohammedaner und 1587 Christen), im Sommer 30 000.» Entworfen wurde dieses fast noch dörfliche Shimla für vielleicht 25 000 Einwohner, heute zählt es rund 150 000.

Der Bahnhof der Schmalspurbahn liegt nur wenige Schritte unterhalb der Mall, so dass man diese Höhezone relativen Wohlstands

1 Eine neue Luxusadresse: «Wildflower Hall», erbaut am selben Platz, an dem Lord Kitchener einst seine Residenz gleichen Namens hatte – hier die Empfangshalle, sie bietet auch eine gemütliche Bar und eine Tea Lounge. 2 Begrüßung mit Blütenblättern. 3 Offiziersporträt in «Wildflower Hall»: Lord Kitchener of Khartum (1850–1916) trug mit seinen militärischen Erfolgen gegen Araber, Franzosen und Buren wie kaum ein anderer zum Aufbau des Kolonialimperiums in Afrika bei; 1902 avancierte er zum Oberbefehlshaber der britischen Truppen in Indien, 1914 zum Kriegsminister. 4 Gepflegte Eleganz im «Wildflower Hall»-Speisesaal. 5 Lichterfüllt, großzügig: die Architektur der neuen Halle im «Cecil's»-Hotel. 6 Vorhalle des «Cecil's»-Restaurants. 7 Kipling-Erinnerung im «Cecil's». Der später prominente Autor schrieb 1883 bis 1888 Gesellschaftsreporte aus Shimla. 8 «Cecil's»-Zimmer haben zumeist opulente Aussicht (siehe voranstehende Doppelseite).

auf den Schienen Richtung New Delhi verlässt, ohne mit der Armut der Unterstadtgassen konfrontiert zu werden. Dennoch sollte man einmal durch die Unterstadt spazieren oder zumindest fahren, um die andere, weniger romantische Seite Indiens nicht zu vergessen: den harten Alltag des Großteils der indischen Bevölkerung. Letzter Fixpunkt eines Mall-Spaziergangs ist im Westen nicht weit vom «Cecil's» der bewaldete Observatory Hill, 1888 mit der Viceregal Lodge bebaut, einem trutzigen Stück Old-England-Architektur im elisabethanischen Stil, das der Vizekönig sommers bewohnte. Von seinen vergoldeten Stühlen, dem Silberthron ist nichts

mehr zu sehen, erhalten blieb jedoch der «Partition Table» (Tisch der Teilung) in der Ausstellung über die Shimla-Konferenzen von 1945/46. Damals trafen sich Vizekönig Lord Wavell, der Kongressparteiführer Jawaharlal Nehru, Gandhi und der Führer der Muslims Mohammed Ali Jinnah am Verhandlungstisch, um den unabhängigen Staat Indien zu gründen. Jinnahs Weigerung im Namen der Muslime, in einem hindu-dominierten Staat zu leben, führte schließlich zur verhängnisvollen Teilung in Indien und Pakistan. Was übrig blieb von der gescheiterten Shimla-Konferenz sind Anekdoten, zum Beispiel über Mahatma Gandhi, der zur Teestunde im Salon der Vizekönigin, der sehr britischen Lady Wavell, nur mit einem Tuch um die Hüfte erschien, korrekt nach Hindu-Brauch. Peter Coats, Privatsekretär des Vizekönigs Lord Wavells, beschreibt auch Gan-

dhis Gewohnheit, einen Tag der Woche kein Wort zu sprechen: «Es half ihm nicht nur geistig», sagte er mir, «sondern auch ganz praktisch. Er konnte sicher sein, dass die Leute ihn wenigstens an die-

1 Suite im «Woodville Palace» mit überbreitem Bett und Perlen aus der Bilderkollektion der Maharajas, 2 die auch Jagdtrophäen, 3 Kuriositäten wie diese Muschel mit mythischem Fluggerät 4 und dekorativ nostalgische Bronzeskulpturen sammelten. 5 Gemütliche Halle für nachmittägliche Treffs im «Woodville Palace» – auf den kleinen Tischen sind Familiensouvenirs aus vielen Jahrzehnten versammelt. 6 Ein Palast über den Wäldern, mit großartiger Fernsicht und langen Spazierwegen mit Blick auf die Himalaya-Gipfel und -Grate: das im Jahr 2001 eröffnete «Wildflower Hall»-Hotel der Oberoi-Group.

sem einen Tage nicht in Atem halten würden und er seine Ruhe zum Nachdenken, zum Schreiben und für seine Korrespondenz hätte. Gandhis Schweigetag wurde von seinen Anhängern pflichtgemäß respektiert und wurde zur festen Einrichtung.»

Als am Ende dieses Sommers 1945 für Shimlas britische Bewohner der Tag des Auszugs kam, wurde zum ersten Mal die Mall für Fahrzeuge freigegeben. Ein langer, langer Wagenzug sammelte sich im Morgendämmer, mit Bussen, Traktoren und allem, was Räder hatte. Sämtlichen Europäern war geraten worden, sicherheitshalber nach New Delhi zu gehen. Eine Ironie der Geschichte nennt Peter Coats die Tatsache, dass es Gurkhas waren, die zum Schutz des Konvois antraten – nämlich Nachfahren eben jener Gurkhas, die hier von den Briten anderthalb Jahrhunderte zuvor bekämpft und bekriegt worden waren, vor der Gründung Shimlas.

Draußen in den Waldgebirgen von Mashobra gibt es eine andere spektakuläre Stätte britisch-indischer Vergangenheit: Wildflower Hall, die ehemalige Residenz Lord Kitcheners. Vor langer Zeit war sie bereits in ein Hotel umgewandelt worden, dann abgebrannt. Dort eröffnete im Frühjahr 2001 das Oberoi-Luxushotel «Wildflower Hall». Man kann es symbolisch verstehen: Aus einer Residenz kolonialer Herrschaft wurde ein Haus indischer Gastlichkeit. «Wildflower Hall» führt noch eine Marmorstufe höher hinauf auf der Treppe des Oberoi-Wohlfühl-Konzepts. Der Private Butler Service, der Hubschrauberlandeplatz für die Gäste, die von New Delhi per Helikopter anreisen, auch die Aura der Geschichte, die hier die Erinnerung an den Kolonialherrn Lord Kitchener beschwört und damit die neue «Wildflower Hall» noch mehr ins Licht stellt, als eine Schöpfung des modernen, unabhängigen selbstbewussten Indiens – dergleichen können schon andere Oberoi-Hotels aufweisen. Die neue «Wildflower Hall» in ihrer klassizistischen Eleganz kristallener Kronleuchter hoch in den Waldbergen über Shimla bietet noch mehr, nimmt einen Platz von romantischer Traumschlossqualität ein. Zugleich probiert das Haus wieder etwas Neues, Praktisches: das erste Kinderrestaurant in einem Oberoi-Hotel.

Shimla: Spezialtipps der Autoren

Anreise und Reisezeit
Flug: Jabbarhatti-Flughafen, tägliche Verbindung mit New Delhi, Kullu und Ludhiana.
Bahn: Schmalspurbahn «toy train» Shimla-Kalka (nördlich von Chandigarh), ca. 5 Std., Kalka-Delhi mit «Himalayan Queen», etwa 6 Std.
Bus/Leihwagen: Zahlreiche Busverbindungen mit Himalaya-Orten, auch mit New Delhi (ca. 300 km).
Beste Reisezeit: April bis Mai und September bis Oktober (im Juli und August starke Regenfälle).

Unterkunft
**** *Wildflower Hall* (H1) (Oberoi). Traumhafte Lage außerhalb der Stadt, historischer Hintergrund, kürzliche Total-Erneuerung. 86 Zi. (je ca. 42 qm), Suiten (85 qm), Lord-Kitchener-Suite (110 qm), zwei Restaurants, Hallenbad, Tennis, Spa, Butler-Service, Helikopter-Landeplatz. Mashobra, Reservierung Oberoi Corporate Marketing Division, 7 Sham Nath Marg, Delhi-110 054, Tel. 011-23 89 05 05, Fax: 23 89 05 82.
*** *The Cecil's* (H2) (Oberoi). Luxuriös, inmitten der Stadt, großartige Himalaya-Blicke, historische Fassade, innen kreativ modernisiert. 79 Zi. und Suiten, Restaurant, Bar, Billard, Spielcenter für Kinder, Health Club. Pool angekündigt. Chaura Maidan, Shimla-171 001, Tel. 01 77-2 20 48 48, Fax: 2 21 10 24.
** *Woodville Palace Hotel* (H3) (WelcomHeritage). Mit vielen Souvenirs und Sammlerschätzen, ruhig am Ortsrand. 15 Zi., z.T. karg, Royal Suite, Erweiterung 2002, Vollpension. Raj Bhavan Rd., The Mall, Tel. 01 77-2 22 39 19, Fax: 2 22 30 98, Reservierung auch Mrs. Sikand, New Delhi Tel. 011-24 62 55 28.
** *Oberoi Clarkes Hotel* (H4) (Oberoi). Zentrale Lage nahe dem Lift. Anfang des 20. Jahrhunderts mit Giebeln im Tudor-Stil erbaut. 39 Zi. und Suiten, Restaurant. The Mall, Shimla-171 001, Tel. 01 77-2 25 10 10, Fax: 2 21 13 21.

Sehen und Erleben
Eastern und Western Mall mit Läden und Restaurants. Christ Church (1844), Gaiety Theatre (1887), wo schon Kipling auftrat. State Museum (Skulpturen, Miniaturen der Kangra-Schule, Textilien und Juwelen). Viceregal Lodge (1877), heute Sitz des Rashtrapati Niwas (Indian Institute of Advanced Study). Bergwandern, Bergsteigen, Reiten, Vogelbeobachtung. Golf, Eislauf, Rollerskating, Skilaufen je nach Jahreszeit.

Ziele in der Umgebung
Spaziergänge zu den Nahzielen Summer Hill (1983 m), Mount Jako (2455 m), Prospect Hill (2175 m), Tempel Tara Devi (1851 m). Viele Exkursionen sind möglich, z.B. nach Chail (mit Patiala-Sommerpalast, hoch gelegenem Cricket-Platz, Vogelschutzgebiet, 45 km südöstlich), Naldera (vermutlich Indiens ältester Golfplatz, Mahung-Tempel, im Juni Kunsthandwerker-Markt, 26 km nördlich).

Auskunft
HPTDC Tourist Office, The Mall, Tel. 01 77-2 25 83 02, Fax: 2 25 25 57, E-mail: hptdc@nde.vsnl.net.in

Wohlfühlparadies an der Ganga-Schlucht
Sanfter Luxus im «Ananda» und die Pilgerstadt Rishikesh

Verjüngung verheißt seinen Gästen das im Jahr 2000 eröffnete Hotel «Ananda», ein Luxus-Spa, wie es zuvor noch keines in Indien gab. Ein wunderbarer Ort, die Schönheit der Welt zu genießen!

«If you must drink and drive, drink Himalaya juices», raten die Straßenrand-Reklamen zu Saft aus knackigen Bergäpfeln. Die reine, sommerwarme Märzluft gibt es gratis dazu, wie die Fernblicke auf die polarweißen Himalaya-Kämme. In das Kieferngrün setzen blühende Mangobäume ihr üppiges Gelb, rosafarbene Tempelkuppeln wie aus Erdbeereis schimmern im lichten Buschwald, Affen springen zu Hunderten im Geäst. Nach Foto- und Imbisspausen und einem Reparaturstopp – Ausfall der Hupe, die ist unentbehrlich wie die Bremsen – nimmt der «Tata Sumo» gerade noch rechtzeitig die Serpentinen über Rishikesh: zum üppigsten Farbspektakel des Tages, dem riesigen roten Schwall des Sonnenuntergangs über der Ganges-Ebene. Indien in Glanz und Ruhe, fernab von den Großstadtmillionen, von Lärm und Not.

Rishikesh am Ufer des Ganges, wo «Mutter Ganga» kristallhell aus dem Gebirge in die Ebene strömt, ist ein wichtiger, ein immer geheiligter Ort gewesen, so tief Hindu-Erinnerung in die Vergangenheit reicht. Kein Rishikesh-Führer, der seinen Touristen nicht den Namen übersetzt: «Stadt der Seher und Sänger». Unter den Baumschatten am Gangesufer teilte Gott Brahma ihnen die Weisheit der Veden mit. Brahmanen-Priester trugen die Sanskrit-Lieder und Erzählungen von Mund zu Mund weiter, über drei Jahrtausende.

Sollten wir gleich in einen Ashram fahren, bei einem Guru in die Lehre gehen, einem der vielen, die in Rishikesh ihre Weisheit anbieten? Nein, unser Ziel an diesem Abend ist ein anderes. 800 Meter über dem Grund der Gangesschlucht öffnen sich im Abenddämmer schmiedeeiserne Portale, salutieren Torhüter in Livree, glänzen Brunnen und Blumenrabatten im Streulicht schlanker Kandelaber. Der Maharaja-Palast, Baujahr 1895, einer der jüngeren Indiens, ist heute das noble Empfangsgebäude des Hotels «Mandarin Oriental Ananda, The Himalayas». «Bitte, geben Sie uns Ihre Pässe, unterschreiben Sie hier» – die besseren Herbergen behelligen ihre

1 In den Höhen über der Pilgerstadt: der Maharaja-Palast, der zum Empfangsgebäude des Luxus-Resorts «Mandarin Oriental Ananda. The Himalayas» wurde. **2** Pilgerin im Gebet. **3** Das «Om»-Zeichen, heilig im Hinduismus wie im Buddhismus. Die Anrufung «Om mani padme hum» bedeutet «O du Kleinod im Lotos». **4** Andacht am Ganges in Rishikesh. **5** Pilger aus Rajasthan auf der «Laxman Jhoola Bridge» am Nordrand von Rishikesh, unterwegs zu Tempeln und Ashrams.

Gäste nicht lang mit Anmeldeformularen, lassen sie lieber den Begrüßungscocktail kosten.

Woraus war der doch gemixt? Am nächsten Morgen ist der exquisite Geschmack von Zitrone und Ingwer wieder da: Statt Early-morning-tea wird ein Becher fruchtiger Fülle und sanfter Süße serviert, mit einem Schuss belebender Bitterkeit. Schon beginnt man es fast zu glauben: Gesunder und jünger als man gekommen ist, wird man wieder abreisen. «Rejuvenation begins at once», ist auf dem Büttenkärtchen am Begrüßungs-Früchtekorb zu lesen.

«Wir wollen niemandem etwas aufdrängen, wir sind kein Krankenhaus», lächelt Jayanth Rangan, Resort-Manager, «wir sind glücklich, wenn Sie sich selbst etwas auswählen» – nämlich aus den Wellness-Therapien indischer, thailändischer und europäischer Heilkunst, die das «Ananda» nach kostenloser ärztlicher Beratung bietet – in diesem Umfang und in diesem edlen Rahmen als erstes Spa in Indien.

1 Rishikesh – seit Jahrtausenden Treffpunkt der Hindu-Gläubigen. Langbärtige Sadhus sind Gottessucher und Asketen mit einer Aura von Heiligkeit, 2 manche von ihnen mit exotisch bizarrer Kleidung und Haartracht. 3 Priesterin bei der Kumbh-Mela, dem größten Fest an den heiligen Strömen Ganges und Godavari, hier in Hardwar bei Rishikesh; 4 1998 strömten mehrere Millionen Pilger zusammen. 5 Aarti (Feuerzeremonie). 6 Hindu-Gelehrte.

Mit rund zwei Dutzend Ayurveda-Therapien, mit Massagen, Öl-güssen und Kräuterpackungen, mit Sauna und Dampfbad, auf Wunsch auch mit ayurvedischem Speiseplan helfen die «Ananda»-Gesundheitsspezialisten bei Leiden wie Arthrose und Arthritis, Übergewicht oder Cellulitis. Aber auch gegen Lebensplagen wie Schlaflosigkeit, Depressionen und Burn-out-Syndrom werden die altindischen Reinigungs- und Entgiftungstherapien wirksam, die

7 Das Bad im Ganges bei Rishikesh hat nicht den gleichen rituellen Wert wie in Varanasi, aber alle Generationen tauchen in die bergkühlen Fluten, deren frische Sauberkeit kaum zu übertreffen ist. **8** Junge Frau mit großem Angebot: Pilger-Souvenirs.

«Beauty and Harmony Packages» und das «Himalayan Spring Water Ritual». Die hauseigene mineralstoffhaltige Quelle ist schon seit des Maharajas Zeiten als heilkräftig bekannt.

«Lange hat mir nichts mehr so gut getan wie diese drei Tage hier!», verabschiedet sich ein überarbeiteter Bankdirektor von Mr. Rangan. Immer öfter reisen Manager aus Delhi für eine Kurzkur zur Erneue-rung ihrer Bio-Energie an. Aus den oberen Chefetagen schweben sie auch schon mal per Hubschrauber ein.

Viele Gäste bleiben länger als drei Tage, und die meisten um des puren Genießens willen. Verjüngung? Hat augenscheinlich noch nicht jeder nötig. Aber was für vitale Sensationen hält die indische

Physiotherapie mit ihren Bädern und Massagen auch für die Jungen und Gesunden bereit – welch ungewöhnliches Hautgefühl unter all den Kräuterölen, welche erlösende Hitze-Empfindungen, welch überraschende Geruchserlebnisse! Paaren bietet das Spa eine gemeinsame Massage mit zwei Therapeuten in einer Luxussuite an, eineinviertelstündig, samt anschließendem Jacuzzi-Bad.

Auch die modernsten Geräte der Hydrotherapie stehen hier zur Verfügung. Die Hochdruck-Jet-Dusche empfiehlt sich zur zwanzigminütigen Anwendung gegen «Übergewichtszonen», auf gut deutsch also Fettpolster, die Jet-Lag-Hydro-Massage entspannt Muskeln und steife Gelenke. Wohltaten für die Haut spenden altindische Naturkosmetika, sanfte Einreibungen mit Honig- und Sandelholzessenz oder der «body polish» mit einer entgiftenden Lotion aus grüner Papayafrucht, Orangenschalen und Mandeln.

Letztlich stimmen sogar manche der astronomisch anmutenden Preise: Sie sind nicht überhöht, wenn man erst alle «Ananda»-Qualitäten zusammenzählt. Wer das rasen- und baumgrüne Panorama-Grundstück umwandern wollte, bräuchte leicht eine Stunde. Fast lautlose, luftig-schattige Elektrowägelchen sind rasch zur Stelle. Sie übernehmen die Beförderung zwischen der Toreinfahrt, dem ehemaligen Maharaja-Palast – mit seiner prächtigen Bar, dem Billardsalon (der Billardtisch ist ein echter «Lazarus» aus Kolkata/Calcutta, also von einem der ältesten Spezialfabrikanten Indiens, authentisch restauriert), Bibliothek und Ballsaal – und weiter zu den Gästetrakten, dem luftigen Restaurant mit offenem Pyramidendachgebälk und umgrünter Frühstücksterrasse, dem Spa und dem tadellos gepflegten Swimmingpool, den Suitenvillen mit ihrem eigenem Pool. Ober- und unterhalb der gepflegten Wege: Wiesen und Baumgruppen, die Säulen eines Konzertpavillons, ein Amphitheater, eine Squashhalle – und Gärten mit hohem Bambusgehölz und Springbrunnen. Lastwagen schaffen täglich zusätzlich 150 000 Liter Wasser herauf, möglichst jeder Tropfen Brauchwasser wird hier wiederaufbereitet.

Zu den Gästezimmern geht es über eine schwingende Brücke. Die Einrichtung: gediegen bis kostbar mit besten Materialien, Teakholz und Seide in fein abgestimmtem Design. Bilder und kleine Skulpturen setzen Akzente konzentrierter Schönheit und Meditation. Alle Zimmer – jedes 45 Quadratmeter, Suiten 85 bis 220 Quadratmeter – haben Balkon und guten Ausblick, zu den waldigen Bergen hinauf lockt es die Wanderer. Wohl doch am schönsten ist ein «Val-

Ganges-Landschaft, sieht Wolken steigen und die Erde flimmern. Oder – unvergleichliche Stunde! – man zündet nachts die Kerzen im schweren hohen Silberleuchter an, und im Nachtdunkel draußen glänzt ein Netz aus den Tausenden von Lichtern Rishikeshs auf, golden und silbern in der Tiefe ausgebreitet.

«Ananda» heißt soviel wie «Glückseligkeit, innerer Friede», und «Ananda» hieß auch ein Jünger Buddhas, jener, der Buddhas Predigten, so sagt die Überlieferung, wörtlich der Nachwelt weitergab. Spiritualität, schöne Natur, Komfort und freundliche Zuwendung – all das strömt zusammen in einer Wohlfühl-Atmosphäre, die nach kurzer Zeit die Anspannung der Anreise löst. Wünsche, kaum geäußert, werden von freundlichen Helfern sofort erfüllt – mit so herzlichem Lächeln als Zugabe, dass der Ausdruck «Service» als ein zu nüchternes Wort der Technik-Sprache erscheint.

Wer verlässt freiwillig ein solches Paradies? Doch draußen warten Naturschönheiten, die man zum Beispiel auf einer leichten Wander-Exkursion hinauf in die benachbarten Berge erkunden kann. Auch Mountainbike- und Trekkingtouren bieten sich an, und Angler finden hier viele gute Plätze. Für Abenteuerlustige gibt es – in Indien noch nicht so häufig – Gelegenheit zum Wildwasser-Rafting. tief unten in der engen Schlucht des Ganges, Schwierigkeitsgrad nach Wahl. Unmittelbar bei Rishikesh erlaubt der Fluss den nassen Rafting-Spaß ohne jede Gefährdung.

Rishikesh ist ein Ort, den im Westen viele zumindest dem Namen nach kennen. Denn in den sechziger Jahren haben sich die Beatles da leibhaftig im Ashram des Maharishi Mahesh Yogi aufgehalten und inspirieren lassen, musikalisch und meditativ. Ein Treffpunkt der Touristen heute ist die Hängebrücke Laxman Jhoola: Man schaut hinunter auf die zartgrünen Wasser, entdeckt als exotische Absonderlichkeit noch oberhalb der Brücke eine «German Bakery» mit Blätterteig und Streuselkuchen, gut organisiert in indischer Hand. Am östlichen Ufer ist der zwölfstöckige Tempel mit dem Zungenbrecher-Namen Trayambakeshwar zu ersteigen, aufgeteilt in viele

ley View Room»; das Badezimmer hat eine fast wandgroße Glasfront. Im wohlig warmen, nach wunderbaren Essenzen duftenden Wasser schaut man über grüne Forsten weit hinunter auf die

1 Das Hotel «Ananda» bietet seinen Gästen eine weite Parklandschaft, großartige Ausblicke, blühende Natur – hier die Gartenseite des Palastes mit der «Vice Regal Suite», 220 Quadratmeter groß. 2 Palasttor und Palast thronen wie ein Traumbild hoch über der nachtdunklen Gangesebene. 3 Das Amphitheater des «Ananda». 4 Ein Lazarus-Billardtisch aus Kolkata, ein Produkt bester Handwerksarbeit. 5 Liebevolle Dekoration bis ins Detail: Öllämpchen und Blüten in einer Wasserschale.
6 Auch in den exklusiven Badezimmer des «Ananda» ist dafür gesorgt, dass sich die Gäste rundum wohlfühlen.

kleine Nischen mit Götterbildern und noch weit mehr Verkaufskammern. Rishikesh zeigt sich in zweierlei Gestalt: Westlich vom Fluss ein schon großstädtisches Basargedränge von Tausenden von Menschen und Fahrzeugen, im nahezu autofreien Kontrast dazu am Ostufer auf schmalem Raum zwischen Ganges und Gebirge die bunte Reihe der Ashrams, Tempel und Souvenirshops.

Bonbons oder Kekse nicht vergessen: Die vielen bettelnden Kinder freuen sich darüber, und ein paar Rupienmünzen sollte man bereithalten, die man Kranken und Alten in die ausgestreckte Hand legen kann. Ein Sadhu, jung, mit langem Pilgerstab, den Leib mit Asche grau eingerieben, will vorerst nichts dergleichen, will nur über seine Freunde in aller Welt plaudern. Andere Sadhus stehen in aller Morgenfrühe betend im Fluss, gießen sich aus einem Messingschälchen das heilende heilige Wasser über das Haupt.

In das stromab nur 20 Kilometer entfernte, mit seinen Tempelstätten noch heiligere Hardwar drängen sich zur großen Kumbh-Mela alle zwölf Jahre Millionen Gläubige. Dass es gelungen ist, die Versor-

1 Ayurveda-Behandlungen, hier der «Stirnguss» («Sirodhara»), der das Gedächtnis stärken, Versteifungen beheben und insgesamt verjüngend wirken soll. 2 Im Restaurant gleich beim Swimmingpool werden Menüs aus dem eigenen Ökogarten bereitet, auch mit Fleischgerichten. 3 Gold, Spiegelwand, Kunsthandwerk: Eingangshalle des Spa, das ein eigenes Gebäude mit einem Dutzend Behandlungsräumen hat. 4 Alles für das Wohl der Gäste: von Ayurveda bis zum Schönheitsinstitut. 5 Marmorbrunnen im Spa. 6 Stein mit Aufschrift «Ananda». 7 Bunt und vegetarisch: Spezialburger. 8 Bücherschatz aus der Bibliothek.

gung und Sicherheit dieser Menschenmengen zu erreichen, ist ein logistisches Meisterstück, das seinesgleichen in aller Welt sucht. Im Dreijahresrhythmus wird die Kumbh-Mela wechselnd in Hardwar bei Rishikesh (nächstes Fest: 2010), in Nashik (Maharashtra), Ujjain (Madhya Pradesh) und Allahabad (Uttar Pradesh) veranstaltet, in Erinnerung an den mythischen Kampf Vishnus mit den Dämonen, bei dem auf jeden dieser Orte ein Tropfen himmlischen Nektars fiel. Hardwar und Rishikesh sind für Hunderttausende auch Durchgangsstationen unterwegs zu den heiligen Himalaya-Stätten von Kedarnath, Bandrinath und Gangotri.

Lust, es den Pilgern nachzutun, kommt jeden Wanderer an, wenn er vom Panorama des Garhwal-Himalaya um das auf 3046 Meter Höhe gelegene Gangotri hört. Unter diesen Sechs- und Siebentausendern gilt der grandiose Shivling als einer der schönsten Berge der Erde. Er ist dem Matterhorn in seiner markanten Dreieckskontur ähnlich, mit 6543 Meter aber noch gut 2000 Meter höher. «Har, Har Ganga» (Heil, heil Ganges) singen bei ihrer Rast die keuchend nach Gangotri aufsteigenden Pilger, «Bol Ganga Mai ki Jai» (Sage Sieg für Mutter Ganga) antworten andere. Seit der uralte Pilgerpfad von Rishikesh in den achtziger Jahren zur Autostraße ausgebaut wurde, lärmen freilich Hunderte von Maruti- und Tata-Wagen bergan, gern mit voll aufgedrehtem Autoradio. Sehr zu empfehlen ist es, eine geführte Tour inklusive Transport bis Gangotri zu buchen. Auf einer mehrtägigen Wanderung ist das ultimative Pilgerziel «Gomukh» (Kuhmaul) zu erreichen, ein Gletschertor in 3970 Meter Höhe, durch das der Ganges-Quellfluss Bhagirathi ins Freie schießt. Das Wasser trägt Eisbrocken, Pilger nehmen ihr rituelles Bad. Auch sie suchen darin: Glückseligkeit und inneren Frieden, «Ananda».

Rishikesh: Spezialtipps der Autoren

Anreise
Bahn: Von Delhi nach Hardwar (4 Std.), von dort mit dem Wagen nach Rishikesh resp. zum Ananda-Hotel (etwa 45 Min.).
Flug: Flughafen Dehradun (45 km , Flüge von Delhi mehrmals wöchentlich), Dehradun-Rishikesh mit dem Wagen (1–2 Std.).
Auto: Von Delhi nach Rishikesh 260 km (etwa 6 St.). Schöne Höhenstraßen führen nach Simla (Entfernung und Zeit wie Delhi-Rishikesh).
Beste Reisezeit: Oktober bis Mai, auch im Monsun im Sommer möglich.

Unterkunft
***** *Ananda, The Himalayas* (H1) (The Leading Hotels of the World). 3 Restaurants und «The Poolside». Wellness-Center/Spa mit 15 Behandlungsräumen für Ayurveda-Anwendungen, Aroma- und Hydrotherapien, Yoga, Shiatsu etc., Kosmetik- und Fitness-Zentrum, Billardsalon, Tea-Lounge, Bibliothek, Ballsaal für Meetings, Konferenzräume, Amphitheater, Musikpavillon. Zur besseren Orientierung im Hotel- und Spa-Gelände findet jeder Gast einen praktischen Mini-Faltplan mit eingezeichneten Jogging-Routen vor. 70 Zi., 5 Suiten, The Palace Estate, Narendra Nagar, District Tehri Garhwal, Uttaranchal-249 175, Tel. 0 13 78-22 75 00, Fax: 22 75 55, Corporate Office New Delhi, Tel. 011-2 68 99 99, Fax: 26 13 10 66, www.anandaspa.com
* *Ganga Kinare* (H2). Ruhig, direkt am Fluss gelegen, mit AC, Terrasse und schönem Blick (Zimmer zum Ganges reservieren!), teils renovierungsbedürftig. 36 Zi., 16 Virbhadra Road, 2 km vom Zentrum, Tel. 01 36-2 43 16 58, Fax: 2 43 52 43.

Sehen und Erleben
Rishikesh mit seinen Tempeln und Ashrams ist mit dem Taxi oder dem Bus vom «Ananda» rasch erreichbar. Trekking, Rafting, Mountain-Biking, Paragliding, Angeln.

Ziele in der Umgebung
Hardwar (ca. 20 km). Rajaji National Park mit Elefanten, Leoparden und Tigern (ca. 6 km).
Viele Exkursionen und Trekking- Touren im Garhwal-Himalaya. Vom «YATRA Office of Garhwal Mandal Vikas Nigam» (siehe unter «Auskunft») werden bis zu zwölftägige Package-Touren angeboten, auf Wunsch auch individuelle Programme. Zu den wichtigsten Pilgerzielen zählen Yamunotri (Ganges-Quelle), Uttarkashi, Kedarnath und Badrinath. Theri, einst Residenz des gleichnamigen Fürstentums, ist vom Bau des Theri-Staudamms bedroht, der trotz negativer Gutachten zu Ökologie, Wirtschaftlichkeit und Sicherheit mit deutscher Finanzhilfe noch erhöht werden soll.

Auskunft
Garhwal Mandal Vikas Nigam (GMVN), Lakshmanjula Road, Tel. 01 35-2 43 17 83, Fax: 2 43 03 72, www.gmvnl.com

Kleines Land der großen Berge
Orchideen, Chhang und goldene Buddhas in Sikkim

Sikkim ist eine eigene Welt, ganz anders als das hinduistisch geprägte Indien. Großartige Landschaften laden zum Wandern und Meditieren ein.

D as muss man gesehen haben: Farben wie Feuer und Firnschnee, leuchtende, unvermischte Farben, wie sie auch die Tibeter an ihren buddhistischen Tempeln lieben, das heftige Smaragdgrün der baumhohen Farne im Bergwald, das bunte Flattern der Gebetsfahnen, die Farbkaskaden auf den Festen und Märkten. Ganz Indien ist ein Fest der Farben – aber warum weiß kaum jemand von den Farben Sikkims? Und diese Täler, tiefe Einschnitte in der Berglandschaft, mit diesen hundertfach an den Steilhängen stufenden Terrassen: Warum hat man immer nur Balis oder Javas Reisterrassen vor dem inneren Auge und nicht schon längst auch Sikkim, dieses Auf-und-ab-Land, verschwenderisch mit etlichen Sechstausendern und einem Achttausender-Gipfel beschenkt, doch kaum mit einem schmalen Stückchen Ebene? Oder die Pflanzen, die Blüten: Weit über 600 Orchideenarten zählt man, und Sikkims Gärtner präsentieren jedes Jahr noch ein paar neue Züchtungen mehr. Fast ein halbes Hundert Rhododendronarten prunken mit ihren Blüten in Sikkims Urwäldern, dazu Gladiolen, Bougainvilleen, Riesen-Magnolien, leuchtend blaue Kugelprimeln.

Aber die Kleinen haben es schwer, auch im Himalaya. Warum war dieser «Gartenstaat», dieses Land «voll Glanz und Geheimnis» – wie Sikkim sich gern selbst nennt – vor kurzem bis auf wenige Orte gar nicht und im übrigen nur unter zeitverschlingendem administrativen Aufwand und nur für Reisegruppen zugänglich? Sikkim ist ein Zwergstaat, noch ein Stück kleiner als zum Beispiel das österreichische Bundesland Salzburg. Zwischen den beiden übermächtigen «Bevölkerungsriesen» Indien und China blieb Sikkim lange fast so abgeschirmt von der Welt wie Bhutan, der Nachbar im Osten. An den Nachbarn im Westen, Nepal, hat Sikkim in der britischen Kolonialära große Gebiete abtreten müssen, darunter Darjeeling (das später die Briten selbst annektierten). Seit dem 20. Jahrhundert strömen so viele Zuwanderer aus Nepal nach Sik-

1 Eingang zum Rumtek-Kloster, einem der schönsten in Sikkim. **2** Türklopfer vom Feinsten. **3** Sikkims Orchideenzüchter überbieten einander mit immer neuen Schöpfungen. **4** Einer der vielen jungen Mönche des Rumtek-Klosters. **5** Das Ringkinpong-Kloster, hoch über der Stadt Kalimpong (Westbengalen), folgt einem besonderen lamaistischen Ritus und hat auch eine Schule für tibetische Medizin. Auf dem Weg nach Sikkim ist es mit nur kleinem Abstecher zu erreichen.

kim hinein, dass die seit viel früherer Zeit heimischen Lepchas und Bhutias in die Minderheit gerieten, im kleinsten unter den drei buddhistischen Himalaya-Königreichen.

«Private, no entry» steht heute in Gangtok am Palasttor der einstigen königlichen Residenz. Als der letzte Chogyal (König), damals noch Kronprinz, 1963 die Amerikanerin Hope Cook heiratete, machten die Medien mit der «Himalaya-Märchenhochzeit» Sikkims Namen in aller Welt bekannt. Eher unbemerkt blieb zwölf Jahre später die politische Eingliederung Sikkims in den indischen Staat. Den «Zusammenschluss» bestätigte ein Referendum, mit schmaler Wahlbeteiligung und einer 97-Prozent-Stimmenmehrheit. China versagte die diplomatische Anerkennung. Indien investierte in Sikkims Infrastruktur beträchtliche Summen. Oft klingt dennoch das Bedauern darüber an, Monarchie und Autonomie aufgegeben zu haben: Ist dem Bergland nicht zuviel von seiner Ruhe, vom Altüberlieferten verloren gegangen? Ist Sikkim noch immer eine andere, eine eigene Welt, abseits vom hinduistischen Indien?

In Delhi, am «Tourist Desk» des Fünf-Sterne-Hotels, wußte man nicht einmal, dass Ausländer noch immer ein Einreise-Permit brauchen. Aber kein Problem, nach einer Sikkim-Bier-Pause an der Grenzstation bekommt man Dokument und Stempel, sind Namen und Passnummern in abgegriffene Listen eingetragen, und man darf auf die Hauptstadt Gangtok zu fahren, durch das langgestreckte Waldtal, das um den Tista-Fluss grünt. Kaum zu glauben, was im Reiseführer steht: Sikkim hatte vor hundert Jahren etwa 30 000 Einwohner, jetzt werden es bald eine halbe Million sein. Im Umkreis des Tista leben aber vielleicht nur einige hundert Menschen, in einer noch fast naturbelassenen Idylle.

Am besten nähert man sich Sikkim, wenn man nicht gleich hinauffährt in die smoggeplagte, abfallbelastete, betonverbaute Hauptstadt Gangtok, diese Hangsiedlung von bald 100 000 Menschen,

sondern noch am Fuß des Stadtbergs linkerhand abbiegt zu den Höhen über der anderen Talseite, in Richtung Kloster Rumtek, eines der schönsten und heiligsten Sikkims. Die Straße ist in aben-

1 Frühmorgens: Blick auf den Kanchendzonga, den dritthöchsten aller Berge, von Sikkims Hauptstadt Gangtok aus. **2** Dicht an dicht die Hänge hinauf gebaut: Gangtok. **3** Mönch im Hof des Rumtek-Klosters, **4** und eine Glocke im Koster. **5** Ritualkanne im Ringkinpong-Kloster in Kalimpong. **6** Auf steiler Serpentinenstraße von Gangtok zu erreichen: der Tsomgo-See, wo man kleine Yak-Ritte unternehmen kann, in 3700 Meter Höhe. Weiter und höher hinauf geht es noch zum Natu-Pass an der indisch-chinesischen Grenze. **7** Junge Frau in Gangtok vor dem Gebäude des «Institute of Tibetology».

teuerlichem Zustand, doch die Asphalterneuerung ist versprochen, nicht erst seit gestern. An jeder Serpentinenkehre bergan werden die Talblicke großartiger, locken die fernen Himalaya-Kämme magnetischer, Schneeweiß über Waldgrün. Wird man gleich morgen zur Trekkingtour aufbrechen oder zur Jeeptour an die chinesische Grenze, auf fast 4000 Meter?

Erst einmal geht es über die holprige Piste zum Hotel «Shambhala». Durch ein hohes Gittertor fährt man in den Park eines Landsitzes in schönster Aussichtslage auf 1500 Meter Höhe, starke Pfeiler tragen die Vorhalle. Mit Balkonen und breiten Giebeln erhebt sich das «Shambhala Mountain Resort» über einen Bachlauf, lichtes Bambusgebüsch und schuppige Araukarien, über Magnolien und Rhododendron, Pflaumen-, Kirsch- und Mangobäume. Wer Gartenreichtum vor seiner Haustür noch höher schätzt als Himalaya-Fernblicke, wählt einen der komfortabel eingerichteten Ethno-Bungalows, das strohgedeckte Lepcha-Haus mit Fachwerkfeldern, buntbemalten Schränken, buntgewebten Polsterbezügen und geschnitzten Bänken, das aus Natur- und Ziegelsteinen gemauerte Sikkim-Haus oder das Nepal-Haus mit Rattanmöbeln.

Abends sitzt man vielleicht mit dem liebenswürdig kommunikativen Hausherrn, Jigme Tenzin Gyaltshen, am lodernden Kaminfeuer

beim Chhang: Das ist Hirsebier, das in Bambusdeckelkrügen warm serviert und mit Trinkhalmen genossen wird – typisch Sikkim und so mild, dass auch beim zweiten Krug kein schwerer Kopf droht. Nimmt man noch mehr Vorzüge des «Shambhala Resort» hinzu – den weiträumigen Baumpark am Hang hinauf über dem Haus, den kurzen Weg zum Rumtek-Kloster, die arkadische Stille der Landschaft im weiteren Umkreis –, so begrüßt man Jigmes Entschluss, keine Fernsehgeräte in die Zimmer zu stellen, aus vollem Herzen. Acht Tage erholsame Ruhe beim Wandern, Schauen und Lesen, bei Gesprächen und Gompta-(Kloster-)Besuchen könnten der Bedeutung von «Shambhala» nahekommen – ein Paradies oder auch ein mythisches Königreich, etwa wie das «Shangri-la», das James Hilton in seinem Roman «Lost Horizon» geschildert hat.

Den ganzen Kosmos des Himalaya-Buddhismus entfalten die starkfarbigen Wandgemälde in den Hallen und Vorhallen der Klöster, eine Bilderwelt voller Legenden und Dämonen, Schutzgeister und Verwandlungen. Nach Sikkim kam Buddhas Erlösungslehre nicht von Indien her, sondern auf dem Umweg über Tibet, verwoben mit

1 Hotelszenen in und um Gangtok: Das ehemalige königliche Gästehaus Sikkims ist heute das «Norkhill Hotel», das Personal trägt repräsentative Livreen. 2 Auf der Terrasse des gut geführten Familienhotels «Netuk House» im oberen Teil Gangtoks. 3 Gartenpavillon des Hotels «Shambhala Mountain Resort» in Rumtek, eine halbe Autostunde von Gangtok und wenige Minuten zu Fuß vom Kloster Rumtek. 4 Blick in einen der drei «Shambhala»-Bungalows. 5 Wohnen im Hanggarten des «Shambhala». 6 Liebenswertes Lächeln: die Eigentümer des «Netuk House». 7 Tibetisch-sikkimesisches Dekor am «Shambhala»-Hotel. 8 «Chhang»-Krüge für das gewärmte Hirsebier. 9 Orchidee im «Shambhala»-Garten.

den Lehren des Tantrismus. Shakti, die weibliche Energie, hat darin neben der männlichen Existenz einen wichtigen Platz. Wer tiefer eintauchen will in den tibetischen Buddhismus (nach den geistlichen Lehrern auch «Lamaismus» genannt), erkundigt sich im Kloster Rumtek nach einem Mönch mit guter Englischkenntnis, übt sich im tantrischen Yoga und in Meditation, lauscht den Trommeln, Hörnern und Becken in der reinen Bergluft.

Kloster Rumtek wurde nach dem Vorbild des zerstörten Tsurphu-Klosters in Tibet von Mönchen erbaut, die mit dem 16. Karmapa, dem Oberhaupt des bald tausendjährigen Karma-Kagyu-Ordens, in den sechziger Jahren vor den chinesischen Okkupanten flohen. Der tibetische Buddhismus lebt: Eine halbe Fahrstunde entfernt inmitten der Bergwälder entdeckt man das erst jüngst vollendete Kloster Lingdum, schlossartig groß und reich an Kunstwerken. Lingdum wurde von der Zurmang Kagyud Buddhist Foundation geschaffen; erst 1992 gegründet, hat sie ihre Zentren von Indien bis Taiwan.

Der heiligste Berg Sikkims ist der höchste: der 8586 Meter hohe Kanchendzonga (Kangchenjunga), der «Berg, auf dem die Götter wohnen», der Berg, von dessen Gipfel Menschen sich fernhalten sollen. Von Nepal her steigen die Alpinisten dennoch auf. Erlaubt ist es in Sikkim, den Gipfel zu umfliegen. «You are just minutes away from the third highest mountain in the world. I would not miss it. Would you?» wirbt das Sikkim-Tourist-Development für Helikopter-Rundflüge. Nicht schlecht. Letztlich macht aber doch nicht das Fluggerät das wahre Erlebnis des so oft von Wolken umhüllten Kanchendzonga aus. Nah oder nicht ganz so nah am Gipfel – herrlich ist über den blauen Schatten der Tiefe sein Schneeglanz, vom Licht der Sonne oder des Mondes erhellt.

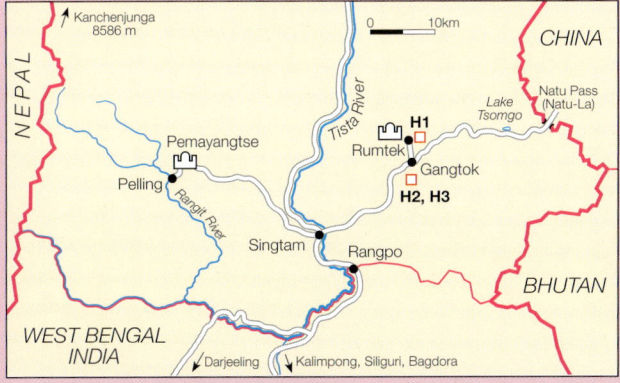

Der Sonnentempel von Konark.

Der Osten

Indiens Osten am Golf von Bengalen
Am Sonnentempel von Konark

Orissa hat einige der schönsten Tempel Indiens und ist berühmt für die feinsandigen Strände seiner fast 500 Kilometer langen Küste am Golf von Bengalen. Sehr reich ist Orissas Kunsthandwerk.

So viele Kunsthandwerkerdörfer wie in Orissa findet man wohl in keinem anderen indischen Staat. Zum Beispiel Raghurajpur, nur ein Dutzend Kilometer landeinwärts von der Pilgerstadt Puri abseits der Hauptstraße: Plötzlich strecken sich nicht mehr die exakt begrenzten Felder zu Seiten des Asphalts, sondern üppig wuchert tropischer Wald – Banyanbäume mit dem phantastischen Gehänge ihrer Luftwurzeln, Bananen, Palmen und dazwischen Bambus. Ein schmaler Fahrweg führt über einen Damm, Teiche und Wasserläufe glitzern, von Insekten umschwärmt.

Die Dorfbewohner sind besonders freundlich. Mit etwas Glück wird man eingeladen, in eines der Häuser zu treten, wo der Künstler stolz seine Bilder von Göttergeschichten entrollt, die in zarten Linien auf präparierte Palmblätter gemalt werden, eine Kunst, die «Pattachitra» heißt. Die Palmblätter werden getrocknet, die Streifen mit Muschelpulver eingerieben und zum gewünschten Format zusammengefügt; zum Transport und zur Aufbewahrung sind sie faltbar. Andere Bilder sind mit hellen, frischen Farben auf feingewebten Baumwollstoff gemalt, der durch eine Appretur kartonähnlich biegsam ist. Jedes Bild, ob Krishna mit der Flöte oder der elefantenköpfige Glücksbringer Ganesh, ist ein Einzelstück. Und nicht nur Bildermaler arbeiten unter den Palmen Raghuragpurs, andere Künstler bemalen Keramik oder haben sich auf farbige Masken spezialisiert.

Ganz anders als das stille, kreative Malerdorf ist Pipli, das direkt an der Hauptstraße liegt: mit einer Nähmaschine oder einigen großen bunten Gartenschirmen vor fast jedem Haus, denn Pipli ist das Zentrum der für Orissa typischen Applikationsarbeiten. Außer den Schirmen werden auch Kissen, festliche Lampenschirme und Wandbehänge bunt wie Blumengärten zusammengenäht. Die «Pipli-Works» sind begehrt. Sie werden an Ort und Stelle wie auch in den staatlichen Emporien in der Hauptstadt Bhubaneshwar und New Delhi verkauft und in großer Stückzahl exportiert.

1 Reisfelder bei Cuttack im Hinterland Orissas. **2** Kunsthandwerk in leuchtenden Farben: Detail eines Gartenschirms in Applikationsarbeit in Pipli, nicht weit von Bhubaneshwar. **3** Eines von 24 riesigen Steinrädern am Sonnentempel von Konark/Konark. **4** Reich geschmückt: Torbau vor dem über tausendjährigen Mukteshwara-Tempel in Bhubaneshwar, der Hauptstadt Orissas – 2000 Kilometer östlich von New Delhi.

Uralt sind in Orissa die Künste der Steinschnitzerei und der Weberei, auch der Metallarbeit. In Balakati bei Bhubaneshwar produziert man kleine und größere Glocken. In Lalitgiri (östlich von Cuttack, einem Zentrum der Silberfiligran-Werkstätten), wo in einem Stupa Silber- und Goldobjekte gefunden wurden, kann man Steinbildhauern zuschauen. Wer noch etwas weiter reist, kommt in Orten wie Nuapatna und Maniabandha zu Meistern der Webkunst.

In Bhubaneshwar stehen ein elegantes Hilton Trident-Hotel und andere empfehlenswerte Hotels aller Klassen zur Wahl, doch für die Orissa-Besucher, denen es nicht um intensive Erkundung der tausendjährigen Tempelstätten geht, ist ein Quartier an den langen Stränden zwischen Puri, Konark (früher: Konarak) und Chilika-See günstiger. Als Regel gilt: Angenehmer, weil weniger verschmutzt als direkt bei Puri sind die Strände weiter östlich auf Konark und weiter westlich auf den Chilika-See zu. Dort ist eine riesige verlandende Lagune (etwa 800 Quadratkilometer groß) Rastgebiet von rund hundert Zugvogelarten, viele andere Vögel sind am Chilika-See heimisch. Allein schon von den Flamingos und Zwergflamingos – die sich wie so manche indischen Züge an keine festen Ankunftszeiten halten, nur mit Glück wird man sie bei kurzem Aufenthalt antreffen! – gibt es mehrere tausend.

Wer Spaß an Zahlen hat, mag sich in dem rund 125 000 Einwohner zählenden Puri an ihnen berauschen: In dem geheiligten Komplex um den 65 Meter hohen Jagannath-Tempel stehen 30 oder mehr kleinere Schreine hinter einer 6 Meter hohen Umfassungsmauer, für Touristen gibt es einen Einblick vom Dach-Ausguck. Allein Hindus dürfen den etwa 200 × 200 Meter großen Bezirk betreten, sie sollen drei Tage und drei Nächte in seiner Nähe bleiben. 6000 Priester empfangen die Pilger aus ganz Indien, und mehr als 10 000 andere Menschen leben in Puri von dem an Festtagen gigantisch anschwellenden Pilgerstrom. Als verlässlich geltende Publikationen berichten von rund 250 000 Essensportionen, die an solchen Tagen von den Tempelküchen verteilt werden.

Kontrast Konark: Die grandiose Ruinen-Skulptur des Sonnentempels von Konark ist für Hindus offiziell kein heiliger Ort mehr, son-

den – war der ursprünglich wohl rund 70 Meter hohe Sonnentempel auch eine Landmarke (genannt «Schwarze Pagode») für die Seefahrer. Dann hob die Küste sich, so dass die majestätische Tempelruine mit ihren fast doppelt mannshohen Steinrädern jetzt deutlich landeinwärts steht.

Diese steinernen Räder sind ein unvergesslicher Anblick. Mächtig in ihrem Ausmaß (297 Zentimeter Durchmesser!), sind sie im Detail ihres Ornaments von filigraner Schönheit. Jede der acht Hauptspeichen, die Nabe und den Radkranz haben die Steinschnitzer mit einem feinen Reliefgespinst überzogen. Schon ein einziges dieser Räder ist eindrucksvoll. Der königliche Bauherr Langula Narahimsa Deva ließ aber 24 davon schaffen. Dann spannten die Bauleute die sieben Pferde des Sonnengottes Surya in monumentalen Skulpturen vor den Tempel, und das sakrale Steingebirge war ein Götterwagen geworden (vermutlich mit Bezug zu den riesigen, bis zu 13 Meter hohen Prozessionswagen des Rath-Yatra-Festes in Puri, die von Tausenden von Menschen gezogen werden).

Der «Sonnenwagen» von Konark erinnert auch an die hinduistische Vorstellung, dass nicht nur Surya, der Hindu-Helios, auf seinem Sonnenwagen unterwegs ist, sondern alle ihre Götter «Fahrzeuge» haben, mit denen sie über die Erde und durch die Lüfte schweben. Meist sind es Tiere wie Vishnus Vogel Garuda mit menschlichem Kopf, wie der Tiger der Göttin Durga/Kali.

Leider stürzte der Riesenbau des Sonnentempels nach der Mitte des 19. Jahrhunderts ein, beim Einsturz wurde auch das Sanktuarium, die Halle des Kultbilds, zerstört. Erst seit 1903 ließen britische Archäologen das Innere des Tempels mit Schutt und Gestein auffüllen, um weitere Einstürze zu verhindern – eine raue Methode; eine neue, indische Archäologengeneration will das rückgängig machen. Später wurden Stützstrukturen eingezogen, auch Bauteile ersetzt, jedoch ohne den Figurenschmuck, der alle erhaltenen Fassaden überzieht. Wie glatte Felswände heben sich die Rekonstruk-

dern ein historischer und touristischer, von der UNESCO in die Liste des Weltkulturerbes aufgenommen. Der Überlieferung nach waren es Abgesandte der Moguln, die im frühen 17. Jahrhundert den Bau entweihten. Seit seiner Entstehung im späten 13. Jahrhundert – die Zeit, in der in Europa gotische Kathedralen gebaut wur-

1 7000 Hindu-Tempel, heißt es, waren einst in Bhubaneshwar zu bewundern, Dutzende sind es heute. Markant und reich gegliedert ragt der 54 Meter hohe Turm des Lingaraja-Tempels auf, erbaut um 1000 n. Chr. **2** Odissi-Tänzerin vorm Tempel. **3** Noch als Ruine – und heute als Baustelle – beeindruckend ist die Architektur von Orissas großartigstem Tempel, dem Sonnentempel von Konark. **4** Löwenfigur vorm Haupteingang des Lingaraja-Tempels. **5** Betende zu Füßen Suryas. **6** Einer von Tausenden von Priestern in Puri, wo Vishnu als «Jagannatha», als Herr der Welt, verehrt wird. **7** Die steinernen Wächter-Elefanten.

tionen von der Fülle der Apsaras (himmlische Nymphen), Yakshas (Naturgötter) und Nagas (Schlangengötter) ab, von den Tänzern und Musikanten und den Mithunas, den himmlischen Liebespaaren. Konarks Tempelkunst feiert ähnlich wie die Tempel der Chandela-Könige von Khajuraho ein großes Fest der Schönheit, der Zärtlichkeit und geschlechtlichen Vereinigung. Die Zone von Krieg und Gewalt liegt unter der Tempelterrasse – an den Friesen dort ziehen Krieger entlang, Pferde und Elefanten – und am Torbau: Riesig wirft sich ein Löwe über einen Elefanten, der einen Menschen

1 Schon seit den 60er Jahren ist das «Toshali Sands Resort» ein Wunschziel von Orissa-Reisenden, die nah am Strand und weit von städtischem Getriebe ihr Urlaubsquartier haben möchten, mit guter Restaurantküche. 2 Empfangshalle von «Toshali Sands»; außer den Bungalows im Gartengrün, dem «Ethnic Village Resort», gibt es ein mehrstöckiges Gebäude mit Apartments samt Küche. 3 Rattanmöbel, kräftige Farben: Zimmer im «Toshali Sands». 4 Eine Autoviertelstunde entfernt: Puri – hier die autofreie Zufahrt zum Jagannath-Tempel.

unter sich begraben hat. Im Sonnenlicht leuchtet der teils grünliche, teils grauschwarze, teils rötliche Stein honig- und rosafarben auf, abends wird der Tempel oft angestrahlt.

Pläne für eine Hotelzone nahe bei den Tempeln von Konark sind bisher vom «Archaeological Survey of India» und den Ministerien immer abgelehnt worden. Man muss mit schlichten Unterkünften vorlieb nehmen oder auf die Errichtung der schon genehmigten Hotels in 3 Kilometer Entfernung warten. Einzig das Bungalowdorf «Toshali Sands» bietet seit Jahrzehnten eine Autoviertelstunde nordöstlich von Puri komfortable Quartiere mit Swimmingpool – und nur wenige 100 Meter vom breiten, noch unbebauten Meeresstrand. Denn sein Erbauer Banambar Patra besaß alte Rechte einer Fischerfamilie und durfte «Orissa's Ethnic Village» gründen, mit Götter- und Tierkeramiken, bunten Folklore-Textilien und Bootsausflügen auf dem Nua-Nai-Fluss, dazu mit Tennisplatz und Fitness-Center. Seither ist in der Nachbarschaft des Bungalowdorfs ein mehrstöckiges Toshali-Apartment-Gebäude entstanden, und die «Toshali Resorts International» führen auch in Shimla ein Hotel, das «Royal View».

Gut zu wissen – praktische Hinweise

Verkehr im Land

Flüge (Domestic Air Services):

Außer den zur Privatisierung anstehenden Indian Airlines gibt es mehrere private Linien, z.B. Jet Airways. Inder sind reisefreudig, die Flüge sind häufig ausgebucht und müssen Tage oder Wochen vorher bestellt werden. Flugtickets sind mindestens so teuer wie in Europa, es gibt aber Sondertarife und Ermäßigungen für Jugendliche. Reservierungen werden zentral vorgenommen. Von westlichen Reisenden wird oft Bezahlung in Dollar oder Euro verlangt. Nicht vergessen: Rückflug 48 bis 36 Stunden vorher bestätigen lassen. Wenn man nicht mindestens 30 Minuten vor Abflug eincheckt, gibt es keine Rückerstattung, ebensowenig bei Verlust des Tickets. Verspätungen kommen vor, sind aber nicht die Regel. Mehrere Flughäfen werden derzeit ausgebaut und vergrößert.

Die wichtigsten Fluglinien:

Air India, Büro Deutschland: Tel. 069-25 60 04-0, Fax: 25 60 04-45, Website: www.airindia.de

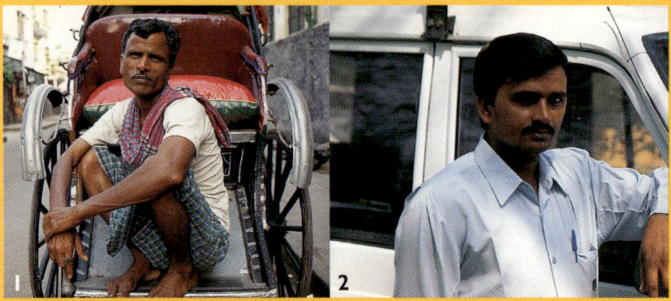

Indian Airlines, Büro New Delhi: Tel 00 91-11-5 48 33 27, Fax: 5 48 33 27, Website: www.indian-airlines.nic.in
Jet Airways, Büro New Delhi: 6 51 95 51, Website: www.jetairways.com

Bahn:

Gandhi fuhr mit dem Zug durch ganz Indien, um das Land wirklich kennen zu lernen. Der Fortschritt hat einige Bequemlichkeit, Schlaf- und Liegewagen, Schlafsessel, Klimaanlagen möglich gemacht, daher ist Bahnfahren heute noch mehr zu empfehlen, wenn manche Einrichtungen auch nicht so gut wie im guten Hotel funktionieren. Das Schlafwagen-Zweibettabteil kommt kaum billiger als Flugtickets, insgesamt sind Bahntickets aber viel preisgünstiger als in Europa. Fahrpläne: Die Broschüre «Trains at a Glance» ist sehr nützlich (zu kaufen an größeren Bahnhöfen). Viele Bahnhöfe haben spezielle Touristenschalter. Für Frauen gibt es extra Schalter – oder sie können einfach vorne in die Reihe gehen, das ist so üblich. Für Platzreservierungen ist oft ein zweiter Schalter aufzusuchen. Also: Zeit mitbringen! Die Stunden vergehen schnell beim Fahrkartenkauf. Ein «Indrail-Pass» kann schon zu Hause erstanden werden, kostet harte Währung, ist teuer, aber erspart die Mühe des Fahrkartenkaufs und der Reservierung. Auskünfte bei den Government of India Tourist Offices. Die neue Nord-Süd-Verbindung der Konkan-Bahn von Delhi nach Kerala kostet übrigens 50 Prozent mehr als andere Fernzüge.

Busse:

Extrem unterschiedlich in der Qualität, aber relativ schnelle Verkehrsmittel. Die Fahrer steuern ihre Gefährte auch über schlechte Straßen in rasendem Tempo, man wird gnadenlos durchgeschüttelt, oft auch in «luxury coaches». Dröhnend laute Videofilmmusik durchdringt auch Ohrstöpsel. Aber: Wenn man Humor hat, gibt es auf einer Busfahrt besten Erinnerungs- und Erzählstoff!

Mietwagen:

Es gibt sie in der Regel nur mit Fahrer, denn indische Verkehrssituationen und indischer Fahrstil sind anders als in der westlichen Welt. Internationale Agenturen sind teuer, verlässliche indische Agenturen haben meist sehr gute, Englisch sprechende Fahrer und sind auch preislich zu empfehlen. Wichtig für die Reiseplanung: Durchschnittsgeschwindigkeit kaum über 40 km/h!

Hotels

Die Sterne der empfohlenen Hotels entsprechen folgenden Preisklassen, incl. Steuern für zwei Personen im Doppelzimmer, meist ohne Frühstück. Ab *** ist u.a. eine Klimaanlage (AC) üblich.
* 25-50 Euro
** 50-100 Euro
*** 100-200 Euro
**** 200-300 Euro
***** über 300 Euro
Die Angaben sind ohne Gewähr, die Preise können sich durch veränderte Steueraufschläge erhöhen oder verringern. Vor allem in oberen Klassen kann bei längerem Aufenthalt über Preise verhandelt werden, und es gibt Sonderangebote.

Reservierungszentralen der wichtigsten Hotelketten:

cgh Earth Group of Hotels, Kochi-682 003 Kerala, India, Tel. 00 91-4 84-6 68 21, Fax: 66 80 01, www.cghearth.com
HRH Group of Hotels, Udaipur-31 3001 Rajasthan, India, Tel. 00 91- 294-2 52 80 16, Fax: 2 52 80 12, Tel. gebührenfrei 16 00 33 29 33, Website: www.hrhindia.com
Indian Heritage Hotels Association, Jaipur-302 001 Rajasthan, India, Tel. 00 91-141-2 37 20 84, 2 37 11 94, 2 37 41 30, 2 37 41 12, Fax: 2 37 20 84, 2 36 36 51, E-mail: info@indianheritagehotels.com, Website: www.indianheritagehotels.com
Karni Group of Hotels, The Management, Karni Bhawan, Palace Rd., Jodhpur-342 006 Rajasthan, India, Tel. 00 91-02 91-2 51 21 01, 2 51 21 02, Fax: 2 51 21 05, E-mail: karnihotels@satyam.net.in, Website: www.karnihotels.com
Kempinski/Leelaventure, Tel. Reservierung in Deutschland: 0 08 00-42 63 13 55 (gebührenfrei), Website: www.theleela.com,
Oberoi Hotels and Resorts, New Delhi-110 003, India, Tel.

1 Warten auf Kunden: Rikscha-Fahrer in Kolkata. **2** Verlässlichkeit in Person: Mietwagenfahrer in Delhi. **3** Koffer, Pakete, Passagiere: Chhatrapati Shivaji Terminus (Victoria Station) in Mumbai. **4** Ayurveda-Behandlung: Stirnguss. **5** Delikat: Tiger-Prawns im «Ananda. The Himalayas», dem Luxus-Resort bei Rishikesh. **6** Früchte des Südens: Laden in Kerala.

Reservierung in Deutschland: 0 08 00-12 34 01 01 (gebührenfrei), oder Fax: 069-97 46 71 92, E-mail: reservations@eih-india, Website: www.oberoihotels.com
Taj Hotel Resorts and Palaces, Mumbai-400 001, India, Tel. Reservierung in Deutschland: 08 00-1-85 26 15 (gebührenfrei), Website: www.tajhotels.com
Trident Hilton Hotels, Delhi-110 054, India, www.trident hilton.com
WelcomHeritage, New Delhi-110 017, India, Tel. 00 91-11-26 26 66 51, Fax 26 26 66 56 (-3), Fax: 6 86 89 94, E-mail: welcom@ndf.vsnl.net.in
Website: www.welcomheritage.com
Falls Hotel-Websites zeitweilig oder ganz geschlossen sind, hier eine Adresse mit vielen Infos und Hotelreservierungen: www.indiahotelsandresorts.com

Indisches Fremdenverkehrsamt und Reiseagenturen

Indisches Fremdenverkehrsamt, Baseler Str. 46, D-60329 Frankfurt/M., Tel. 069-24 29 49-0, Fax: 24 29 49-77, E-mail: info@india-tourism.com, Website: www.india-tourism.com
ComIndia, Indo-German Tourism Venture, Thiruvananthapuram-695 041, 9/432, Jawahar Nagar, Tel. 00 91-4 71-2 31 04 65, Fax: 2 72 28 99, E-mail: comindia@vsnl.com
Comtour Communication and Tourism (Reiseagentur, speziell für Indien, auch für Individualreisen), Hans-Joerg-Hussong, Ruhr-str.40, D-45219 Essen-Kettwig, Tel. 0 20 54-9 54 70 Fax: 95 47 11, E-mail: info@comtour.de, Website: www.comtour.de
Metropole Tourist Service, Luxury Car Rentals (auch normale Mietwagen, Individualreisen), No. 244, Defence Flyover Market, New Delhi-110 024, India, Tel. 0091-11-24 31 03 13 und 24 31 22 12, Fax: 24 31 18 19, E-mail: metropole@vsnl.com
Tourindia Holidays (P) Ltd (Kreative Reiseagentur: Hausboote, Baumhaus, Hochseeangeln, Leihwagen, Siddhà-Zentrum), P.B. Nr.163, M.G.Road, Thiruvananthapuram-695 001, Kerala, India, Tel. 00 91-471-2 33 04 37 und 2 33 15 07, Fax: 2 33 14 07, E-mail: tourindia@vsnl.com & tourindia@asianetindia.com, www.tourin-diakerala.com

Telefonieren/Zeitverschiebung

Die Vorwahl von Deutschland nach Indien ist 00 91.
Vorwahl von Indien nach Deutschland 00 49, in die Schweiz 00 41, nach Österreich 00 43.
In allen Städten gibt es preisgünstige private Telefonagenturen.
Die Zeitverschiebung beträgt im Winter + 4,5 Stunden, im Sommer + 3,5 Stunden (wegen der Sommerzeit in Europa).

Einkaufen

Hoffentlich haben Sie Platz im Koffer! Es gibt so viele herrliche Dinge – Seide, Metallarbeiten, Schnitzereien, handgeschöpfte Papiere ... Wenn kein Platz da ist: Die State Emporiums in Mumbai und Delhi und die Ladenarkaden der Spitzenhotels schicken die Einkäufe überallhin. Auf dem Landweg ist es nicht zu teuer, dauert aber ca. drei Monate. Vorsicht bei kleineren Läden: Sicherer Versand wird zugesagt, aber schwarze Schafe verpacken statt des

erworbenen Objekts Billigeres oder sparen sich die Sendung ganz. Auch selbst versandte Pakete treffen zu Hause ein, doch das Abschicken ist umständlich (Ausfüllen von Formularen, auf der Post werden die Pakete in Stoff eingenäht). Übrigens sind laut Zollabkommen indische Kunsthandwerk-Artikel zollfrei.

Essen und Trinken

Keine Angst vor indischem Essen! Eine Vielfalt von Geschmackserlebnissen erwartet den Gast. Da ist die raffinierte Mogul-Küche des Nordens, mit sahnigen, üppigen Gerichten, in denen Rosinen und Nüsse sich mit Gewürzen und zartem Fleisch treffen, da gibt es Köstlichkeiten vegetarischer Art in den Thalis von Gujarat mit ihren vielen kleinen Schüsseln, da reizt die Schärfe der südindischen Speisen die Zunge, und der Gast lernt, dass nicht Wasser, sondern milder Joghurt (Raita) sofort Hilfe leistet. Getränke entsprechen, soweit süß, geschmacklich den unseren. Indischer Wein ist noch selten, neigt zur Süße; das Bier ist sehr erfrischend. Es gibt auch indischen Cognac, Whisky etc; importierte Weine und Spirituosen sind sehr viel teurer. Spezialitäten sind u.a. der Fenni in Goa (Schnaps aus Cashew oder anderen Früchten), und der gleichfalls südindische Toddy, aus dem Saft von Palmen.

Dem Klima angepasst und nur leicht alkoholisch, ist Gin Tonic zu empfehlen.

Gesundheit und Ayur-veda

Man erkrankt in Indien nicht schwerer und häufiger als in anderen tropischen und sub-tropischen Reiseländern. Vorausgesetzt, man erlaubt seinem Körper eine Zeit der Gewöhnung, sowohl bei Anstrengungen (Bergtouren, Nachtleben) als auch beim Essen. Zunächst sollte man nur gekochte Speisen, in sauberen Restaurants, Markengetränke aus originalverschlossenen Flaschen und gekochten Tee zu sich nehmen. Viel trinken, mehr als man Durst hat – bei Hitze müssen Wasser und Mineralien ersetzt werden. Bei fehlendem Appetit wenig essen, Magenverstimmungen sind meist harmlos und durch Tee-und-Toast-Fasten zu kurieren. Nach einer Gewöhnungsphase kann man auch gewaschenes Obst, Salat aus geschältem Gemüse o.ä. genießen.
Impfungen sind nicht Pflicht (es sei denn, man reist aus Gelbfieber-Gebieten ein), doch empfohlen wird Impfschutz gegen Hepatitis B, gegen asiatische Hirnhautentzündung, gegen Tetanus und Polio. Wegen der Malariaprophylaxe, die man schon lange vor Reiseantritt beginnt, sollte man seinen Hausarzt fragen.
Was tun, wenn ärztliche Hilfe gesucht wird? Die Hotels, vor allem die der Ober- und Spitzenklasse, haben «doctor-on-call»-Service und geben Adressen zuverlässiger Ärzte, auch an Touristen, die nicht im Hotel wohnen.
Immer mehr Reisende kommen wegen spezieller ärztlicher Behandlung nach Indien, die von vielen guten Hotels angeboten wird. Ayurveda, die indische Heilkunst, ist auch im Westen populär geworden. Sie beruht auf jahrtausendealter Erfahrung mit Heilpflanzen, Physiotherapie und auf den individuellen Menschentyp bezogenen Anwendungen und Lebenshilfen. Eine Alternative zur westlichen Apparate-Medizin ist die häufig angebotene «holistic medicine», die östliche und westliche Therapien verbindet. Freilich dauert die Heilbehandlung von Krankheiten länger als ein normaler Urlaub; die in den Hotels angebotene Ayurveda-Behandlung dient meist der Erholung und «rejuvenation», der Verjüngung. Sehr alt, noch älter als Ayurveda und derzeit stark im Kommen ist die südindische Siddhà-Heilkunst (siehe S. 39, Siddhà Vaidya Ashram im Ambadi Guest House, Tel. 04 71/2 49 37 12, E-mail: siddhaashram@operamail.com).

Dreißig Destinationen – und die besten Kombinationen

Vielleicht entdecken Sie gleich Ihren «Hier fühl' ich mich wohl, hier bleibe ich»-Ort. Oder möchten Sie noch mehr erleben? Diese Seite hilft Ihnen beim Kombinieren, ohne dass Sie überlange Strecken zurücklegen müssen. Die Herausforderung großer Distanzen stellt die Tour nach Sikkim und Konarak (Orissa), auf der Himalayahöhen und die Strände am Golf von Bengalen zu erleben sind. Alle Tourenvorschläge sind nach Belieben zu verkürzen oder zu teilen.

Der Süden:
I Kerala/Tamil Nadu
Chowara-Strand (S. 34–39), Backwaters (S. 40–45), Kochi (S. 46–51), Periyar-Nationalpark (S. 52–57), Munnar (S. 62–65). Oder nach Tamil Nadu, Swamimalai (S. 58–61).
Anreise: Thiruvananthapuram über Mumbai, Rückflug: vom neuen Flughafen Kochi, über Mumbai. Transfer von Chowara bei Thiruvananthapuram zum Hausboot: ca. 75 km, Transfer vom Hausboot nach Kochi: ca. 60 km, Abstecher Periyar-Nationalpark von Kochi: ca. 140 km, Abstecher nach Munnar (östlich Periyar): ca. 110 km. Abstecher nach Madurai vom Periyar-Park nochmals rund 150 km

(S. 52, 58). Alles mit Leihwagen, auch Bus möglich.
Weitere Kombinations-Möglichkeit: II Karnataka/Kerala, vor allem: «Green Magic» (S. 66–69).

II Karnataka/Kerala
Mysore (S. 70–75), Abstecher zum «Green Magic» (S. 66–69), Belur und Halebid (S. 76–81), Vijayanagara (Hampi) (S. 82–87)
Anreise/Rückflug: Bangalore, Transfer nach Mysore: ca. 150 km, Transfer Mysore-Belur-Halebid: 165 km, Transfer Vijayanagara: 350 km. Alles mit Leihwagen, Bahn oder Bus möglich. Weitere Kombinations-Möglichkeit: I Kerala.

III Goa/Karnataka
Hoteljuwelen an Goa-Stränden: Benaulim und Mobor, Leela und Taj (S. 88–93), Vijayanagara (Hampi) (S. 82–87).
Anreise: Flughafen Panjim (Goa), Rückflug von Panjim oder von Bangalore.
Ausflug nach Vijayanagara: ca. 330 km, mit Leihwagen oder Bus. Weitere Kombinations-Möglichkeit: II Karnataka/Kerala.

Der Westen und die Mitte:
IV Rajasthan/Madhya Pradesh/Uttar Pradesh
Jaipur (S. 114–121), Ranthambore Nationalpark (S. 124–127), Abstecher nach Orchha und Shivpuri (S. 96–97), Khajuraho (S. 102–107), Taj Mahal (S. 108–113).
Anreise/Rückflug: New Delhi, Transfer New Delhi-Jaipur: ca. 260 km, Transfer Jaipur-Ranthambore: 160 km, Transfer Ranthambore-Orchha-Shivpuri: ca 280 km, Transfer Orchha-Shivpuri-Khajuraho: 160 km, Transfer Khajuraho-Agra: 450 km, Transfer Agra-New Delhi: ca. 220 km.

Alles mit Leihwagen, teils auch mit Bahn oder Bus möglich. Delhi, Jaipur, Agra und Khajuraho haben Flugverbindung.
Weitere Kombinations-Möglichkeit: V Rajasthan.

V Rajasthan
Jaipur (S. 114–121), Jodhpur, die Wüste Thar und Fort Khimsar (S. 148–157), Abstecher nach Jaisalmer (S. 158–163), Ranakpur (S. 142–149), Udaipur (S. 132–141), Bundi (S. 126–131).
Anreise/Rückflug: New Delhi, Transfer New Delhi-Jaipur: ca. 260 km.
Transfer Jaipur-Jodhpur: ca. 330 km, Abstecher nach Jaisalmer: ca. 320 km, Transfer Jodhpur-Ranakpur: 160 km, Transfer Ranakpur-Udaipur: ca. 100 km, Transfer Udaipur-Bundi: 260 km, Transfer Bundi-New Delhi (über Jaipur): 460 km.
Alles mit Leihwagen, teils auch mit Bahn oder Bus möglich. New Delhi, Jodhpur und Udaipur haben Flugverbindung.
Weitere Kombinations-Möglichkeit: IV Rajasthan/Madhya Pradesh/Uttar Pradesh, und VI Rajasthan/Punjab.

VI Rajasthan/Punjab
Jaipur (S. 114–121), Mandawa und Shekawati-Land (S. 170–175) Bikaner (S. 164–169), Amritsar (S. 176–181).
Transfer New Delhi-Jaipur: 260 km, Transfer Jaipur-Mandawa: ca. 250 km, Transfer Mandawa-Bikaner: ca. 240 km, Transfer Bikaner-Amritsar: ca. 480 km, Transfer Amritsar-New Delhi: 450 km.
Alles mit Leihwagen, teils auch mit Bahn und Bus möglich. Jaipur und Amritsar haben Flugverbindung.
Weitere Kombinations-Möglichkeit: V Rajasthan, und VII Punjab/Himachal Pradesh.

Der Norden:
VII Punjab/Himachal Pradesh/Uttaranchal
Rishikesh (S. 213–219), Shimla (S. 204–211), Kangra-Tal (S. 196–203), Amritsar (S. 176–181).
Anreise/Rückflug: New Delhi, Transfer New Delhi-Rishikesh: 260 km, Transfer Rishikesh-Shimla: 260 km, Transfer Shimla-Pragpur: ca. 220 km, Transfer Pragpur-Amritsar: ca. 250 km, Transfer Amritsar-New Delhi: ca. 450 km.
Alles mit Leihwagen, teils auch per Flug, Bahn oder Bus möglich.

VIII Ladakh/Himachal Pradesh
Ladakh (S. 190–195), Kangra-Tal (S. 196–203).
Anreise/Rückflug: New Delhi, Transfer New Delhi-Leh: Flug, Leihwagen oder Bus: ca. 690 km, Transfer Leh-Kangra-Tal: ca. 280 km, Transfer Kangra-Tal-New Delhi: 450 km.
Die Passstraße Manali-Leh ist von der Jahresmitte bis etwa Ende September offen, sonst nur Flugverbindung (mit Delhi und Chandigarh). Aufenthalt in Leh wegen der Klimabedingungen nur von Juli bis September zu empfehlen.

Der Osten:
IX Uttar Pradesh/Sikkim/Orissa
Lucknow (S. 182–187), Sikkim (S. 220–225), Orissa (S. 228–233)
Anreise: New Delhi oder Kolkata/Calcutta, Rückflug: Kolkata, Transfer New Delhi-Lucknow: ca. 500 km, Transfer Lucknow-Gangtok (Sikkim): ca. 1000 km, Transfer Gangtok-Puri (Orissa): 1300 km, Transfer Puri-Kolkata: ca. 600 km.
Wegen der großen Distanzen Bahn oder Flüge.